미디어는 어떻게 인간의 조건이 되었는가

컬처룩 미디어 총서 022

미디어는 어떻게 인간의 조건이 되었는가

미디어 생태학적 통찰

이동후 지음

컬처룩 미디어 총서 022
미디어는 어떻게 인간의 조건이 되었는가
미디어 생태학적 통찰

지은이 이동후
펴낸이 이리라

책임편집 이여진
표지 디자인 엄혜리

2021년 11월 15일 1판 1쇄 펴냄

펴낸곳 컬처룩
등록 번호 제2011-000149
주소 03993 서울시 마포구 동교로 27길 12 씨티빌딩 302호
전화 02.322.7019 | 팩스 070.8257.7019 | culturelook@daum.net
www.culturelook.net

ISBN 979-11-92090-00-9 94300
ISBN 979-11-85521-06-0 (세트)

* 이 책은 2017년 정부(교육부)의 재원으로 한국연구재단의 지원을 받아 수행된 연구입니다(NRF-2017S1A6A4A01022451).

culturelook

차례

일러두기

- 한글 전용을 원칙으로 하되, 필요한 경우 원어나 한자를 병기하였다.
- 한글 맞춤법은 '한글 맞춤법' 및 '표준어 규정'(1988), '표준어 모음'(1990)을 적용하였다.
- 외국의 인명, 지명 등은 국립국어원의 외래어 표기법을 따랐으며, 관례로 굳어진 경우는 예외를 두었다.
- 사용된 기호는 다음과 같다.

  신문 및 잡지 등 정기 간행물, 영화, TV 프로그램 제목 등: 〈 〉

  책(단행본): 《 》

머리말

국내 미디어 정경이 빠르게 변하고 있다. 4차 산업 혁명이 기정사실로 받아들여지고 5세대 이동 통신 기술, 빅 데이터, 사물 인터넷, 가상 현실, 인공 지능, 로봇 등의 기술이 빠르게 현실 세계에 도입되고 있다. 2020년 초에 시작해 전 세계를 휩쓴 코로나19 사태가 지속되면서, 비대면 접촉이나 '사회적 거리' 유지를 위해 사용했던 미디어 기술이 이제는 낯설지 않다. 우리는 새롭게 선보인 기술이 얼마 있지 않아 익숙한 일상의 미디어가 되는 것을 반복적으로 경험해 왔다. 이러한 경험 학습은 새로운 기술의 발전과 활용을 불가피하고도 당연한 현상으로 받아들이게 한다. 심지어 새로운 기술을 빨리 받아들이지 못하면 뒤처진다는 강박관념까지 생겼다. 이러한 생각을 반영하듯 서점 중앙에는 늘 기술 혁신과 관련 산업 트렌드를 알리는 책들이 즐비하게 놓여 있다.

미디어 기술 담론의 대부분은 새로운 기술을 하나의 획기적 사건으로 바라보면서 이들의 도구적 기능이 가져올 효과에 집중한다. 이러한 도구주의적 접근은 기술이 갖는 단선적이고 직접적인 영향력을 주로 주목함으로써, 실제 일상 세계에서 이루어지는 변화의 복잡한 결,

다시 말해 인간과 미디어 기술 간 관계의 결을 간과하는 경향이 있다. 이러한 접근은 새로운 미디어를 기존 미디어와 완전히 다르다고 바라보며 기존 미디어는 곧 없어질 퇴물로, 새로운 미디어는 혁명적 사회 변화를 일으킬 주인공으로 이야기한다. 하지만 실제 경험 세계에서는 기존 미디어가 사라지고 새로운 미디어가 모든 것을 대체하지는 않는다. 새로운 미디어가 원래 의도했던 혜택과 풍요로움만 가져오지 않고, 미디어의 효과는 순기능이나 역기능이라는 기계적 틀로 깔끔하게 재단되지 않는다. 우리는 미디어 기능을 단편적으로 파악하고 그것의 도구적 활용에 급급한 나머지 현재 무슨 일이 일어나고 있는지에 관한 전체 그림을 보지 못하는 경향이 있다. 이 책은 미디어 기술을 도구가 아닌 환경으로 바라보면서 미디어와 인간의 관계의 결을 주목하는 미디어 생태학의 이론적 시각과 통찰력을 다루고자 한다.

미디어 생태학은 미디어를 환경으로, 환경을 미디어로 연구하는 학문 분야다. 랜스 스트레이트에 따르면, 미디어 생태학은 한나 아렌트가 말한 상징적, 기술적, 생물–물리적 조건, 즉 "인간의 조건"이 어떻게 인간의 감각과 경험을 매개하고 구성하는지를 이해하고 탐구한다(Strate, 2017). 미디어 생태학에서의 미디어 개념은 텔레비전이나 소셜 미디어와 같이 콘텐츠를 전달하는 커뮤니케이션 미디어에만 국한된 게 아니라, 언어와 상징 시스템, 인간이 만든 각종 인공물과 기술, 그리고 모든 물리적, 유기적 메시지 체계 등 인간의 모든 환경적 조건을 포괄한다. 미디어 생태학은 인간의 모든 환경적 조건을 의식적으로 주목하면서, 인간, 미디어, 문화, 의식 등의 '상호 관계'를 살펴보고 이들이 어떻게 인간 환경의 '공생적 변화'를 가져오는지를 연구한다(Cali, 2017: 9). 미디어 생태학적 시각은 미디어를 환경 혹은 인간의 조건 문제로 접근함으로써, 현재 우리가 경험하는 변화를 전체론적으로 이해하고, 이에 대해 무엇을 할 수 있을까를 사유해 볼 수 있게 해 준다.

그동안 국내에서 《미디어 생태학 사상》(Lum, 2006/2008)과 《미디어 생태 이론》(이동후, 2013) 등을 통해 미디어 생태학 전통에 속하는 개별 학자들의 사상이 소개되었다. 미디어 생태학이 다학제적이고 경계가 불분명한 학술 분야이다 보니 이에 대한 소개가 주로 미디어 생태학적 관점을 가진 개별 학자들의 연구를 중심으로 이루어져 왔다. 하지만 미디어 생태학은 매클루언 연구, 옹 연구, 포스트먼 연구 등 개별 학자들의 사상을 연구하는 학문이 아니다. 미디어 생태학적 시각이 이들의 제안으로 가시화되긴 하였지만, 현재 다양한 이론적, 실천적 형태로 진화하고 있다. 이 책은 기존의 논의 방식을 넘어 미디어 생태학적 논의를 관통하는 중심 이론과 시각을 살펴보고자 한다. 다시 말해, 미디어 생태학적 시각을 가시화하는 데 기여했던 초기 학자들의 논의를 토대로 이들이 공유했던 문제의식과 주요 이론을 정리해 보고, 이러한 문제의식과 이론에 대한 이해를 돕는 구체적인 미디어 사례와 관련 주제를 탐구해 본다. 좀 더 설명하면 다음과 같다.

첫째, 이론 집단으로서의 미디어 생태학자들이 가졌던 '환경으로서의 미디어,' '미디어로서의 환경'에 대한 이론적 전제들을 살펴본다. 미디어 생태학은 미디어를 복합적인 메시지 체계로 바라보면서, 감각 환경, 상징 환경, 복합 환경으로서의 미디어를 탐구하고자 했다. 전통적 커뮤니케이션 학계가 미디어를 메시지를 주고받는 채널로 인식하거나 특정 유형의 내용을 담아내는 표현 수단으로 언급했다면, 미디어 생태학자들은 우리 지각과 경험을 매개하며 현실을 구성하는 모든 것을 미디어로 생각한다. 또한 미디어 기술의 변화를 "단순히 더하느냐 혹은 빼느냐의 문제"가 아니라 "생태적 문제"로 바라보면서, 미디어 기술과 함께 변화하는 과정을 주목한다(Postman, 1992/2005: 30~31). 이 책은 미디어 생태학자들이 공유했던 미디어에 관한 주요 개념과 관점을 정리한다.

둘째, 이론적이고 추상적 차원의 미디어 생태학적 논의나 개별 미디어 생태학자의 이론에 치중하기보다는 환경으로서의 미디어를 구체적으로 살펴볼 수 있는 사례와 주제를 포함시켜 미디어 생태학에 관한 이해를 돕고자 한다. 환경으로서 미디어가 갖는 형식적 특이성과 편향을 주목할 수 있는 개별 미디어 사례뿐만 아니라 미디어 환경이 전환되는 과정에서 구성 혹은 재구성되는 인간 경험의 사례를 살펴봄으로써, 미디어 생태학적 시각과 접근이 가진 통찰력을 생각해 본다.

셋째, 미디어 생태학의 이론과 사례 연구를 책 한 권에 담아냄으로써, 미디어 생태학적 통찰력에 관한 실질적 이해를 돕고자 한다. 다시 말해, 미디어 생태학적 접근을 통해 무엇을 질문하고 탐구할 수 있는지에 관한 일종의 지도를 그려 보려고 한다. 현재 우리의 기술 환경이 급변하며 우리의 현실을 압도하고 있는 가운데, 이에 대한 이해가 어느 때보다 중요해졌다. 매클루언은 에드거 앨런 포의 단편 "큰 소용돌이에 빨려들어서"를 인용하면서, 우리가 새로운 미디어 환경의 '거대한 에너지 소용돌이'에 속절없이 빨려 들어가지 않기 위해, 그것의 영향 패턴을 읽어 내며 모면과 생존의 전략을 짜는 게 중요하다고 말한다(McLuhan, 1979). 이 책은 우리가 미디어 환경 변화 속에 생존하기 위해 미디어 생태학적 시각을 가질 필요가 있다고 역설할 것이다. 급변하는 미디어를 따라가고 활용하는 데 급급한 나머지, 그것이 가져오는 변화 양상을 제대로 보지 못할 수 있다. 미디어 생태학은 미디어 환경에 대한 이해를 도우며 우리가 무엇을 할 수 있는지를 생각할 수 있게 해 준다. 이 책은 실천적 의미를 가진 미디어 생태학'하기'의 측면에 초점을 맞추고자 한다.

이 책은 미디어 생태학의 이해를 돕기 위해, '미디어 생태학 이론,' '미디어–인간–문화,' '미디어 편향성 탐구' 등의 3부와 11장의 각론으로 구성되었다.

1부 '미디어 생태학 이론'에서는 미디어 생태학의 '미디어 이론'을 정리하며 학문으로서의 위치를 다룬다. 미디어를 환경으로 바라보는 관점이 무엇을 의미하는지의 문제를 1세대 미디어 생태학자들을 중심으로 정리하고, 이들이 주목한 미디어와 인간, 미디어와 문화 혹은 다른 사회문화적 조건, 미디어와 미디어 등의 상호연관성을 살펴보는 주요 개념이나 명제를 살펴본다. 또한 미디어 생태학이 어떻게 배경 혹은 맥락으로서의 미디어를 탐구했는지를 주목하면서, 미디어 생태학자들이 논의한 미디어의 형식, 편향, 효과, 환경 등의 상호 연결된 주제를 살펴본다.

2부 '미디어·인간·문화'에서는 미디어 환경의 변화에 따라 특정한 경험이 어떻게 구성(재구성)되는지를 살펴본다. 미디어 환경은 개인에서부터 사회와 문화에 이르는 다양한 영역과 범주에서의 경험이 이루어지는 배경 역할을 한다. 2부에서는 특정 범주의 경험이나 사회문화적 현상이 미디어 환경의 변화에 따라 어떻게 변하는지를 살펴봄으로써 개인적, 사회문화적, 교육적 과정에 영향을 미치는 미디어 환경에 대한 이해를 돕고자 한다. 미디어 생태학자들이 관심을 가졌던 몇 가지 주제들, 즉 구술성과 문자성, 자아 감각, 유년기, 리터러시, 테크노폴리 등을 사례로 삼아 미디어와 인간과 문화의 상호연관성을 살펴보고자 했다.

3부 '미디어 편향성 탐구'에서는 구체적인 미디어 사례를 통해 미디어 환경으로서의 특징을 살펴본다. 미디어 생태학자들은 모든 인간 경험과 활동의 배경이 되는 비가시적 환경으로서의 미디어에 주목하며 미디어와 인간, 사회 간의 복합적인 상호 작용과 관계를 관계주의적이고 동시적인 방식으로 접근했다. 다시 말해, 미시적 혹은 거시적 차원에서 인간 경험의 배경이 되는 '환경으로서의 미디어'의 특성에 관심을 가지며 이것이 사회적 상호 작용이나 문화 형성에 있어 어떠한 조건을 구성하고 있는지를 전체론적으로 이해하고자 한다. 3부에서는 인터넷, 사진, 지도 등의 개별 미디어 사례를 통해, 우리의 경험, 이해, 지각 등이 특정한 방식으로 구조화하는 미디어 편향과 이러한 미디어 양식이 인간 경험의 변화를 만들어 가는 과정을 살펴본다. 그리고 마지막 장에서는 미디어 생태학의 문제의식과 통찰력을 정리하면서 앞으로의 미디어 생태학적 탐구를 위한 몇 가지 제언을 적어 보았다.

이 책은 미디어 생태학적 탐구와 질문을 환기하고 촉구하는 작은 계기가 마련되었으면 하는 바람으로 썼다. 미디어 환경이 빠르게 변화하고 있는 오늘날 인간–미디어 간의 상호 관계 혹은 환경으로서의 미디어에 관한 탐구는 학문뿐만 아니라 교육과 삶의 현장에서 더욱 중요한 문제가 되었다고 생각했기 때문이다. 이 책은 그동안 연구해 왔던 미디어 생태학을 정리한 것이다. 따라서 책의 내용 중 일부는 그동안 썼던 논문들을 수정해 포함하고 있다. 4장(미디어 리터러시에 관한 미디어 생태학적 이해)은 "리터러시에 관한 매체 생태학적 고찰"(이동후, 2017)을, 5장('사라지는 유년기'와 미디어)은 "디지털 미디어 시대의 '유년기 소멸' 개념의 재고"(이동후, 2020)를, 8장(연결 기술과 시공간 경험의 재구성, 인터넷)은 "인터넷의 공간과 시간: 미디어 생태학적 접근을 중심으로"(이동후, 2006)을, 10장(지도는 영토가 아니다, 영토를 만든다)은 "모바일 디지털 지도에 관한 미디어 생태학적 고찰"(이동후, 2019)을 각각 보완하였다. 이 책은 개인이 가져왔던 미디어 생태학적 관심과 호기심의 여정을 담고 있기에, 여기서 서술된 생태학은 개인의 주관적 버전일 뿐만 아니라 이 분야의 일부만을 보여준다. 또 내가 익숙한 해외 학자들의 이론에 편중하는 경향도 있다. 특히 최근 국내에서 미디어 생태학이라는 용어를 명시적으로 내세우지 않더라도 미디어 생태학적 시각을 담아낸 좋은 연구들이 나오고 있는데, 이 책에서 모두 다루지는 못했다. 따라서 책의 의도대로 미디어 생태학의 전체 지도를 그리고 학문적 관심을 불러일으키기에 여러모로 미진한 점이 있다. 부족한 개인이 미디어 생태학의 느슨하고 지적 네트워크에 포함된 다양한 학자들의 이론들을 소화하고 미디어와 인간의 관계를 전체론적으로 이해하는 탐구를 해 나간다는 건 애초부터 불가능한 일이었는지 모른다. 역량의 한계 때문에, 미디어 생태학에 대한 오해가 생길까 우려가 된다. 하지만 미디어 생태학적 탐구는 '삶을 살아가는 기술'이자 함께해 나갈 때 더 큰 의미를 가질 수 있다고 생각하기에, 부족한 대로 책을 선보일 용기를 냈다.

개인적으로 미디어 생태학은 1988년 미국 뉴스쿨 포 소셜 리서치에서 폴 레빈슨의 매클루언 수업을 들으면서 처음 접했다. 당시 영상 제작에 관심을 가졌던 나에게 매클루언의 이론은 너무 낯설고 이해가 되지 않았다. 이후 뉴스쿨에 강사로 나온 케이시 럼을 통해 뉴욕대학교의 미디어 생태학 박사 과정 프로그램을 알게 되었고, 거기에서 닐 포스트먼, 크리스 나이스트롬, 테렌스 모란, 헨리 퍼킨스 등의 수업을 들으며 미디어 생태학에 입문하게 되었다. 이 책에서도 이야기했지만, 미디어 생태학은 느슨한 학문 체계를 가진 간학제적 연구 분야이기에 당시 유학생이었던 나는 무엇을 어떻게 공부해야 하는지 감이 잘 오지 않았다. 하지만 1990년대 중후반 한국에 돌아와 방송사에서 4년 정도 일하며 미디어 현장의 변화를 체험하면서, 이러한 변화를 이해할 미디어 생태학의 중요성을 깨닫기 시작했다. 무엇보다 미디어 생태학에 관한 관심을 지속할 수 있었던 것은 1998년 창립된 미디어생태학회Media Ecology Association 덕분이다. 그곳에서 케이시 럼, 랜스 스트레이트, 조슈아 메이로위츠뿐만 아니라 이 책에서 인용한 많은 미디어 생태학자들과 직간접적으로 이야기할 수 있었고, 미디어 생태학이 무엇인가라는 질문에 대해 나름대로 답을 추구해 나갈 수 있었다. 내게 미디어 생태학의 세계를 알려 주고 가르쳐 준 선생님들께 뒤늦게나마 감사의 마음을 전하고 싶다. 이들의 학문과 삶은 늘 배움을 주었고, 이 책이 나올 수 있는 영감의 원천이 되었다. 또한, 국내에서 미디어 생태학 관련 이론과 문화연구를 꾸준히 탐구하고 있는 동료 연구자들에게도 큰 고마움을 전하고 싶다. 이들의 연구는 미디어 생태학이라는 공식적 명칭을 달고 있지 않지만, 미디어 생태학적 통찰로 충만해 있다. 이들로부터 많은 것을 배웠고 미디어 생태학을 공부해 갈 힘도 얻었다. 마지막으로 이 책이 나오기까지 여러분이 힘이 되어주셨다. 오랜 시간 원고를 기다려 주시고 관심을 기울여 주신 컬처룩의 이리라 선생님께 감사드린다. 또 난삽한 원고를 꼼꼼하게 편집해 주시고 책의 구성에 관한 좋은 제안을 해 주신 이여진 선생님께도 감사드린다. 그리고 나의 미디어 생태학적 탐구 과정에 함께하며 늘 응원해 주는 가족 모두에게 사랑과 고마움을 전하고 싶다.

1부

미디어 생태학 이론

1장 미디어 생태학적 관점

2장 어떻게 탐구할 것인가

1

미디어 생태학적 관점

1. 미디어 생태학의 기원

미디어 생태학media ecology이란 용어는 닐 포스트먼Niel Postman이 1968년 미국 영어교육자협의회 연례학술대회에서 처음 공식적으로 사용했다(Strate, 2008). 마셜 매클루언Marshall Mcluhan의 미디어 이론에 영향을 받은 포스트먼은 미디어 생태학이라는 새로운 단어를 통해 환경으로서의 미디어 연구를 촉구하고 사람과 커뮤니케이션 기술 간의 관계에 관한 교육적, 학술적 관심을 불러일으키고자 했다. 그에 따르면, 미디어 환경은 무엇보다 인간에게 특정 방식으로 사고하고, 느끼고, 행동하도록 만드는 "복잡한 메시지 체계"이고, 미디어 생태학은 이러한 환경적 조건을 이해하고 드러내는 "환경으로서의 미디어에 관한 연구"다.

미디어 생태학은 커뮤니케이션 미디어가 인간의 지각, 이해, 느낌 및 가치에 어떻게 영향을 미치는지, 그리고 미디어와의 상호 작용이 어떻게 우리의 생존 기회를 촉진하거나 방해하는지에 대한 문제를 살펴본다. 생태학이라는 단어는 환경에 관한 연구, 즉 그것의 구조, 내용 및 사람들에게 미치는 영향에 관한 연구를 의미한다. 환경은 결국 복잡한 메시지 시스템으로서, 인간에게 특정한 사고, 감정, 행동 방식을 부과한다. 그것은 우리가 보고 말하고, 따라서 행할 수 있는 것을 구성한다. 그것은 우리에게 역할을 맡기고, 우리가 그 역할을 하도록 요구한다. 그것은 우리가 하도록 허용된 것과 그렇지 못한 것을 특정한다. 때로는 법정, 교실 또는 사무실의 경우처럼, 특정화specifications가 명시적이고 공식적이다. (하지만) 대부분 미디어 환경(예: 책, 라디오, 영화, 텔레비전 등)의 경우처럼, 특정화가 암시적이고 비공식적이며, 우리가 다루고 있는 것이 환경이 아니라 단지 기계라는 가정에 의해 반쯤 은폐되어 있다. 미디어 생태학은 이러한 특정화를 명시적으로 만들고자 한다. 미디어가 우리에게 어떤 역할을 하게 만드는지, 미디어가 우리가 보고 있는 것을 어떻게 구성하는지, 미디어가 왜 우리가 이처럼 느끼고 행동하도록 만드는지를 찾으려고 한다. 미디어 생태학은 환경으로서의 미디어에 관한 연구다. (Postman, 1970: 161)

원래 생태학은 고대 그리스어로 집, 집안 살림을 뜻하는 오이코스oikos와 학문을 의미하는 로고스logos가 합성된 용어다. 1866년 독일 생물학자 에른스트 헤켈Ernst Haeckel은 "동물과 그 동물의 무기적, 유기적 환경과의 모든 관계에 관한 연구"를 지칭하기 위해 생태학이란 용어를 처음 제시했다(Smith & Smith, 2015/2016: 2). 생태학은 유기체와 환경 간, 혹은 유기체와 유기체 간의 생리적, 행동적, 물리적 반응과 상호 작용을 연구하는 학제적 학문으로서, 유기체의 생명 과정, 환경 적응, 종간 상호 작용, 군집의 구조와 생태계의 변화, 생태계의 물질 및 에너지의 순환과 흐름 등을 연구한다. 포스트먼은 자연과학의 생태학 개념을 가져와 미디어를 환경으로 바라보는 연구를 제안했다. 그는 유기체와 환경, 혹은 유기체와 유기체 간의 상호 작용을 연구하는 생태학적 시각을 미디어 연구와 결합함으로써, 단지 미디어에만 관심을 가지는 것이 아니라 미디어와 인간의 상호 작용이 문화의 특성을 구성하는 방식, 더 나아가 문화의 상징적 균형이 유지되도록 돕는 방식에 주목하고자 했다(Postman, 2006b). 생태학의 시각은 미디어를 생태계로 바라보며 현재 우리가 살아가는 환경을 구성하는 모든 매개 형식과 과정을 포함시켜 관찰할 수 있게 해 준다. 또한 미디어를 일종의 종으로서 이해해 보게끔 해 준다. 카를로스 스콜라리 Carlos Scolari(2012)는 '생태'라는 은유를 통해 미디어를 발생, 적응, 생존, 소멸 등의 진화 과정을 거치는 종으로 바라볼 수 있다고 말한다. 우리는 이러한 종의 개념을 기반으로 미디어 생존 경쟁의 조건들이 갖는 복합적 상호 관계를 살펴볼 수 있다. 즉 종으로서의 미디어의 혼종화 과정이나 미디어-미디어 혹은 미디어-인간-사회적 힘 간의 변증법적 관계에 주목해 볼 수 있다.

미디어 생태학은 뚜렷한 학술적 경계와 체계를 제도화된 학제나 학과목이라기보다는, 미디어, 기술, 상징적 형식, 커뮤니케이션, 의식, 그리고 문화의 관계를 탐구하는 다양한 학술적 배경의 이론으로 구성된 느슨한 지적 네트워크라고 볼 수 있다(Cali, 2012). 학제라면 주요 문헌, 입문 교육 과정, 일관된 이론 체계 및 방법론 등이 정립되어 있어야 하는데, 미디어 생태학은 학제이기보다 미디어 환경에 대한 공동의 관심을 통해 상호 연결된 '탐구 분야'라고 볼 수 있다(Postman, 1970; Strate, 2017). 우리의 느낌과 행동 양식을 조건 짓고 우리가 보고 말하고 실천하는 것을 구조화하는 미디어 환경을 주의 깊게 살펴보며 그것의 "연관과 관계를 극대화하는" 생태학적 사상과 감수성을 갖는 학술적 시도들이 미디어 생태학이란 이름으로 서로 연결되어 왔다(Ong, 2002a: 7). 이러한 지적 네트워크는 지금도 꾸준히 확장되고 있다.

따라서 미디어 생태학은 미디어 환경에 관한 학술적 관심이나 질문을 전방위적으로 끌어들이는 학제간 탐구 분야라고 할 수 있다. 크리스틴 나이스트롬Christine Nystrom(1973)은 미디어 생태학이 '패러다임 이전의 과학'으로서 '메타학문metadiscipline'의 특성을 갖는다고 본다. 실제 미디어 생태학은 다양한 학문 분야, 예를 들어, 생물학, 역사학, 언어학, 사이버네틱스, 문학, 철학, 기술사회학, 도시 연구, 교육학, 문화인류학, 인지심리학, 정치경제학, 행동과학, 일반의미론, 네트워크 과학 등에서 이루어진 '환경으로서의 미디어'에 관한 연구를 모으고 엮으면서 출발했다. 미디어 생태학의 초기 지적 네트워크는 마셜 매클루언, 해럴드 이니스Harold Innis, 루이스 멈포드Lewis Mumford, 자크 엘륄Jacques Ellul, 닐 포스트먼, 월터 옹Walter Ong, 에릭 해블록Eric Havelock, 엘리자베스 아이젠슈타인Elizabeth Eisenstein, 수잰 랭어Susanne Langer 등이 '교점' 역할을 했으나, 이들뿐만 아니라 다양한 분야의 학자들, 예를 들어, 에드워드 사피어Edward Sapir, 벤저민 리 워프Benjamin Lee Whorf, 알프레드 노스 화이트헤드Alfred North Whitehead, 버트런드 러셀Bertrand Russell, 루트비히 비트겐슈타인Ludwig Wittgenstein, 존 듀이John Dewey, 발터 벤야민Walter Benjamin, 알프레드 코지브스키Alfred Korzybski, 사무엘 이치에 하야카와Samuel Ichiyé Hayakawa, 루트비히 폰 베르탈란피Ludwig von Bertalanffy, 에드워드 홀Edward Hall, 에드먼드 카펜터Edmund Carpenter, 잭 구디Jack Goody, 제임스 캐리James Carey, 노버트 위너Norbert Wiener, 그레고리 베이트슨Gregory Bateson, 폴 바츨라빅Paul Watzlawick 등도 이러한 네트워크에 포함되었다(Lum, 2006/2008; Strate, 2004/2014). 일각에서는 미디어 생태학의 학문적 정체성을 미디어 환경을 연구하는 토론토학파나 뉴욕학파, 미디어 논리 연구, 미디어 이론Medium Theory, 매개학Mediology, 구술성–문자성 연구, 미국 문화연구, 문법과 수사학 연구, 의미론과 체계 이론, 기술 역사와 기술철학 등으로 보기도 한다(Strate, 1999). 하지만 미디어 생태학은 아직까지 고유한 학문적 정체성을 가진 '제도화된' 학제로 정착하지 않았고 앞으로도 그럴 가능성이 그리 커 보이지 않는다. 이는 미디어 생태학적 시각 자체가 '개념적 종결'을 주장하거나 시도하는 대신, 연결을 중시하는 간학제적이고 다학제적인 메타학문의 지식 네트워크이기 때문이다. 이 점이 바로 미디어 생태학이 갖는 학문적 가치라고 볼 수 있다.

대부분의 주류 커뮤니케이션 연구자가 미디어를 메시지 전달 도구로 보면서 기능주의적으로 접근했다면, 미디어 생태학적 시각을 공유하는 학자들은 인간 경험의 배경이 되는 '환경으로서의 미디어'의 특성에 관심을 가지면서 미디어와 인간, 미디어와 문화, 미디어와 미디어 간의 복합적인 상호 작용을 주목한다. 미디어 생태학은 인간이 만들고 사용하는 미디어 기술과 인간 간의 공생적이고 공진화적 관계, 미디어 간의 상호 작용, 미디어 환경 변화의 역사 등을 탐구하면서, 미디어를 도구로 바라보거나 미디어의 기능이나 내용물에 관심을 가졌던 기존 연구 전통에 도전한다. 다시 말해, 미디어 환경과 인간이 상호 작용하면서 미디어 환경이 "인간의 관계나 행위의 규모와 형태를 형성하고 제어하는" 과정과 효과에 관심을 기울인다(McLuhan, 1964/2011: 32).

2. 교차하는 관심사

환경으로서의 미디어

기존 커뮤니케이션 모델은 미디어를 한 지점에서 다른 지점으로 메시지를 전달하는 일종의 도관導管이나 채널로 인식했다(Shannon & Weaver, 1949). 따라서 미디어란 용어는 주로 텔레비전, 라디오, 영화, 신문, 잡지, 책 등과 같이 특정 유형의 내용을 담아내는 매스 미디어를 언급하거나 언론을 지칭할 때 쓰였다. 반면, 미디어 생태학자들은 그것을 우리의 경험을 매개하고 구성하는 일종의 맥락으로 본다. 미디어 생태학에서 미디어는 커뮤니케이션 기술뿐만 아니라 인간이 만든 모든 인공물과 커뮤니케이션이 일어나는 메시지 체계다. 그것은 단순히 기계나 장치로서의 기술이 아니라, 기술이 사회적, 경제적, 정치적 맥락과 결합하며 형성되는 "기계가 만든 사회적이고 지적인 환경"을 의미하고(Postman, 1985: 84), 더 나아가 모든 물리적, 유기적 메시지 체계를 포괄한다.

미디어 생태학자들은 인간의 지각이나 경험을 조건 짓는 모든 기술을 미디어로 바라보면서, 이러한 미디어의 조건을 의식하고 드러내고자 한다. 예를 들어, 이니스는 커뮤니케이션 미디어의 형식이 지식의 전수와 분배, 사회 조직, 더 나아가 문화의 형성 과정에 미치는 영향력을 주목한다. 옹 역시 우리의 커뮤니케이션 과정을 조건 짓는 말의 기술을 주목하면서, 이것이 인간의 의식 또는 문화 발달에 어떻게 심리적, 사회적 영향력을 갖는지 살펴본다. 그는 특히 "오늘날 우리에게 너무 깊게 내재화되어 있어 하나의 기술로 보기가 어려운" 문자를 말의 기술로 보면서, 이러한 문자에 기반을 둔 문화가 자연스러운 인간 커뮤니케이션 수단인 구어에 기반한 문화와 어떠한 차이를 갖는지를 살펴본다(Ong, 1982: 82).

미디어 생태학자들은 미디어를 환경으로 바라보기에, 새로운 미디어의 출현이 단지 사용할 수 있는 미디어를 하나 더 늘리는 것이 아니라 미디어의 이용 방식에서부터 생활 양식까지 모든 것을 전반적으로 바꾸는 '생태적' 변화를 일으킨다고 본다. 여기서 '생태적'이라는 용어는 생태학에서 쓰이는 개념 그대로, 하나의 변화가 총체적 변화를 수반한다는 의미를 갖는다. 미디어 생태학적 관점에서 기술적 변화는 기존에 없었던 것을 하나 추가하거나 폐기하는 것이 아니라, 인간의 조건을 새롭게 구성하면서 체계 자체를 변화시킨다고 본다. 포스트먼은 물이 든 컵에 빨간 물감을 한 방울 떨어뜨렸을 때, 물 더하기 물감 한 방울이 아니라 물 자체의 색깔이 바뀌고 새로운 실재가 만들어진다고 말한다.

> 기술적 변화는 단순히 더하느냐 혹은 빼느냐의 문제가 아니다. 이것은 생태학적인 문제다. 여기서 생태학적이라는 말의 의미는 환경학자들이 사용하는 개념 그대로다. 하나의 중대한 변화는 총체적인 변화를 수반한다는 의미가 있다. 만일 어떤 자연 서식처에서 특정 곤충의 유충을 제거한다고 가정해 보자. 이것은 동일한 환경에서 단순히 유충만 빠진 것을 의미하지 않는다. 이것은 완전히 새로운 환경을 의미하는 것이고, 전과는 다른 생존 조건이 새롭게 구성된 것을 의미한다. …… 새로운 기술은 기존에 없었던 무엇인가를 단순히 더하거나 빼는 것이 아니라, 모든 것을 바꾸어 놓는 것이다. (Postman, 1992/2005: 30~31)

미디어 생태학적 관점은 미디어가 환경, 생태계 혹은 체계의 역할을 한다고 보기에, 기술적 혁신은 체계 자체에 일어난 변화로서 전반적인 영향력을 가지게 된다. 예를 들자면, 유튜브와 같은 동영상 공유 사이트가 널리 이용되면서 우리에게 영상을 시청할 수 있는 미디어 채널이 하나 더 추가된 것이 아니라 우리의 미디어 환경 자체가 바뀌고 생활 세계도 영향을 받는다. 유튜브는 이용자가 영상을 시청하고 업로드하거나 전지구적으로 공유할 수 있게 해준다. 이와 함께 시청할 수 있는 콘텐츠의 양이 기하급수적으로 늘어나고 유튜브 크리에이터와 같은 새로운 유형의 이용자 집단이 등장할 수 있게 된다. 특히 이용자가 자신의 업로드 활동을 상품화하고 경제적 이익을 창출하는 잠재력을 가질 수 있게 되면서, 크리에이터를 직업으로 삼은 사람들도 생겨났다. 우리가 시간의 무료함을 달래기 위해 혹은 오락을 즐기기 위해 유튜브를 이용하고 더 오랜 시간을 머물게 되면서 일어나는 변화는 새로운 영상 시청 습관이 생겼다, 시청 가능한 콘텐츠가 늘었다, 이용자가 능동적으로 참여할 수 있다, 높은 수입을 올리는 유튜브 크리에이터의 등장했다 등의 가시적인 현상에만 그치는 것은 아니다. 이러한 미디어의 범용화로 인해, 미디어 시장이나 미디어 이용 행태 전반의 변화가 일어나고, 일상에서의 시간과 장소 경험, 현실 세계에 대해 정보를 얻거나 인지하는 방식, 대중 정서나 여론의 형성 과정, 자기표현과 연출, 공동체의 개념, 노동과 여가 혹은 생산과 소비의 본질 등이 재구성되고 있다.

미디어 생태학적으로 볼 때, 미디어 환경이 가져온 변화는 단순히 개별 미디어의 기능과 효과 혹은 원인과 결과라는 선형적인 논리에 따라 이루어지는 것이 아니다. 랜스 스트레이트Lance Strate는 미디어 생태학이 단선적인 기술결정론에 대한 대안적 시각을 제공한다고 말한다. 강성 기술결정론hard technological determinism의 인과론적 시각은 미디어 기술이 특정 변화를 자동적으로 가져오는 결정적 요인이라고 가정하지만, 미디어 생태학은 이를 우리의 경험이 이루어지는 무대와 행동 범위 및 내용을 규정하는 조건이라고 여긴다. 미디어는 마치 움직이는 당구공들의 움직임이 이루어지는 '당구대'와 같이 우리의 경험이 이루어지는 무대이자 상황을 구성한다.

> 미디어를 환경으로 보는 시각은 미디어를 인과관계로 생각하는 것에 대한 해독제다. 미디어는 다른 공을 맞히는 효과를 가진 당구공과 같지 않다. 오히려 게임이 전개되는 당구대와 더 비슷하다. 다시 말해 미디어는 행위자가 아니라 인간 행위자들이 자신이 맡은 역할을 수행하는 무대다. 환경으로서의 미디어는 우리의 행위를 결정하지는 않지만, 우리가 취할 수 있는 행동 범위를 규정하고 어떤 행동은 지원하지만 어떤 것은 어렵게 만든다. (Strate, 2008: 135)

미디어 생태학은 미디어를 사람들이 상호 작용하는 정보 환경으로 보면서 환경으로서의 미디어를 가시화하고 탐구하는 연구다. 이는 미디어의 환경적 특징을 구체적으로 검토해 보고, 우리의 지각, 느낌, 이해력, 가치 등에 어떠한 영향을 미치는지, 우리가 보는 것, 행동하는 것을 어떻게 구성하고 있는지를 살펴본다. 미디어를 우리의 경험과 활동이 의미를 갖게 되는 시스템 또는 환경으로 탐구하면서, 미디어 생태학은 인간과 미디어 환경의 상호 작용에 관한 보다 전체론적인 관점을 가지려고 한다. 매클루언과 포스트먼을 비롯하여 미디어 생태학적 시각을 가진 학자들은 모든 인간 경험과 활동의 배경이 되는 환경으로서의 미디어에 주목하며 미디어, 인간, 사회 간의 복합적인 상호 작용과 관계를 살펴보고자 했다. 다시 말해, 미시적 혹은 거시적 차원에서 인간 경험의 배경이 되는 '환경으로서의 미디어'의 특성에 관심을 가지며 이것이 사회적 상호 작용이나 문화 형성에 있어 어떠한 조건을 구성하는지를 살펴본다.

형상/배경: 비가시적 배경 원칙의 의식

매클루언은 종종 '물을 의식하지 못하는 물고기'라는 메타포를 통해 인간이 얼마나 미디어 기술이 만든 환경을 잊고 지내는지를 묘사한다. 그는 물고기가 "해변에 나올 때까지" 혹은 "물이 완전히 오염될 때까지" 물의 존재를 모르는 것처럼, 우리도 우리의 미디어 환경을 잘 의식하지 못한다고 반복해서 말한다(McLuhan, 1968; 1969; 1970). 그는 미디어가 인간 경험에 배어든 "비가시적인 배경 원칙invisible ground rules"이라고 보면서, 우리가 이것을 인지하기 어렵지만, 우리의 경험이 이루어지는 환경이기에 이해할 필요가 있다고 본다. '미디어가 메시지'라는 그의 경구는 이러한 미디어의 '비가시적인 배경 원칙'을 의식하라는 주문을 담고 있다(McLuhan, 1964/2011). 매클루언을 비롯한 미디어 생태학자들은 어떠한 정보나 메시지도 진공 상태에 존재하는 것이 아니라 물질적 혹은 상징적 기반이 있어야 비로소 구현될 수 있기에, '비가시적인 배경 원칙'으로 작동하는 환경으로의 미디어를 주목하라고 제안한다. 이러한 제안은 미디어가 전달하는 내용이나 의도가 중요하지 않다고 주장하려는 것이 아니다. 이들은 우리가 내용물에 관심을 가지다 보면 인간 경험을 새로운 형태로 바꾸는 미디어를 덜 인식하게 되고 그것의 다양한 효과를 전체적으로 읽지 못하기 때문에, 상대적으로 간과된 미디어 형식과 구조 자체에 관심을 기울일 필요가 있다고 말한다.

미디어 환경의 비가시적 배경 원칙의 인식을 돕기 위해, 매클루언은 에드가 루빈Edgar Rubin의 '형상figure과 배경ground' 개념[1]을 가져온다(McLuhan et al., 1977: 9). 루빈은 잔 모양의 도형을 통해 무엇을 형상으로 보느냐에 따라 잔으로 보이기도 하고 두 사람의 얼굴이 보일 수 있다고 말한 학자인데, 매클루언은 형상/배경 개념이 "가시적 현상의 구조"를 연구할 때 도움을 줄 수 있다고 보았다. 형상/배경 개념을 미디어 연구에 적용할 때, 미디어의 내용은 "도둑이 집 지키는 개의 주의를 딴 데로 돌리기 위해 사용하는 육즙이 흐르는 고깃덩어리처럼" 우리의 관심을 끄는 형상이고, 미디어는 우리의 즉각적인 관심에서 벗어나 있지만 형상을 구성하는 배경이다(McLuhan, 1964/2011: 51). 매클루언은 미디어의 메시지가 형상이 되어 우리의 시선을 사로잡고 있으나, 이러한 메시지가 만들어지는 과정이나 메시지 자체 혹은 수용자의 경험에 큰 영향을 미치는 것은 바로 배경에 존재하는 미디어라고 말한다.

새로운 미디어가 처음 도입되고 수용자가 이를 이용하기 시작할 때에는 미디어 자체가 사람들의 시선을 모으는 형상이 될 수 있다. 하지만 사람들이 이를 당연한 것으로 여기고 습관적으로 이용하게 되면서, 형상이었던 미디어가 비가시적인 배경이 되고 미디어 환경의 일부를 구성하게 된다. 배경으로서의 미디어는 잘 의식되지 않지만, 우리의

1 에드가 루빈(1886~1951)은 전체 그림에 대한 인식의 패턴이 시각적 대상의 부분들을 형상과 배경으로 구분해 지각하고 해석하게 만든다고 보았다. 그의 형상과 배경 이론은 1900년대 초 오스트리아와 독일에서 발전한 심리학의 사조인 게슈탈트 심리학에 영향을 미쳤다. 독일어로 형태form를 의미하는 게슈탈트gestalt를 사용한 게슈탈트 심리학은 인간이 시각적 대상을 부분적 요소의 합이 아닌 전체 패턴이나 배열 형태로 파악해 인지한다고 주장하면서 '전체가 부분의 합 이상'이라는 원칙을 내세운다.

감각과 경험의 변화가 이루어지는 조건이 된다. 매클루언은 “형상과 배경이 범주가 아니라 상황의 구조와 속성을 발견하는 데 도움이 되는 도구”로 본다(McLuhan et al. 1977: 31). 미디어 생태학은 형상과 배경의 관계 속에서 배경을 주목함으로써 환경적 상황 변화 요소를 의식적으로 주의하면서 상황의 구조를 탐구하고자 한다. 여기서 형상/배경은 서로 대비를 이루며 고정적으로 구분되는 것이라기보다는 상황에 따라 달라지고 상호 관계 속에서 서로 결합하여 체계 혹은 전체를 이룬다. 미디어 생태학은 형상에 가려진 배경을 드러내고 형상과 배경의 관계를 주목한다. 형상/배경의 탐구는 눈에 보이는 내용이나 기능적 요소나 효과에 초점을 맞춘 근시안적 조사에서 벗어나, 좀 더 전체론적 시각을 가지고 형상과 배경의 관계 혹은 배경의 작용과 체계의 형성 과정에 주의를 기울인다.

미디어 편향: 미디어는 중립적이지 않다

미디어 생태학자들은 환경으로서의 미디어를 연구하기 위해 정보를 특정한 방식으로 구성하고 제어하는 미디어의 형식적 구조를 주목한다. 생태학이 살아 있는 생물의 생존 조건이 되는 환경의 물리적, 화학적 성질을 연구하듯이, 미디어 생태학은 미디어의 물리적, 상징적 형식을 살펴본다. 미디어 생태학자들은 미디어의 물리적 또는 상징적 형태에 따라 그것이 전달하는 정보나 담론의 성격이 달라지고, 이와 함께 우리의 지각, 이해, 경험 등을 특정한 방식으로 매개한다고 말한다. 이들은 이러한 특정한 방식의 매개화를 ‘편향bias’이란 개념으로 접근한다. 예를 들어, 해럴드 이니스(Innis, 1950/2008; 1951/2018)는 미디어에 따라 정보를 저장하고 전송하는 고유한 물리적 형식이 다르기 때문에 서로 다른 시간적, 공간적 편향을 가진다고 본다. 그에 따르면 진흙, 돌, 양피지 등과 같이 세월을 버텨내며 시간을 통제할 수 있는 시간 편향적 미디어는 관습, 권위, 공동체, 영속성, 역사성, 신성화 등을 구축하거나 유지해 주는 환경적 기반이 되었다. 시간 편향적 미디어에 내재된 내구성 및 불변성의 특성은 이러한 미디어를 커뮤니케이션 수단으로 사용하는 제국이 오래 버틸 수 있도록 도왔다. 하지만 시간 편향적 미디어는 지리적으로 광범위한 영토에 정보를 빠르고 쉽게 퍼뜨리는 데는 취약했다. 반면, 파피루스나 종이같이 운반이 용이한 공간 편향적 미디어는 넓은 지역에 정보를 빠르게 효율적으로 전달할 수 있어, 세속적인 제도의 확대나 제국의 팽창을 지원할 수 있었다. 이니스는 커뮤니케이션 미디어의 고유한 속성과 그것에 따른 시공간적 편향에 따라 선호되는 사회 조직이나 정보의 운영 체계가 달라진다고 본다.

이니스가 정보의 전송과 유포 과정을 조직하는 미디어의 물질적인 매개 작용을 중심으로 미디어의 편향 개념을 논의한다면, 매클루언은 감각적인 상호 작용의 수준에서 그것을 살펴본다. 매클루언은 미디어마다 서로 다른 감각 배합 비율sense ratio을 유도하는 감각적 편향을 가진다고 본다(McLuhan, 1962/2001; 1964/2011). 인간이 가진 시각, 청각 그리고 후각과 같은 오감의 감각 전체가 상호 의존 관계를 가지며 균형 상태synesthesia를 유지하는데, 인간 감각의 확장인 미디어가 특정한 감각을 확대하거나 강조함으로써 새로운 감각 배합의 비율을 발생시킨다고 본 것이다. 그에 따르면, 알파벳은 청각적이고 촉각적인 구어 세계를 시각적인 기호로 변형시킴으로써 시각과 청각 비율의 균형을 깨뜨렸고 알파벳 이전의 다원적이고 복합 감각과 대조적인 시각적, 선형적, 이성적인 패턴을 선호하는 문자 문화를 이끌었다. 구어가 청각 기반의 커뮤니케이션 공간에서 수행되면서 직접적이고 참여적이며 정서적인 관여를 가져온다면, 인쇄 문자는 시각 기반의 커뮤니케이션을 통해 구어와 질적으로 다른 관여 방식과 순차적이고 논리적인 정보 인지의 과정을 갖게 한다.

한편, 포스트먼은 전신의 등장과 텔레비전의 발전으로 물리적 맥락에 구애받지 않은 탈맥락적인 정보를 빠르게 교류할 수 있게 되었고, 이와 함께 정보의 가치에 관한 인식이 바뀌었다고 말한다(Postman, 1985/2009). 탈맥락적인 정보 개념은 정보의 의미나 공적 유익함보다는, 정보의 배포 속도, 수용자의 범위, 데이터 기능을 정보의 중요한 가치로 여기게 만들고, 정보를 사고파는 사물의 단위로 인식할 수 있는 여건을 마련한다. 다시 말해, 전신과 텔레비전 같은 전자 미디어의 형식은 우리가 탈맥락적이고 상품화된 정보로 세계를 인식하게 유도하는 인식론적 편향을 가진다.

미디어 생태학자들은 미디어의 물리적 또는 상징적 형식에 따라 그것이 전달하는 정보의 성격이 달라지고 우리의 지각, 이해, 경험 등이 특정한 방식으로 구조화된다고 말한다. 여기서 물리적 형식은 정보의 부호화, 전송, 저장, 수용, 유포 등을 위해 필요한 물리적 조건과 특성을 가리키고, 상징적 형식은 정보를 전달하는 언어나 담론의 약호와 구분 혹은 문법의 특성을 의미한다. 이들은 미디어에 따라 물리적, 상징적 형식이 달라서, 시공간적, 지적, 정서적, 정치적, 형이상학적, 내용적, 인식론적 편향을 가질 수 있다고 보았다(Lum, 2006/2008). 미디어 편향 개념은 우리의 의식, 사고, 표현에서부터 사회적 상호 작용의 동학이나 사회에 이르기까지 미디어가 우리의 경험을 어떻게 조건 짓는지를 살펴볼 수 있게 해 준다. 미디어 편향 개념은 미디어 환경의 특성과 조건을 드러내고 미디어와 인간이 상호 작용하면서 일어나는 변화 과정을 추적할 수 있는 일종의 단서를 제공한다.

미디어 생태학은 단일 미디어의 편향적 특성을 살펴보는 데만 관심을 두지 않는다. 조슈아 메이로위츠Joshua Meyrowitz는 미디어 생태학을 특정 미디어의 특성 혹은 미디어 간의 차이에 관심을 가진 학문이라고 보고 미디어의 단수형을 사용한 "미디엄 이론"이라고 불렀다 (Meyrowitz, 1998). 그의 말대로 미디어 생태학은 일차적으로 개별 미디어 간 고유한 속성의 차이에 주목하고 그것의 편향에 따른 미시적, 거시적 영향력을 추적한다는 점에서 미디엄 이론의 성격을 갖는다고 볼 수 있다. 하지만 미디어 생태학의 미디어 편향성 연구는 책, 라디오, 텔레비전 같은 개별 커뮤니케이션 미디어에만 국한된 것은 아니다. 멀티미디어 환경이나 학교나 직장과 같은 사회적 환경, 더 나아가 도시와 같은 복합적 환경까지 관심을 가지며, 그것을 구성하는 다양한 하위 미디어들의 관계와 체계로서의 특성을 살펴보기도 한다. 미디어 생태학은 우리가 보고 말하고 행동하는 것을 조건 짓는 모든 환경적 요인과 그것들의 상호 관계 및 구조적 구속력을 살펴본다.

미디어 생태학은 미디어의 편향성에 주의를 기울이면서, 미디어가 중립적neutral인 하드웨어가 아니라는 점을 강조한다. 미디어를 사용한 결과가 그것을 사용하는 사용자의 의도와 용도에 따라 해로울 수도 있고 이익이 될 수도 있는 것이 아니라, 미디어의 구조적 특성 혹은 편향성에 의해 영향을 받는다는 것이다. 미디어의 편향 개념은 사회에서 활용하는 미디어가 메시지나 경험을 조직하고 매개하는 방식을 들여다볼 수 있게 해 주는 렌즈 역할을 한다. 이러한 개념은 단선적인 기술결정론에서 나온 닫힌 개념이 아니라, 미디어 기술과 인간이 상호 작용하면서 일어나는 복합적이고 역동적인 변화 과정을 탐색할 수 있게 해 주는 열린 개념이다. 편향 개념은 당대의 권력 체계, 제도적 구조, 문화적 가치 체계, 지역 특이성, 사회 여건 등에 상관없이 언제 어느 곳에서나 동질적 변화를 가져오는 미디어의 내재적 논리를 의미하기보다는, 우리의 경험 혹은 사회문화적 체계의 변화가 일어나는 조건 혹은 기술과의 상호 관계를 이해하는 단서를 제시한다.

우리가 도구를 만들고 도구가 우리를 만든다

미디어 생태학자들은 사람과 사람이 만들고 사용하는 미디어 기술 간의 공생적 관계를 연구해 왔다. 미디어의 본질적 형식이나 구조가 인간 커뮤니케이션이나 경험에 결정적 역할을 한다는 점을 인정하지만 그렇다고 직접적이고 선형적인 기술결정론적 접근을 제시하지 않는다. 미디어를 환경으로 연구한다는 것은 미디어를 따로 떨어뜨려 인간 사회에 영향을 미치는 고정 요인을 보는 것이 아니라 인간과 미디어 그리고 여러 사회적 힘 간의 복잡하고 다중 차원의 상호 작용을 강조하는 것이다(Lum, 2014). 이러한 미디어 생태학적 시각은 “우리가 도구를 만들고 이후 이들이 우리를 만든다”라는 존 컬킨John Culkin의 말에 잘 드러나 있다(Culkin, 1967: 70). 컬킨은 이 표현을 통해 매클루언의 사상을 설명하면서, ‘미디어가 메시지’라는 그의 주장이 인간과 기술 간 변증법적 관계를 보여 준다는 점을 강조한다. 매클루언은 미디어를 자신이 의도한 목적과 필요에 따라 만들어 낸 도구라기보다는 우리들의 눈, 귀, 근육, 신경조직 등 인간 감각의 확장이라고 정의했다. 그에 따르면, 자동차의 바퀴는 발의 확장이고, 책은 눈의 확장이고, 옷은 피부의 확장이며, 전자 회로는 중추 신경 체계의 확장이다(McLuhan, 1967: 26~41). 인간의 모든 인공물은 인간 신체나 정신의 발화 또는 외화한 것, 혹은 인간이 해왔거나 할 수 있는 능력을 다른 형태로 "번역"한 것으로 생각할 수 있다(McLuhan, 1964/2011: 124~134).

미디어 기술을 이용하고 그것에 적응하는 과정에서 우리는 처음엔 그 존재를 "외부 공간에서 온 낯설고 이상한 침입자로 느끼며" 우리와는 별개인 "저기 있는 물건"으로 바라보다가, 익숙해지면 그것을 별로 의식하지 않는 경향이 있다(McLuhan & Stern, 1967: 280). 예를 들어, 스마트폰이 도입되었을 때 처음엔 신기해하거나 사용법을 몰라 당혹스러워했다. 그러나 스마트폰을 자주 사용하게 되면서 화면을 습관적으로 터치하며 잠자리까지 가져가는 등 우리가 의식하지 않아도 늘 우리 곁에 머물게 된다. 그러다가 스마트폰을 잃어버리거나 집에 두고 외출했을 때는 단지 통신 수단 하나가 없는 정도가 아니라 총체적인 고립감과 존재론적 불안감을 느낀다. 이와 같은 현상은 스마트폰과 같은 기기가 단순한 도구가 아니라 우리 자신의 일부가 되었으며 우리가 상상하는 것보다 더 많이 이것에 의존하고 있음을 보여 준다. 마치 나르시스가 물에 비친 모습을 자신의 이미지로 인식하지 못하고 그것에 반해 헤어나오지 못하는 것처럼, 우리도 우리 자신을 확장하는 미디어의 매개 과정을 인식하지 못한 채 그 세계 안에 갇혀 있으면서도 미디어를 우리와 분리된 대상 혹은 활용의 도구로 여긴다.

매클루언은 미디어가 우리의 감각을 확장하며 감각의 불균형이나 '새로운 행위 강도'를 가져오지만 우리는 나르시스적 마취 상태에서 이를 잘 인지하지 못하는 '자기 절단의 마비 상태'를 갖게 된다고 말한다(McLuhan, 1964/2011). 예를 들어, 자동차 바퀴는 우리의 신체로부터 발의 기능을 떼어내어 사물로 외주화하고, 이를 통해 빠른 주행이라는 독립된 기능을 만들며 이동하는 인간 행위에 새로운 강도를 만든다. 이때 우리의 신경 체계는 발의 감각을 차단하고 마비시킴으로써 이러한 강도를 견디게 한다. 미디어는 우리 감각을 확장하며 보철 장치로서 역할을 하지만 동시에 이것에 대한 의존은 절단과 마비를 가져온다. 우리는 이러한 마비 상태에서 우리 자신이 미디어와 긴밀하게 연결되어 확장되고 있다는 사실을 잘 인지하지 못한다. 자동차 운전에 익숙해진 운전자가 주행 중 자신이 운전대를 움직이고 있다는 사실이나 자동차 바퀴가 발의 기능의 확장이라는 사실을 계속해서 의식하지 않는다. 또 텔레비전을 시청할 때, 우리는 텔레비전이 보여 주는 내용에 시선을 집중하지만, 그것의 전자 미디어 형식이 우리의 청각적, 촉각적 감각을 길들이고 일상의 현실과 리듬을 만들어 간다는 사실에는 별로 주의를 기울이지 않는다. 미디어 생태학은 미디어의 내용이나 가시적 기능보다 이러한 감각의 변화 과정을 주목한다. 우리가 미디어 기술을 이용할 때 특정 감각의 새로운 확장과 기존 감각의 마비 혹은 퇴화가 함께 일어나는 감각의 변화가 일어난다. 이러한 과정을 통해 미디어와 인간은 개별적으로 존재하는 실체가 아니라 상호 영향을 미치며 분리 불가능한 관계를 만들어 간다. 다시 말해, 미디어에 익숙해진 우리는 자율적이고 독립적인 이용자라기보다는 미디어와의 관계 속에 미디어-인간의 주체성을 형성해 간다(Lewis, 2020).

미디어 생태학자들은 이러한 변증법적인 감각의 확장과 기술적 주체가 형성되는 과정에 관심을 가져왔다. 예를 들어, 아몬드 아길라 Almond Aguila(2011)는 텍스트, 오디오, 영상을 통해 지리적 거리에 상관없이 즉각적으로 메시지 교류를 할 수 있게 해 주는 스카이프와 같은 인터넷 전화가 어떻게 인간 능력을 확장하는지를 현상학적으로 살펴본다. 인터넷 전화의 컴퓨터 스크린, 웹 카메라, 마이크로폰, 스피커 등은 우리의 눈과 귀의 기능을 확장하여 멀리 있는 사람과 물리적으로 접촉contact하지 않으면서도 접촉하는 상황을 만들며 떨어져 있으면서도 함께 있다고 느끼는 '모사된 현존'을 전달할 수 있다. 가족 구성원들이 해당 미디어를 사용해 연락할 때, 자신들을 연결해 주는 미디어의 인터페이스를 잠시 '잊음'으로써 사적 커뮤니케이션 공간을 공유하며 미디어로 확장된 집에서 함께 있다는 느낌을 얻을 수 있다. 하지만 이러한 미디어로 확장된 집에서 사람들은 '여기도 아니고 거기도 아닌' 추상적인 공존감을 얻고 기존과 다른 친밀성의 감각을 갖게 된다. 마찬가지로, 헬마 사와츠키Helma Sawatzky(2013)도 스마트폰과 같은 모바일 미디어를 통해 오디오 콘텐츠를 청취할 때, 이용자는 자신을 "감싼enfolding" 시청각 공간을 가지며 사적인 혹은 내면적인 공간감을 느낄 수 있으나, 자신이 선택한 소리 이외의 주변 소리를 자신의 청각 공간에서 밀어냄으로써 일종의 "사회적 귀먹음social deafness" 상태를 유지할 수 있다고 말한다. 모바일 미디어가 특정 지각, 현존, 상호 작용의 양식을 확대하거나 축소할 수 있게 해 줌으로써, 개인은 자신만의 청각 공간을 자기 주변에 "펼치거나/접는un/folding" 능력을 얻는 동시에 이러한 공간에 길들어지면서 외부의 청각 자극을 수용하고 접촉하는 감각이 마비될 수 있다.

미디어 생태학적 시각은 미디어와 인간을 이분법적으로 구분하지 않는다. 기술, 기법, 정보 양식, 커뮤니케이션 코드가 인간사를 이끄는 주요 행위자라고 보면서, 인간 감각의 확장 개념을 통해 이들 간의 상호 관계에 주목한다(Strate, 2017). 이러한 시각은 미디어 기술이 우리 자신과 세계를 어떻게 매개하고 구성하는지를 살펴보고, 인간 주체가 기술과의 관계 속에 형성되는 주체라고 바라본다. 인간과 세계 '사이'에서 매개화를 수행하는 기술을 주목하면서, 인간 주체, 기술, 세계 간의 상호 구성적인 관계와 변화를 추적하고자 하는 것이다. 미디어 기술을 활용해 능력이 향상되는 과정은 기술이 체화되는 과정으로서 세계에 대한 우리의 지각이 변화하는 과정이기도 하다. 미디어 생태학자들은 우리가 생존을 위해 만들었던 기술이 우리에게 새로운 능력을 주지만, 동시에 이것은 우리와 세상 사이를 매개하며 우리의 감각과 경험을 구성해 간다. 또한 우리가 기술을 통해 자연을 통제하며 영향력을 확장해 가지만, 이러한 과정은 자연이 우리에게 매개되고 확장되는 과정이기도 하다. 이러한 매개 과정에서 어디까지가 자연적인 것이고 어디부터 인공적인 것인지, 혹은 어디까지가 유기적인 것이고 어디부터 무기적인 것인지를 이분법적으로 구분하는 것은 큰 의미가 없다. 왜냐하면 미디어가 우리와 우리를 둘러싼 세계 사이를 매개하면서, 우리의 감각이 확장되고, 우리가 접하는 상황이나 세계 또한 이러한 매개 과정에 깊숙이 연관되기 때문이다. 이러한 매개 과정은 상호 영향을 미치는 동적인 과정으로서, 새로운 미디어의 등장은 우리가 경험하고 있는 기존 조건과 다른 새로운 조건을 제공하고, 우리가 이러한 조건에 적응해 갈 때, 새로운 환경이 형성될 뿐만 아니라, 우리 또한 달라지게 된다.

관계주의

미디어 생태학자들이 종종 미디어를 중심으로 사회·문화 변동의 단계를 구분하고 해당 시기의 문화 체계를 비교하고 대조한다. 예를 들어, 매클루언은 주요 커뮤니케이션 미디어에 따라 구술 문화, 알파벳과 인쇄 미디어 문화, 그리고 전자·전기 문자로 구분한다. 옹은 문자 미디어 이전의 제1 구술 문화primary orality, 문자 문화, 그리고 전자 미디어에 기반을 둔 제2 구술 문화secondary orality로 구분한다. 포스트먼(Postman, 1985/2009)도 인쇄 미디어 기반의 "설명의 시대"와 텔레비전 기반 "쇼 비즈니스의 시대"로 구분한다. 이들은 미디어가 서로 다른 편향을 내재하며 우리가 세상을 지각하고 상호 작용하는 것을 특정한 방향으로 유도하기 때문에, 특정한 성격을 지닌 문화 체계의 형성을 돕고 그러한 문화 변동의 범위를 규정한다고 본다. 새로운 미디어가 주류가 되면서, 커뮤니케이션 정보를 처리하는 사회적 능력, 현실을 지각하고 구성하는 방식, 지식 생산과 유통 구조, 개인과 공동체의 의식, 사회적 관여 과정, 문화에 유통되는 담론의 구조 등이 바뀌고, 기존과 다른 문화 체계가 형성된다. 따라서 사회 조직을 변화시키는 지배적인 커뮤니케이션 미디어의 등장은 인간의 역사를 구분 짓는 중요한 기반이 된다.

미디어에 따라 시대를 구분하고 그것의 문화적 차이와 특성을 대비하는 역사 서술은 미디어가 사회 변동의 방향을 결정한다는 미디어 결정론으로 비춰질 수 있다. 하지만 미디어 생태학자들이 역사의 변화를 커뮤니케이션 미디어의 효과로 단순화시키고자 기계적으로 시대를 구분했다기보다는, 이를 통해 미디어 환경의 암시적 효과를 가시화시키고 이러한 효과가 일어나는 복합적 과정을 둘러싼 전체 시스템에 관해 논의하고자 했다. 이들은 역사적 변동의 조건으로 미디어를 주목하면서 그것이 사회적 맥락과 결합하여 이루어지는 거시적 혹은 미시적 차원의 상호 작용 과정을 놓치지 않으려고 한다. 미디어를 중심으로 시대를 구분하며 새로운 커뮤니케이션 미디어가 동반한 '전과 다른' 변화를 강조하긴 하지만 그렇다고 미디어 발전에 따른 사회 변동을 단순한 인과론이나 단선적인 역사관으로 보지 않는다.

새로운 미디어가 사회에 도입되어 지배적인 지위를 확보해 나갈 때, 기존 미디어는 단순히 그 지위를 양보하는 것이 아니라 자신의 기능이 변화하고 전체 미디어 환경도 변화의 과정을 겪게 된다. 미디어 생태학은 이러한 변화 과정에 일어나는 미디어 간의 관계와 상호 작용에 관심을 기울인다. 변하는 미디어 환경을 이해하기 위해, 미디어 생태학은 개별 미디어의 독립적인 특성이나 기능을 살펴보는 것을 넘어, 미디어 간의 역학 관계 탐구를 제안한다. 매클루언은 "모든 미디어의 '내용'을 이루는 것은 언제나 또 다른 미디어"라며 미디어는 "독자적으로는 의미나 존재를 갖지 못하고 오직 다른 미디어와의 지속적인 교섭 속에서만 의미나 존재를 갖(는다)"고 말한다(McLuhan, 1964/2011: 32, 67). 말speech은 쓰기의 콘텐츠가 되고, 쓰기는 인쇄의 콘텐츠가 되며, 소설과 같은 인쇄물은 영화와 같은 영상 미디어의 콘텐츠가 되면서, 기존 미디어가 새로운 미디어 콘텐츠의 상징적 형식을 제공할 수 있다. 새로운 미디어 환경이 백지상태에서 기술자의 아이디어로 창안되고 의미 있게 되는 것이 아니라 기존 미디어와의 '교섭interplay' 가운데 나온 것이라고 보는 것이다. 매클루언에 따르면, "두 개의 미디어가 혼합되거나 서로 만나는 순간은 새로운 형식이 탄생하는 진리와 계시의 순간"으로서 우리의 감각 상태를 바꾸고 문화를 변화시키는 강력한 에너지가 나온다(McLuhan, 1964/2011: 123). 그는 미디어 간 혼합 과정과 상호 작용을 통해 미디어 환경의 변화가 일어난다고 본다. 이는 새로운 미디어가 지배적인 미디어가 될 때 기존의 지배적인 미디어 문화와 갈등하고 타협하는 복합적 '과정'이 존재한다는 점을 시사한다.

월터 옹(1967, 1982) 또한 미디어 환경이 단선적으로 발전하기보다는 신구 미디어 간의 상호 관계 속에서 재구성된다는 관계주의relationism

적 시각을 제시한다. 새로운 미디어의 등장은 기존 미디어를 폐기하지 않고 그것의 "의미와 적절성을 바꿔" 놓기 때문에(Ong, 2002b: 314), 기존 미디어는 새로운 미디어 문화의 기반이 되는 동시에 그 존재 방식은 뉴 미디어로부터 영향을 받는다고 말한다. 예를 들어, 라디오와 텔레비전과 같은 전자 미디어의 등장으로 제2 구술성secondary orality이 나타났다고 말한다. 이러한 제2 구술성은 라디오와 텔레비전과 같은 전자 미디어가 쓰기와 인쇄에서 물리적으로 부재했던 상대방의 소리를 복원한다는 점에서 제1 구술성과 유사하지만 이러한 제1 구술성 부활은 인쇄 문화에 기반을 두고 있어서, 과거의 그것과 다르다고 본다. 제1 구술성과 문자성의 동학이 '상호 작용'하면서 만들어진 제2 구술성은 문자 문화에 기반을 둔 논리적 계획성과 제작자의 자의식에 의해 구성된 것이고 '사물화'된 소리의 세계를 제공하는 일종의 혼종화된 미디어 환경이다. 이와 함께 그는 새로운 미디어 환경 속에 남아 있는 기존 미디어의 실천 방식을 "잔존residue"(Ong, 2002b)이라는 개념으로 표현하면서, 기존 미디어가 이전과 다른 성격과 의미를 가지며 새로운 미디어와 공존하고 있음을 시사한다. 예를 들어, 텔레비전 도입 이후 라디오의 경우처럼, 새로운 미디어의 도입으로 기존 미디어가 사라지기보다는 보다 전문화된 청각 서비스로 살아남게 된다. 미디어의 잔여나 '이차적'이라는 개념은 기존 미디어와 새로운 미디어 간의 상호 작용과 관계 속에서 미디어의 문화적 체계가 변화하고 있음을 강조한다.

미디어 생태학은 미디어 간의 관계에 관해 거시적이고 통시적 접근에서부터 미시적이고 현상학적인 접근에 이르기까지 다양한 탐구를 시도한다. 거시적이고 통시적인 접근은 역사적으로 새로운 미디어가 과거의 지배적인 미디어를 대체하고 폐기한다는 선형적인 접근이 아니라 이들 간의 상호 관계 속에서 미디어 변화 과정을 이해한다. 예를 들어, 토머스 페티트Thomas Pettitt(2012)는 "구텐베르크 괄호the Gutenberg Parenthesis"라는 개념을 통해 이러한 관계성을 살펴본다. 그는 구텐베르크의 인쇄 미디어 시대를 기준으로 이 시대의 시작과 끝은 다른 미디어 시대의 중단과 복원 과정으로 본다. 다시 말해, 구텐베르크 인쇄 문화의 '이후' 시대는 인쇄 미디어가 지배력을 내려놓는 시대이자 연결성을 기반으로 둔 제1의 구술 문화가 복원되는 제2 구술성 시대라고 볼 수 있다. 제1 구술성, 인쇄 문자성, 제2 구술성 순으로 이어지는 시대적 궤적이 단순해 보일 수 있지만, 미디어 환경에서의 커뮤니케이션 방식, 생산된 지식의 속성, 사회관계, 공간 경험, 몸에 대한 지각 방식 등의 거시적 변화의 흐름을 짚어줄 뿐만 아니라 미디어 문화 체계 간의 변증법적이고 순환적인 관계 또한 살펴볼 수 있게 한다.

한편, 미디어 간의 관계에 관한 미시적 접근은 미디어들의 상호 작용을 좀 더 세밀하게 이해할 수 있다. 제이 볼터Jay Bolter와 리처드 그루신Richard Grusin(1999/2006)은 "뉴 미디어의 내용은 올드 미디어"라는 매클루언의 이론을 떠올리게 하는 "재매개remediation"라는 개념을 내놓는다. 이들은 새로운 미디어의 진화가 "투명한 직접성transparent immediacy"과 "과매개성hypermediacy"을 따르는 "재매개"의 과정이라고 본다. 다시 말해, 기존 미디어와의 관계 속에서 미디어 내용이나 실제에 더 자연스럽게 직접적으로 접근하는 감각을 가질 수 있도록, 그리고 이러한 감각을 구현하는 미디어를 더 추구할 수 있도록, 새로운 미디어가 진화되었다는 것이다. 예를 들어, 데스크톱 컴퓨터의 인터페이스 역할을 하는 윈도에 포함된 다양한 미디어 표상, 즉 문서, 그래픽, 비디오 등은 이용자의 시선을 끌기 위해 경쟁을 벌이고, 아이콘, 메뉴,

툴바 등은 또 다른 시각적, 언어적 층위를 제공한다. 이러한 데스크톱 컴퓨터의 스크린은 다양한 미디어 형식이 공존하는 과매개성을 유지하면서 미디어 간의 불연속성을 최소화하는 보다 직접적 인터페이스를 가짐으로써 실재에 즉각적으로 다가가는 경험의 강도를 높인다. 재매개 개념을 통해 우리가 접하는 미디어를 구성하는 미디어 간의 상호관계를 살펴볼 수 있다. 현재의 디지털 미디어 환경은 과거에는 상상할 수 없을 복합적이고 다중적인 미디어 융합을 가능하게 한다. 예를 들어, 스마트폰은 전화기, 시계, 달력, 전화번호부, 수첩, 편지함, 지도, 계산기에서부터, TV, 라디오, 책, 신문, 영화, PC, 인터넷, 미디어 녹음기와 재생기, 게임기, 카메라, PDA, 네비게이터, GPS, 만보기, 화폐와 신용 카드 등 각종 하드웨어적 미디어 형식과 이메일, 메신저, 소셜 네트워크 사이트, 검색 엔진, 동영상 스트리밍 및 각종 애플리케이션(이하 앱) 등 다양한 소프트웨어적 미디어 형식을 재매개한다. 은행, 각종 민원 업무 센터, 학원, 쇼핑센터 등과 같은 복합 미디어 체계 또한 재매개된다. 각종 미디어 형식이나 체계가 분산적이고divergent 개별적인 개체성을 유지하면서 공존할 수 있고, 더 나아가 혼종적이고 융합적인 인간-기술의 인터페이스가 구현될 수 있다.

미디어 생태학의 관계주의적 시각에서 미디어를 이해할 때, 기존 미디어와 새로운 미디어는 이분법적으로 구분되고 대비될 수 있는 대상이 아니다. 미디어 간의 관계는 경쟁, 보완, 대체 등으로 단순화되기보다는, 유기적이고 상호 구성적이다. 예를 들어, 전보, 타자기, 축음기, 원고지 등은 물질적인 인공물로서 거의 사용되지 않고 '멸종'했다고 볼 수 있다. 하지만 메신저, 키보드, 디지털 음악 재생기, 워드 프로세서 등의 개조된 형태로 재매개되어 현재의 미디어 환경에 잔존 혹은 진화했다고 볼 수 있다. 또 무선 인터넷과 연결된 스마트폰 스크린에는 다양한 미디어 형식이 앱의 형태로 '개조refashioned'되어 들어오고, 이용자는 이러한 스마트폰의 인터페이스를 통해 다양한 미디어 기능을 개별적으로 혹은 조합하여 이용할 수 있다. 이용자는 카메라 앱을 통해 사진을 찍고 편집하며 앨범에 저장하고 소셜 미디어에 올려 전시하거나 공유할 수 있고 대화나 참고의 소재로 활용할 수도 있다. 새로운 미디어 환경에서 기존 미디어는 '죽었다' 혹은 '대체되었다' 식으로 단순화시킬 수 없고, 그렇다고 이전과 똑같은 '의미와 적절성'을 갖는다고 말하기도 어렵다. 미디어 생태학은 이러한 미디어 간의 상호 작용과 관계를 주시하며 이러한 관계 속에서 미디어 환경이 어떻게 재구성되는지를 이해하고자 한다.

전체론적 이해

멈포드, 매클루언, 옹, 포스트먼 등 1세대 생태학자들은 인류 문화가 개인 혹은 사회가 다양한 환경적 조건과 상호 작용하면서 공존해 온 결과라고 본다. 이들은 문화, 커뮤니케이션, 기술의 공생 관계를 살펴보고 시대에 따른 차이와 유사성을 분석함으로써, 지배적인 미디어 환경의 물질적, 상징적 편향이 문화 발전에 어떻게 기여해 왔는지를 살펴본다. 미디어와 인간 혹은 문화를 서로 연관된 체계로 바라보고 이것의 시대적 변화를 통시적으로 접근하면서 진화 혹은 변화의 내용을 알아내고자 한다. 코리 앤톤Corey Anton(2014)은 미디어 환경의 변화를 통시적으로 접근함으로써 그것이 우리 경험의 다양한 '본질'을 어떻게 역사적으로 '수정'해 가는지를 추적할 수 있다고 말한다. 그는 미디어 환경이 변하면서 정보, 언론, 학습, 표절, 강의, 확신, 질문과 대답 방식, 권위, 지루

함, 주의 집중, 배움, 만남, 신뢰성, 공동체 등의 본질이나 의미도 함께 변했다고 말한다. 말 그대로 오늘날 우리가 일상적으로 경험하는 모든 것들이 과거와 질적으로 달라졌고, 이러한 변화는 긴 시간을 거쳐 추이를 살펴볼 때 비로소 보일 수 있다는 것이다. 미디어 생태학은 미디어 환경, 인간, 문화가 함께 진화하며 변화하는 성격을 드러내고자 통시적, 전체론적 접근을 시도한다.

미디어 생태학이 기대는 통시적 접근은 일반적인 역사적 접근과 어느 정도 다른 결을 갖는다. 로저 멜런Roger Mellen(2012)은 2010년 이른바 '아랍의 봄'이라고 불리는 아랍권에서 일어난 반정부 시위의 물결과 소셜 미디어의 관계를 살펴보면서, 역사학자와 미디어 생태학자 모두 미디어를 역사적 변동의 동인으로서 바라보지만 시각 차이가 있다고 말한다. 그에 따르면, 둘 다 단순한 기술 결정론에서 벗어나고자 하지만 역사학자는 구체적인 역사적 사례에 집중하면서 미디어를 여러 사회문화적 요인 중 하나로 바라본다. 반면 미디어 생태학자는 미디어의 조건이 정치적, 사회적 구조의 변화와 어떻게 결부되는지를 살펴보는 전체론적 시각을 가지려고 한다. 미디어 생태학의 통시적 접근은 역사주의를 지향하며 상세한 역사적 사실을 수집하고 재현하려는 목적을 갖기보다는, 미디어와 인간의 공진화적 과정의 특성을 포착하려는 것이다. 따라서 지역의 구체적 역사나 시대사의 세부적인 전개 과정을 소홀히 하는 비역사주의적이고 형식주의적인 접근으로 비칠 수도 있다. 하지만 이러한 접근은 개별 나무가 아닌 '전체 숲'을 바라보면서 미디어 환경의 비가시적 배경 원칙과 인간 경험 간 상호 작용이 축적되며 이루어지는 변화의 흐름을 전면에 부각하기 위한 학문적 전략이라고 볼 수 있다.

그렇다면 이러한 미디어 환경과 인간 경험의 공진화 방향과 성격은 정해진 것인가? 새로운 기술이 도입되고 미디어 환경이 변화하면서, 사회적, 문화적, 경제적, 정치적 분야도 함께 영향을 받게 된다. 기술 발명가나 도입자는 미디어 기술에 주입한 기능이 어떠한 즉각적이고 직접적인 효과를 낼지를 설명하며 기술에 따른 미래 변화의 시나리오를 제시한다. 예를 들어, 새로 나온 버전의 스마트폰의 제품 설명서를 보면, 신상품의 정보 처리 속도와 저장 능력, 새로운 미디어 기능 등을 통해 우리가 어떠한 수월성과 능력을 얻을 수 있는지가 자세히 기술되어 있다. 정책이나 시장은 이러한 기능을 중심으로 사회 변화를 예측하고 이를 기반으로 미래를 준비해 간다. 그런데 과연 이렇게 명시된 기술의 기능이나 예측을 근거로 변화하는 미디어 환경과 인간 경험의 성격을 가늠할 수 있을까? 미디어 생태학자들은 미디어 환경의 변화와 그것과 관련된 일련의 사회문화적 변동 과정은 쉽게 예단하기 어렵다고 말한다. 예를 들어, 활자 인쇄술은 원래 신앙을 위해 성경을 필사하던 수도사의 수고를 덜어 주고 정보를 대규모로 재생산하기 위해 고안되었다. 하지만 이는 원래의 종교적 의도에서 벗어나 르네상스, 과학 혁명, 종교 개혁 등이 일어날 수 있는 사회문화적 조건을 만들었다. 미디어 환경과 인간과 문화의 상호 작용과 공진화의 과정은 기술 발명가나 도입자의 의도를 쉽게 벗어난다. 왜냐하면 이들이 미디어 기술을 바라보는 시각이 제한적일 뿐만 아니라, 미디어 환경이 거시적 차원의 사회적, 경제적, 정치적, 문화적 조건과 미시적 차원의 인간 지각, 동기, 감정 등과 상호 작용하며 전개되는 복합적이고 중층적인 과정이기 때문이다. 미디어 생태학은 미디어를 특정 용도의 도구가 아닌 환경으로 바라보며 미디어 자체를 이해하려고 하고, 미디어 기술과 인간 간 관계에 관해 다각적 질문과 접근을 시도한다. 때에 따라서는 개별 미디어 환경에 초점을 맞추며 미시적 차원의 미디어 환경에 관한 현상학적 탐구를 하기도 한다. 또 보다 큰 범주의 융합 시스템으로서의 미디어 환경에 주목하며 전 지구적 차원의 미디어 환경이나 통시적 접근을 시도하기도 한다. 이렇게 규모와 수준을 달리하여 미디어 환경에 접근할 수 있겠지만, 미디어 생태학자는 일관된 문제의식을 보여 준다. 바로 환경으로서의 미디어와 인간 혹은 문화 간 상관관계를 전체론적으로 바라보려고 한다는 것이다.

성찰성

미디어 생태학은 환경으로서의 미디어를 의식하고 이해하고자 한다. 매클루언은 "새로운 제품을 발견하는 것과 기존의 다양한 사회적 배경에서 제품의 작용으로 생성되는 보이지 않는 새로운 환경을 관찰하는 것은 완전히 다른 일"이라면서, 우리가 잠재 의식적 기술 환경과 그 효과를 인지하는 능력을 갖출 필요가 있다고 제안했다(McLuhan & Nevitt, 1972: 63). 우리가 우리의 필요와 욕망을 충족하기 위해 만든 기술에 의해 오히려 '제어 대상'이 되거나 기술의 '번식'과 '진화'를 위한 "기계 세계의 생식기"가 되고 있기에, 우리가 이에 관해 어느 정도 능동적으로 대응할 수 있도록 미디어 환경에 주의를 기울일 준비가 되어 있어야 한다는 것이다(McLuhan, 1964/2011: 107). 미디어 생태학은 미디어 환경에 대한 '이해'에서부터 "인간 커뮤니케이션 형식과 문화의 질quality 간의 관계"(Postman, 1985/2009: 9)에 관한 '비판'에 이르기까지, 미디어 환경과 인간의 관계에 관한 성찰을 시도해 왔다.

매클루언(1969)과 미디어 생태학자들은 미디어 환경을 이해하고 성찰할 때, "탐색probes"이란 용어를 자주 사용한다. 탐색은 탐구적 질문을 던진다는 의미로, 미디어 생태학자들은 질문의 과정이 미디어 생태학적 탐구의 출발점이자 그 자체가 메시지가 될 만큼 중요하다고 본다. 미디어 생태학적 탐구를 위해 제기된 탐색적 질문 중 하나는 미디어 환경이 갖는 양가성에 관한 것이다. 매클루언은 미디어 환경의 양가성에 대한 문제의식을 확장과 마비라는 상호 모순적 과정을 통해 이야기한다. 그는 미디어가 인간의 능력을 "증폭"하거나 향상해 나감으로써 신체가 견딜 수 없는 "인간 행위에 새로운 강도"를 만들어 가고 동시에 "감각의 차단이나 마비"나 불균형 혹은 고통이 같이 나타날 수 있다고 보고, 이러한 양가성에 관한 이해를 촉구했다(McLuhan, 1964/2011: 99). 양가성에 관한 이해는 미디어 환경이 동시적이고 복합적으로 작동하는 과정을 살펴볼 수 있게 하고, 이러한 과정이 갖는 인간적 혹은 사회문화적 의미에 관해 성찰해 보게 한다.

또한 미디어 생태학자들은 미디어 기술의 의도하지 않은 효과에 관해서도 질문을 던진다. 이들은 기술적 효과가 반드시 사람들의 기대나 의도한 목적에 따라 나타나지 않는다는 점을 주목해 왔다. 기술은 야누스의 얼굴처럼 무언가를 할 수 있게 하는 동시에 무언가를 제한하고, 혜택을 가져오는 동시에 폐해도 가져오며, 우리가 예측하지 못한 결과를 가져오기도 한다. 미디어 생태학은 기술의 가시적 기능보다는 기술의 편향적 구조와의 상호 관계 속에서 본질적이고 복합적인 변화가 일어난다는 점을 주목하면서, 기술-인간 혹은 기술-기술 간 상호 관계의 패턴과 변화의 과정을 살펴보고, 기술적 조건이 가진 가능성과 구속력의 다면적인 측면이 어떤 사회문화적 함의를 갖는지 사유한다.

포스트먼은 미디어 생태학자가 사회와 인간적 삶에 관해 의미 있는 이야기를 할 수 있는 '화자narrator'가 되어야 한다고 주장한다. 그는 미디어 생태학이 미디어와 사회를 조사할 연구 방법론을 어떻게 과학적으로 정교화해 갈 것인가의 문제보다, 무엇을 이야기할 것인가의 문제를 더 중요하게 생각하고 고민해야 한다고 말한다. 또한 이와 같은 의미 있는 서사를 찾으려면, 여기에 걸맞은 의미 있는 질문을 던져야 한다(Postman, 1979: 153~154). 우리가 미디어의 편향이나 양가성에 대해 살펴보면서 미디어 환경에 대한 이해와 의식 수준을 높이다 보면, 비로소 기술과 관계를 어떻게 가져가고 어떠한 통제력을 가질 것인가의 문제를 생각할 여력을 가질 수 있다. 미디어 환경에 대한 이해를 바탕으로 미디어와 인간, 미디어와 사회 간의 상호 관계에서 있을 수 있는 타협의 가능성이나 대안을 생각해 볼 수 있는 것이다. 미디어 생태학적 관점은 우리 일상에 깊이 들어와 있는, 그래서 공기와도 같은 미디어 환경의 복합적 측면과 영향력을 전면에 끌어올리며 의식해 보라고 한다. 미디어 생태학은 미디어 환경의 비가시적 배경 원칙과 그것과의 관계를 낯설게 바라보고 성찰하면서, 미디어 환경에 대한 인간주의적 통제력을 어떻게 확보할 것인지, 어떠한 실천을 해 나갈 것인지 등의 문제를 깊이 있게 다루려 한다.

2

어떻게
탐구할 것인가

1. 맥락 분석

미디어 생태학적 시각에서 미디어는 인간과 인간 혹은 인간과 세계의 상호 작용을 매개하는 모든 유무형의 매개체, 인공물, 기술 등을 가리킨다(McLuhan & McLuhan, 1988; Postman, 1992/2005). 다시 말해, 소리에서부터 전통적인 커뮤니케이션 미디어에 이르기까지, 혹은 의복이나 자동차와 같이 인간의 감각과 능력을 확장하는 모든 인공물에서부터 혁신적인 변화를 만들어 나가는 기법이나 아이디어에 이르기까지, 인간의 실존적 조건을 구성하는 모든 것을 포함한다. 이러한 미디어는 우리를 둘러싼 세계와의 상호 작용과 경험을 매개하고, 동시에 우리의 환경을 구성한다. 매클루언은 미디어가 단순히 전달을 위한 수단이나 채널이 아닌 우리의 감각을 구성하는 배경으로서, 우리가 맺는 관계나 행동의 규모, 속도, 형태 등을 형성하고 통제한다고 말한다(McLuhan, 1964/2011). 미디어 생태학은 우리의 감각과 능력을 확장하고 우리가 세상을 인식하고 생각하고 느끼고 행동하는 과정을 조건 짓는 배경으로서의 미디어에 관심을 둔다.

일반적으로 미디어는 도구로 취급되는 경향이 있다. 다시 말해, 특정 목적을 성취하기 위해 사용되는 특정한 기능을 가진 수단으로 가정된다. 예를 들어, 텔레비전은 연예 오락을 즐기거나 뉴스를 전해 듣기 위해 사용하는 시청각 미디어이고, 인터넷은 각종 정보 검색과 사회적 연결을 하는 정보 미디어라고 여겨진다. 하지만 미디어 생태학은 우리가 도구적으로 사용하는 미디어에 의해 우리가 세상을 경험하고 지각하는 방식이 특정하게 일어난다고 본다. 예를 들어, 포스트먼은 미디어가 인식론적 필터로서 작동하면서 "망치를 든 사람에게는 모든 것이 못처럼" 보이고, "컴퓨터를 가진 사람에게는 모든 것이 데이터처럼" 보이며, "성적표를 가진 사람에게는 모든 것이 숫자처럼" 보이게 한다고 말한다(Postman, 1992/2005: 14). 이러한 예를 이어 가자면, 소셜 미디어에 내재된 구독 서비스나 '좋아요' 기능은 사회적 상호 작용이나 감정을 수치로 표현하면서 개인의 사회적 정체성이나 평판을 이러한 수치로 평가하는 것에 익숙해지게 만든다. 미디어 생태학자들은 세상을 대하거나 보는 방식을 암시적으로 혹은 명시적으로 조정하는 미디어의 능동적 행위성에 주목하고 이것을 가시화하려고 노력한다.

매클루언은 '미디어가 메시지'라는 경구를 통해, 미디어의 영향력은 눈에 보이는 콘텐츠나 거기에 나타난 저자의 의도나 견해에 드러나는 것이 아니라 "감각 비율이나 지각 패턴을 아무런 저항 없이 서서히 변화시키는" 미디어의 매개화 과정에서 일어난다고 한다(McLuhan, 1964/2011: 52). 다시 말해, 텔레비전 뉴스 방송의 메시지는 뉴스 기사 자체가 아니라 텔레비전을 통해 현실을 대하는 대중의 인식과 감정 혹은 지각 방식이 구성된다는 데 있다는 것이다. 그는 드러나 있는 미디어의 도구적 기능을 넘어, 미묘하게 또는 장기간에 걸쳐 우리의 삶을 구조적으로 바꾸는 잘 보이지 않는 효과를 보라고 제안한다. 미디어 생태학이 미디어 형식을 주목한다고 해서, 단순히 그 자체만 관심을 제한하는 것은 아니다. 매클루언은 형상과 배경의 원리를 적용해, 미디어의 동적인 매개 과정, 다시 말해 이용자에게 세계를 매개하며 특정 감각적 편향을 촉진하는 미디어의 행위성을 탐구할 필요가 있다고 말한다.

미디어 생태학은 특정한 경험과 지각을 가능하게 하는 미디어 환경을 전면으로 가져와 그것의 매개 과정을 이해해 보려 한다. 포스트먼은 이러한 '배경의 형상화'가 미디어 생태학의 연구 방법론이라고 말하고, 이를 "맥락 분석"이라고 부른다.

> 우리에게 중요한 것은 맥락이고, 아직은 아니지만, 미디어 생태학이 방법론을 갖는다면 그것은 맥락 분석이라고 할 수 있다. 그것은 커뮤니케이션 환경을 체계 안의 체계 안의 체계로 바라본다는 것을 뜻한다. 그것은 각 체계를 하나의 전체 체계로서, 하위 체계들의 구성으로서, 그리고 그것이 기능하는 더 큰 체계로서 그 주요 특성을 파악하고 그들 간의 주요 관계를 알아보려고 한다는 의미다. …… 맥락 분석은 개인과 현실, 개인과 개인, 개인과 집단, 집단과 집단, 집단과 문화, 문화와 문화 간의 거래를 주제로 삼고, 그것을 서로에 대한 기능으로 보려 한다. 또한 맥락 분석 혹은 미디어 생태학은 특히 이러한 거래에 미디어가 수행하는 역할을 주목한다. '미디엄medium'은 거래 체계에 두 개 이상의 개별 요소를 연결하는 행위자 또는 행위성을 의미한다. (Postman, 2006a: 8)

이러한 맥락 분석은 사회과학에서 말하는 엄밀한 의미의 방법론이라고 말할 수 없다. 포스트먼이 맥락 분석을 이야기할 때 애초부터 실증적 방법론을 염두에 두지 않았다. 그는 사회과학이 인간 행동과 상황에서 "불변하고 보편적인 법칙"을 찾을 수 있다고 믿는 "도덕신학"이라며 그것의 과학적 기반에 의문을 제기한 바 있다(Postman, 1988/2016: 17~33). 그에게 맥락 분석은 현상과 관련된 모든 사회 이론과 역사 이론, 사실을 가져오고 이성, 논리, 직관, 추측, 은유 등을 동원해 맥락 혹은 미디어의 행위성을 이야기하고 이해하는 것이다.

포스트먼의 맥락 분석이나 매클루언의 형상/배경 이론 모두 기본적으로 미디어 생태학 연구가 어떠한 관심사를 가지고 어떻게 접근해야 하는지를 제안하고 있다. 미디어 생태학적 연구는 인간 경험을 구성하는 환경으로서의 미디어의 행위성을 가시화시키고자 하고, 이를 위해 다양한 수준에서 이루어지는 거래 혹은 커뮤니케이션을 연결하고 매개하는 과정과 그것의 복합적 효과를 탐색한다. 미디어가 다양한 수준과 차원에서의 상호 작용을 매개하는 행위자로서 어떻게 우리가 취할 수 있는 행위와 경험의 범위를 정해 주는지, 또 이러한 매개 과정에 어떠한 효과를 가져오고 어떠한 환경을 구성하는지를 탐구하는 것이 미디어 생태학 연구의 과제라고 볼 수 있다(Lum, 2006/2008: 83~85).

2. 미디어를 탐구하는 네 가지 주제

미디어 생태학자들은 미디어를 인간 경험과 행위를 매개하는 배경이자 맥락으로 탐구하기 위해, 미디어의 형식, 편향, 효과, 환경 등 네 가지 주제에 관심을 기울여 왔다(Lum, 2006/2008; Strate, 2017). 우선, 이들은 배경으로서의 미디어의 특성을 이해하기 위해 미디어 형식이라는 주제를 탐구한다. 이러한 탐구는 미디어의 물리적 형식 혹은 물질성과 상징적 형식을 주목하고 이를 통해 미디어의 매개 과정을 이해하고자 한다. 미디어마다 정보의 전송, 유포, 저장, 검색, 수용 등을 매개하는 물리적 조건이 다르고, 정보를 표현하고 부호화하는 상징적 형식이 다르기에, 서로 다른 미디어 생태적 맥락을 구성할 수 있다. 미디어의 물리적 형식 혹은 물질성의 특성은 그것의 내구성, 휴대 가능성, 정보 전달 속도, 정보 용량 및 저장 능력, 복제 가능성, 도달 범위, 이용자 통제력, 커뮤니케이션 방향, 전달 양식, 참여 조건, 기술의 복잡성 및 자동화 정도 등을 통해 살펴볼 수 있다. 또한 미디어의 상징적 형식은 미디어가 메시지나 의미를 표현하는 언어 형식과 구조, 감각 양식, 관련 맥락 등으로 알아볼 수 있다. 예를 들어, 구술 언어, 문자, 혹은 영상 언어 등을 보면, 정보를 전달하는 감각적 양식, 표현 및 약호화 방식, 의미의 구조와 문법 혹은 추상화의 수준이나 논리적 유형 등이 다르다는 점에서 상징적 형식의 차이를 발견할 수 있다.

미디어 생태학자들은 이러한 미디어의 물리적, 상징적 형식이 세계를 접하고 경험하는 방식, 범위와 수준, 양식 등을 구조화하면서 특정한 행위와 과정을 가능하게 하거나 제한하는 편향성을 갖는다고 말한다. 미디어 편향은 미디어 형식을 기반으로 특정한 경험을 가능하게 하거나 형성하게 해 주는 특유의 기술적 조건이라는 점에서 미디어의 어포던스affordance 개념으로도 이해할 수 있다. 어포던스는 생태 심리학자인 제임스 깁슨James Gibson(1977)이 개체, 아이디어 또는 환경이 유기체가 행동을 수행하도록 허용하는 성질을 가리키기 위해 제안한 개념이다. 이것은 유기체와 환경의 관계를 주목하고 유기체의 행위를 유도하는 조건과 그것의 역동적인 과정을 살펴보고자 한다는 점에서 미디어 편향과 유사한 의미를 가진다. 미디어 편향과 어포던스 개념 모두 미디어 혹은 환경을 사물이나 대상이 아닌 유기체와의 관계에서 바라보고 그것의 형식적 특성에 따라 허용되는 상호 작용 과정을 살펴볼 수 있게 해 준다는 점에서 미디어의 매개 과정을 이해하는 데 도움을 준다(MacDougall, 2013). 그런데 미디어 편향 개념은 행위를 유도하고 촉진하는 미디어 형식의 잠재적 가능성으로서의 어포던스 측면과 아울러, 구속하고 억제하는 양가적 과정과 이러한 과정의 다면적 측면을 함께 논의한다.

크리스틴 나이스트롬은 미디어 형식에 따른 미디어 편향에 관해 다음과 같은 이론적 명제를 제시한다.

- 서로 다른 미디어는 정보를 부호화하는 상징적 형태가 다르기에, 서로 다른 지적, 정서적 편향을 갖는다.
- 서로 다른 미디어는 정보를 부호화하고, 저장하고, 전송하는 물리적 형태가 다르기에, 서로 다른 시간적, 공간적, 감각적 편향을 갖는다.
- 서로 다른 미디어는 정보를 부호화하는 상징적 형태의 접근성이 다르기에, 서로 다른 정치적 편향을 갖는다.
- 서로 다른 미디어는 그것의 물리적 형태가 참여 조건에 영향을 미치기에, 서로 다른 사회적 편향을 갖는다.
- 서로 다른 미디어는 시간과 공간을 조직하는 방식이 다르기에 서로 다른 형이상학적 편향을 갖는다.
- 서로 다른 미디어는 물리적, 상징적 형태가 다르기에, 서로 다른 내용적 편향을 갖는다.

• 서로 다른 미디어는 물리적, 상징적 형태가 다르고, 이에 따라 지적, 정서적, 시간적, 공간적, 감각적, 정치적, 사회적, 형이상학적, 내용적 편향이 달라지기에, 서로 다른 인식론적 편향을 갖는다. (Lum, 2006/2008: 27)

이러한 이론적 명제는 미디어의 상징적, 물리적 형식에 따라, 지적, 정서적, 시간적, 공간적, 감각적, 사회적, 감각적, 형이상학적, 내용적, 인식론적 편향이 달라질 수 있다는 점을 강조한다. 인간이 미디어를 활용할 때, 미디어의 편향은 인간과 세계 간 관계를 특정한 방식으로 구성하게 되고, 인간은 이렇게 미디어가 구조화하는 경험의 세계에 살게 된다. 다음 장에 살펴볼 구술성과 문자성 이론도 구술 언어와 필사 및 활자 언어가 서로 다른 미디어의 형식과 그에 따른 편향을 가진다는 점을 강조한다. 예를 들어, 활자 언어는 추상적이고 표현과 사고(지적 편향), 객관적이고 개인주의적 시각(정서적 편향), 시각주의(감각적 편향), 시간의 압축과 영구성(시간적 편향), 광범위한 유포(공간적 편향), 엘리트주의와 상상적 민족 국가의 탄생(정치적, 사회적 편향), 이성주의(형이상학적 편향), 진지한 담론(내용적 편향), 시각적 증거주의(인식론적 편향) 등을 촉진하는 커뮤니케이션 조건을 제공한다. 미디어 생태학자들은 미디어 형식의 편향을 주목하면서 미디어 형식에 따른 매개 과정의 차이와 성향을 탐구하고 미디어 행위성의 특성을 알아본다.

미디어 형식과 편향에 관한 관심은 그것의 효과와 그것이 구성하는 환경의 특성에 관한 탐구로 자연스럽게 이어진다. 특히 미디어 생태학자들은 미디어 형식 및 편향에 따른 양가적 혹은 복합적 효과에 주목했다. 미디어가 인간 감각의 확장이라는 효과를 가져온다고 본 매클루언은 이러한 확장이 특정 감각을 향상하는 단면적 과정이 아니라,

다른 감각의 마비나 절단, 기존 감각 및 경험의 부활, 확장이 가진 한계의 누적 등이 동시에 전개되는 복합적 과정이라고 보았다. 그는 이러한 과정을 향상, 퇴화, 회복, 역전 등으로 구성된 테트라드tetrad를 통해 탐구한다(김상호, 2004). 포스트먼도 미디어 기술이 의도된 결과만을 가져오지 않으며, '파우스트의 거래'가 일어나는, 즉 제공하는 이익만큼이나 거기에 상응하는 대가가 따라오는 양가적 과정이라고 본다(Postman, 1992/2005; 1995/1999). 미디어 생태학은 미디어 효과가 단선적이지 않다. 또한 미디어가 모든 경험과 행위의 배경이라고 보기에, 그것의 효과가 미시적 수준에서 거시적 수준에 이르는 모든 영역에서 발견될 수 있다. 미디어 생태학자들은 지각 과정, 자아 감각, 타자에 대한 지각, 사고 양식, 정서, 느낌, 행위, 행동, 커뮤니케이션 내용, 타자와의 커뮤니케이션 방식, 표현 양식, 상징과 언어, 사회적 역할, 통제, 권력, 위계질서, 시간 감각, 공간 감각, 집단 감각, 젠더, 가족, 학습 능력, 교육 양식, 노동 형식, 놀이와 여가, 사회 조직 형태, 정치, 종교, 경제와의 관계, 실재에 대한 문화적 개념, 인식론, 가치와 믿음 등 인간사의 거의 모든 영역을 미디어 효과의 탐구 대상에 포함시키고 있다(Lum, 2006/2008; Strate, 2017).

또한 미디어 형식과 편향 그리고 효과에 관한 탐색은 미디어 환경을 이해하는 데 도움을 준다. 미디어 환경에 관한 연구는 보다 전체론적 차원에서 미디어 환경을 구성하는 미디어 간 상호 작용이나 미디어와 인간 간 상호 관계를 살펴보고, 사회적, 역사적 맥락과 결합한 미디어 환경의 특성을 주목한다. 더 나아가 생태 물리적 자연환경과의 상호 관계를 탐색할 수 있다. 미디어 환경의 기반 기술이 바뀌고 새로운 미디어가 등장하면서, 미디어 환경을 구성하는 미디어 간의 관계가 재편되고, 신구 미디어가 경쟁하며 기존 미디어의 의미와 적절성이 바뀔 수 있다. 미디어 생태학자들은 지배적인 미디어 기술이 바뀌면서 일어나는 미디어 환경 체계 내 미디어들이 공존하는 방식이나 특정 미디어가 활용되는 맥락이나 상황, 더 나아가 미디어 환경 진화 과정을 주목해 왔다. 예를 들어, 옹은 필사 미디어 시대에 사회의 지식을 전수하는 지배적 미디어가 구어에서 문자로 바뀌었지만, 소리를 내어 텍스트를 읽는 구술 문화의 관습은 오랫동안 잔존했고 구술로 지적 능력을 검증하는 발표나 토론은 여전히 남아 있다는 점에 주목한다(Ong, 2002b; 1982: 115). 새로운 미디어의 등장이 기존 미디어를 '반드시' 사라지게 만들지는 않는다. 기존 미디어는 기반 기술의 맥락이 바뀔 때, 나름의 적소를 찾거나 새로운 기술에 적응하며 진화된 미디어 형식을 선보이곤 한다. 텔레비전 시대의 라디오나 인터넷 시대의 텔레비전과 신문의 변신이 그런 사례라고 볼 수 있다. 또한 새로운 미디어는 기존 미디어가 가진 한계나 문제에 반응하며 개발될 수 있다. 이러한 미디어의 생존 혹은 진화 과정을 폴 레빈슨Paul Levinson(1999)은 '인간 지향anthropotropic' 이론으로 설명한다. 이 이론에 따르면, 미디어 진화가 한편으로는 인간의 생물학적 한계를 넘어 커뮤니케이션을 확장하는 방식으로 이루어지지만, 다른 한편으로는 이러한 확장 과정에서 잃어버린 자연 세계의 요소를 다시 포착하는 "교정의" 과정일 수 있다(Levinson, 1999: 179). 예를 들어, 사진은 문자가 전달하지 못하는 실제의 이미지를 담아내고, 전화, 축음기, 라디오 등은 기존 지배 미디어였던 활자 미디어가 놓치는 음성을 포착한다. 전지구적이고 거시적인 수준부터 지역적이고 미시적인 수준에 이르기까지 다양한 수준의 미디어 환경이 형성되고 진화하는 방식, 그리고 해당 체계에 존재하는 매개 과정과 관계들을 살펴보면서, 우리는 미디어 환경을 총체적으로 바라보는 시각을 가질 수 있다.

미디어의 형식, 편향, 효과, 환경은 상호 연관된 탐구 주제로, 어떤 주제에서 시작하더라도 나머지 세 주제와 자연스럽게 논의를 이어가게 된다(Strate, 2017: 212~213). 예를 들어, 미디어 형식에 대한 질문으로 시작한다면, 미디어의 형식적 특성은 무엇인가, 그 특성과 관련된 편향은 무엇인가, 이러한 편향으로 어떠한 효과가 일어나는가, 이러한 효과로 어떻게 미디어 환경이 형성되고 변경되는가 등을 논의하면서 미디어 생태학적 연구를 할 수 있다. 편향에서 탐구를 시작하면, 특정 미디어에서 어떤 편향을 파악할 수 있는가, 그 편향으로 인한 효과는 무엇인가, 그러한 효과에 의해 어떻게 환경이 형성되고 변화되는가, 새롭거나 변경된 환경에서 어떤 미디어 또는 미디어가 구성되거나 생겨나는가 등을 질문하며 논의해 갈 수 있다. 효과에서 출발하면, 어떤 효과를 파악할 수 있는가, 그러한 효과에 의해 어떻게 환경이 형성되고 변화되는가, 새롭거나 변경된 환경에서 어떤 미디어가 구성되거나 만들어지는가, 미디어와 관련된 편향은 무엇인가 등을 질문할 수 있다. 미디어 환경에서 시작하면, 미디어 환경의 특성은 무엇인가, 이러한 환경의 특성은 어떠한 미디어와 연관이 있는가, 그 특성과 관련된 편향은 무엇인가, 그 편향으로 인해 어떤 변화가 일어나는가 등을 탐구해 갈 수 있다. 그 반대 방향, 즉 미디어 환경–효과–편향–형식 등의 방향으로도 탐구해 갈 수 있다. 스트레이트는 개별 미디어, 편향, 효과, 환경 등을 상호연관된 주제로 탐색하는 것이 "미디어 생태학 연구를 위한 경로 pathways"라고 말한다(Strate, 2017: 212). 이러한 연구 경로는 관계적이고 순환적인 성격을 띤다고 볼 수 있다. 이들 주제를 탐구하는 과정 전체가 인간의 조건으로서의 미디어에 대한 이해를 돕기 때문이다. 미디어 생태학은 그림 1과 같은 탐구 과정을 통해, 배경 혹은 맥락으로서의 미디

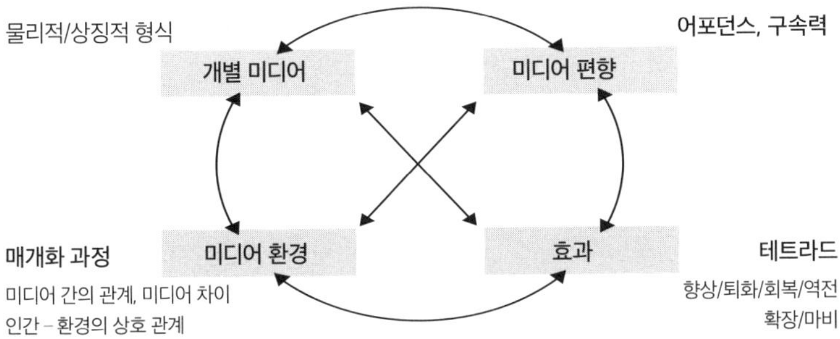

그림 1. **미디어 생태학 연구를 위한 경로**[2]

어에 관한 미디어 생태학적 연구를 수행해 간다.

3. 테트라드

미디어 생태학 연구자들은 미디어 환경의 본질 혹은 잠재적 효과를 살펴보기 위해 마셜 매클루언과 그의 아들 에릭 매클루언Eric McLuhan이 제안한 '테트라드'에서 통찰력을 얻는다. 테트라드는 환경으로서의 미디어의 변화와 효과를 찾아보는 '발견의 도구'로, 진행 중인 미디어 변화의 패턴과 상호 작용의 요소를 분석할 수 있도록 도와준다. 매클

2 이 그림은 스트레이트의 "미디어 생태학 연구를 위한 경로"(Strate, 2017: 212) 모델을 재구성해서 보여 준 것이다. 여기에는 순환적 탐구 과정이 갖는 동학이 강조되었고, 각 주제별 주요 탐구 영역이 함께 제시되었다.

루언 부자는 테트라드를 통해 "문화와 기술에서 숨겨지거나 관찰되지 않은 특성"을 인식하고, "기존의 것을 재구성하며 새로운 인식을 구성하고 새로운 환경을 형성하는 상황, 즉 수행과 분리할 수 없는 미디어 동학의 구조"를 알아본다(McLuhan & McLuhan, 1988: 116, 128). 이들은 네 개의 질문으로 구성된 테트라드가 미디어에 보편적으로 적용 가능한 '미디어의 법칙'이라고 본다. 여기서 미디어는 쓰레기통, 지퍼 등과 같은 인공물에서부터 유클리드 명제나 물리학의 법칙에 이르기까지 인간의 감각, 경험, 인식 등을 매개하는 모든 걸 포괄한다. 테트라드의 네 가지 질문은 다음과 같다.

- 그것은 무엇을 나아지게 하거나 강화하는가?
- 그것은 무엇을 퇴화하게 만들거나 대체하는가?
- 그것은 과거에 퇴화한 어떤 것을 회복하는가?
- 그것은 극단에 이르면 무엇으로 역전되는가?

(McLuhan & McLuhan, 1988: 7)

'무엇을 향상시키는가enhances'라는 질문은 새로운 미디어의 사용으로 무엇이 강화되거나 가능하게 되는지를 묻는다. 예를 들어, 인쇄기의 발명은 사적인 읽기와 쓰기 활동을 통해 개인주의를 강화했고 라디오의 출현은 청각 기반의 집단적 청취 관행을 가능하게 했다. 이 질문을 통해 우리는 미디어가 어떠한 능력이나 감각을 더 많이 쓰게 하고 확장하는지를 생각해 보며 인간 감각을 확장하는 미디어의 측면을 주목할 수 있다.

한편, '무엇을 쓸모없게 하고 대체하는가obsolesces'라는 질문은 새로운 미디어가 광범위하게 사용되면서 뒤로 물러나거나 축소되는 것이 무엇인지를 묻는다. 이러한 퇴화의 측면은 미디어가 특정 감각이나 기능을 확장하면서 필연적으로 일어나는 결과라고 할 수 있다. 새로운 미디어가 감각을 확장하면서 동시에 나타나는 절단 혹은 마비의 현상이나, 기존 미디어 환경의 특정 부분을 대체하며 쓸모없게 만드는 현상을 의미한다.

'무엇을 회복하는가retrieves'라는 질문은 숨겨지거나 비가시화되었던 기존의 어떤 것이 새로운 미디어에 의해 되살아나고 있는지를 알아본다. 새로운 미디어는 기존 미디어에 의해 밀려났던 감각이나 경험을 부활시키며 새로운 기능을 제시하기도 하고, 과거의 미디어를 내용으로 재매개하기도 한다. 예를 들어, 전자 미디어는 인쇄 미디어가 마비시켰던 청각의 경험을 회복시키며 대중적 영향력을 갖게 되었다. 특히 초기의 텔레비전은 기존 영화나 고전적 연극을 방송 내용으로 재편하였다.

'무엇으로 역전되는가reverses'라는 질문은 특정 미디어가 광범위하게 채택되고 집중적으로 사용되어 '과열'되면서 다른 양식으로 '뒤집히는flip into' 과정을 주목한다. 다시 말해, 새로운 미디어가 감각을 확장하며 새로운 인식과 경험을 가져오고 기존의 문제를 해결하지만 이러한 확장은 잠재적 한계나 또 다른 문제를 가지고 있다. 이런 것들이 쌓이다 보면 이를 극복하는 또 다른 무언가가 필요하게 된다.

그림 2에서 보듯이, 테트라드의 네 가지 측면은 순차적으로 전개되는 것이 아니라, 동시적으로 상호 연결되어 있다. 다시 말해, 한 측면이 다른 측면의 원인이 되어 연쇄적으로 일어나는 과정이 아니라, 모든 측면이 서로 연관성을 가지며 동시에 벌어진다. 예를 들어, 향상이 이루어지는 과정은 역으로 퇴화가 이루어지는 과정이고, 역전이 이루어

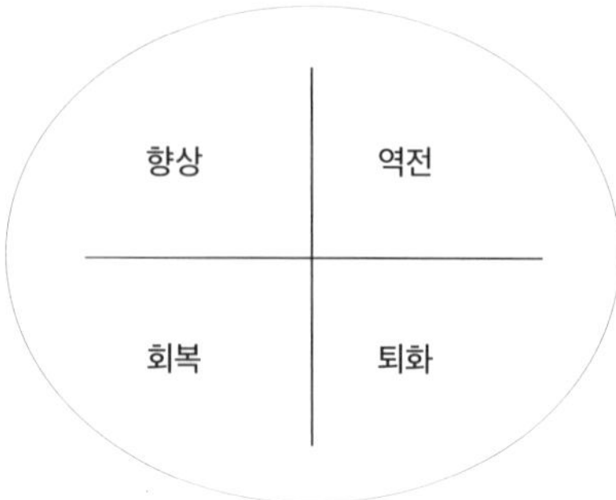

그림 2. **테트라드**

출처: McLuhan & McLuhan, 1988: 129.

지는 과정도 확장이 일어난 후에 나타나는 현상이 아니라 확장의 특성을 보완하거나 뒤집는 역전의 잠재력이 커지는 과정이다.

또한 테트라드는 가시적인 형상과 비가시적인 배경이라는 개념적 쌍과 연관해서 이해할 수 있다. 향상은 특정 미디어가 새로운 감각이나 기능을 확장하며 가시적인 형상이 되는 과정, 퇴화는 기존에 주의의 중심에 놓였던 미디어와 관련 경험이 주변부로 밀리며 비가시적 배경이 되는 과정, 회복은 과거에 퇴화해 배경에 밀려 있던 것이 다시 형상에 포함되는 과정, 역전은 형상이 가진 한계가 극에 달하면서 배경으로 밀릴 가능성이 커지는 과정이라고 볼 수 있다. 새로운 미디어의 도입으로 새로운 형상의 성질이 만들어지고, 현재의 형상이 배경의 성질을 갖게 되며, 현재의 배경에 남아 있던 그 이전의 형상이 다시 형상의 성질을 되찾게 되고, 새로운 형상 또한 이후의 배경의 성질을 갖게 된다. 향상과 회복은 형상 개념, 그리고 퇴화와 역전은 배경 개념과 연관된다.

이러한 미디어의 법칙은 미디어의 생태적 변화를 고정적이지 않은 형상과 배경의 변증법적 관계로, 혹은 과거와 현재 그리고 미래의 통시적 관계를 통한 동학으로 이해할 수 있게 해 준다. 우리는 퇴화와 회복을 통해 과거와의 관계를, 향상을 통해 현재를, 그리고 역전을 통해 미래와의 관계를 논의할 수 있다. 그리고 이러한 시간의 동학은 제자리로 돌아오거나 일방향적으로 직진하는 과정이라기보다는, 다양한 요인이 결합해 동시적으로 움직이는 나선형의 복잡한 과정이라고 볼 수 있다. 테트라드는 미디어 환경의 시간 동학과 함께, 미디어의 효과, 다시 말해, 미디어 간 혹은 인간과 미디어 간 관계의 변화를 전체론적으로 생각할 수 있게 해 준다. 매클루언 부자는 테트라드를 통해 선형적으로 이어지는 논리적 추론의 흐름을 따라가기보다는, 미디어 환경 변화에 관한 생각들을 마치 모자이크 조각처럼 모아 큰 패턴을 보려고 한다. 테트라드는 일종의 "시적 기법"으로서 우리 스스로가 미디어 환경의 현실에 관한 파편적 이미지를 결합시키고 그것의 변화를 인지하는 과정에 참여하도록 돕는다(McLuhan & McLuhan, 1988: viii).

매클루언 부자가 테트라드를 활용한 사례를 보면, 모자이크적 양식과 유연한 사고로 미디어 환경의 유기적 변화와 효과를 이해하려 했다는 점을 알 수 있다. 이들에 따르면, 라디오는 "전 세계의 모든 사람과 모든 곳에 대한 접근성"을 향상시키고, "부족적인 생태 환경"을 회복하는 반면, 기존의 "유선 및 연결 그리고 물리적 신체"를 퇴화시키고, 그것이 한계에 도달했을 때 "지구촌 극장"으로 역전된다. 라디오는 전파에 기반한 청각적 전자 미디어로서 복수의 위치에 광범위하게 메시지를 전파함으로써 어디서나 즉각적으로 청취할 수 있는 능력을 확장해 주고, 그것의 청각적 공간은 문자 문화 이전의 구술성이 가진 부족적 감성을 부활시키며 특정 이슈에 대해 집단적으로 열광하는 "편집증paranoia"을 갖는 환경을 조성한다. 예를 들어, 매클루언 부자는 1920년 미국에 금주법이 통과된 배경에는 집단적 거부감과 편집증을 부추긴 라디오가 있었다고 본다. 당시 금주법은 처음에 1차 세계 대전 중 부족한 곡물의 전용을 막기 위해 추진되었으나 다양한 이유로 음주에 대해 반감을 갖고 공분하던 집단들이 한목소리로 전국적 금주화를 요구하면서 통과될 수 있었는데, 라디오가 이러한 집단적 목소리의 공명을 도왔다.

또한 라디오는 원거리 커뮤니케이션을 위해 물리적 이동이나 유선에 의존할 필요가 없게 만들고, 그것의 청각 공간이 가진 감각적 편향은 인쇄 기반의 이성적이고 선형적인 사고방식이나 시공간 감각을 약화시킨다. 하지만 청각 기반의 일방향적 전파 미디어라는 한계 때문에, 시청각 영상 미디어 혹은 수용자가 수동적 청취에 머물지 않고 제작에 참여할 수 있는 미디어에 의해 역전된다. 1938년 오슨 웰스Orson Welles가 제작한 라디오 드라마 〈우주 전쟁*The War of the Worlds*〉에서 화성인 침공을 다급하게 외쳤을 때 청취자들은 실제 뉴스로 착각하고 두려워했다. 이 사건은 시각 정보가 부재한 라디오의 한계를 보여 준다. 라디오의 테트라드는 그것과 동반된 다면적 변화와 효과가 어떠한 역사적 현상으로 나타나는지를 보여 준다(그림 3).

테트라드는 새롭게 등장하는 미디어 혹은 자리 잡은 미디어가 구성하는 환경의 특성을 여러 측면에서 살펴보는 데 유용한 '발견적 도구'가 될 수 있다. 우선 테트라드는 새로운 미디어와 기존 미디어의 관계 혹은 미디어의 진화에 관해 생각할 수 있게 해 준다. 예를 들어, 이사벨 애덤스Isabelle Adams는 스마트폰에 테트라드를 적용하면서, 스마트

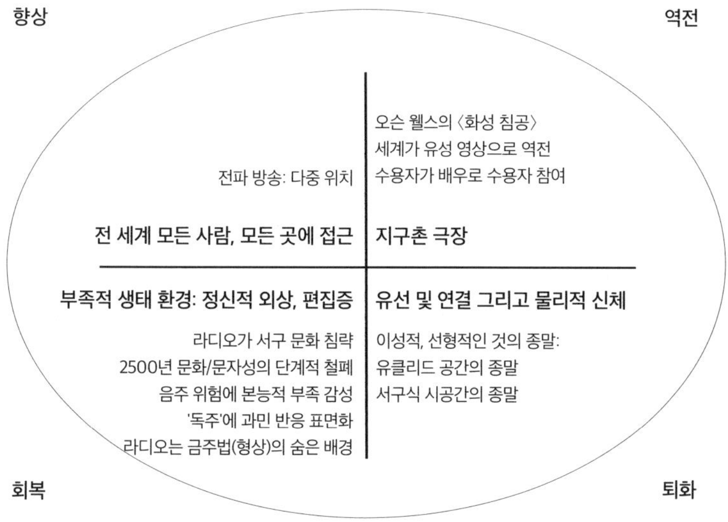

그림 3. **라디오의 테트라드**

출처: McLuhan & McLuhan, 1988: 172.

폰이 어떻게 기존 미디어와 연관되고 또 새로운 미디어의 가능성을 열어가는지를 살펴본다(Adams, 2016). 그에 따르면, 스마트폰은 늘 지니고 다니며 사용할 수 있는 휴대성과 편재성으로 인해, 인터넷에 대한 접근성과 연결성을 향상시키고 각종 정보를 저장하거나 공유할 수 있게 해 줌으로써 기억의 확장을 돕고 소비자의 욕구에 즉각적으로 부응하는 서비스나 앱 관련 혁신을 장려한다(향상). 하지만 스마트폰의 상용화는 기능이 제한적인 기존 피처폰을 불필요하게 만들고 장소에 구속된 PC에 대한 의존도를 약화시킨다(퇴화). 반면 스마트폰은 카메라, 책, 영화와 같은 기존 미디어를 되살리며 개인의 필요에 따라 사적으로 소비할 수 있게 해 준다(회복). 또한 텍스트와 평면적 영상 중심의 스마트폰은 현재의 한계를 넘어 좀 더 다중 감각적이고 현실을 모사하는 형식, 예를 들어, 증강 현실을 제공하는 구글 안경이나 터치스크린 대신 목소리로 운영 가능한 기기 등으로 진화하고 있다(역전).

테트라드는 인간과 기술의 상호 관계를 주목하면서 기술 이용과 함께 어떻게 인간 경험이 변화하는지를 생각할 수 있게 한다. 기술이 '체험lived'되면서 인간 감각이 자연스럽게 확장되고 기술과 결합한 새로운 인간-기술(비인간)의 혼성 주체가 만들어지는 과정을 포착할 수 있다. 조니 터빌Joni Turville(2017)은 일상생활 속 기술에 대한 성찰적 대화를 시도하기 위해 테트라드를 일종의 가이드로 삼아 인터뷰를 진행한다. 이러한 인터뷰는 이용자가 아닌 '사물과의 인터뷰interviewing objects'를 시도한 '포스트휴먼 조사posthuman inquiry'로서 이용자의 경험에서 수집한 일화들은 현재 '무슨 일이 일어나고 있는지'를 관찰하고 인간-기술-세계 관계의 다양한 변화 과정을 들여다볼 수 있게 해 준다(Adams & Thompson, 2016). 테트라드는 이러한 관계에 관한 통찰력을 준다. 예를 들어, 이메일은 인터넷을 기반으로 어디서나 신속하게 메일을 주고받으며 개인 혹은 집단과 쉽게 연결할 수 있는 능력을 향상시키고, 기존에 서신을 주고받던 경험을 새로운 방식으로 복원한다. 하지만 이메일은 물리적으로 함께하는 대면 모임이나 물리적 대화를 일부 대체하며, 대화나 기존 서신에서 기대되던 예절이나 관습을 약화한다. 또한 광범위한 이메일의 활용은 스팸과 같은 불필요한 정보를 늘리고 공과 사의 커뮤니케이션 경계를 허물며 피로도를 높이며, 그것의 편리함이 구속감으로 다가올 수 있다(그림 4).

테트라드는 커뮤니케이션 기술뿐만 아니라 우리가 쓰는 생활 도

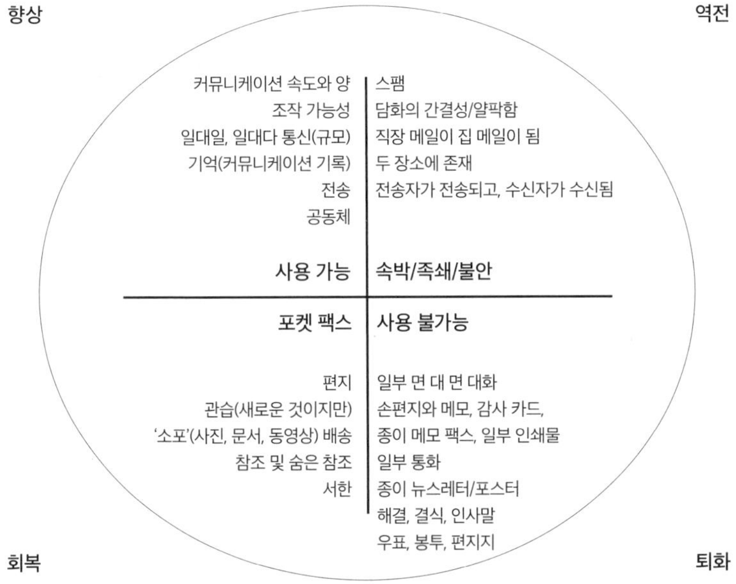

그림 4. 이메일의 테트라드

구에도 적용할 수 있다. 예를 들어, 로봇 청소기는 진공청소기의 기능을 자동화함으로써 청소의 수고를 덜어 주는 편이성을 강화하지만 기존 청소 도구(빗자루나 진공청소기)와 가졌던 관계나 경험을 퇴화시킬 수 있다. 가사 도우미나 청소부를 기계적으로 복구하며, 일종의 인간(가사 도우미/청소부)과 청소기의 혼성체를 형성한다. 이러한 자동화된 청소기는 영화 〈판타지아*Fantasia*〉에 나오는 마법사 견습생 미키 마우스와 마법 빗자루의 관계처럼 인간의 통제를 벗어나 오히려 인간이 오히려 잘 받들어야 하는 관계의 역전이 이루어질 수 있다(Gross, 2020).

또한 테트라드는 특정 미디어 생태계 현장을 이해하는 데도 도움을 준다. 예를 들어, 얼리사 피셔Alyssa Fisher(2019)는 유튜브 크리에이터들이 수행하는 커뮤니케이션 실천 문화를 살펴보기 위해 테트라드를 적용한다. 그에 따르면, 유튜브는 이용자가 이른바 '크리에이터,' 즉 '자신을 방송'하는 콘텐츠 제공자가 되어 수용자와 관계를 확장하는 '향상'의 측면을 갖는다. 또 공개적으로 업로드한 동영상의 구독자 및 조회 수를 통해 크리에이터의 명성과 시장성을 가시화하는 것은 시청률에 의존해 성공을 측정하는 텔레비전 방송의 관행을 '회복'하고 있다. 반면, 유튜브의 연결성과 조회 수에 기반한 수익 메커니즘은 크리에이터들이 수용자나 플랫폼으로부터 거리 두기를 하며 비판적 참여를 하는 것을 어렵게 만들고 기존에 성공한 콘텐츠 형식을 복제하는 경향을 보이는 '퇴화'의 측면을 보인다. 이와 함께 유튜브 알고리즘이 개발자 혹은 기계 학습에 의해 지속적으로 업데이트되고 바뀌면서 이에 적응하려는 유튜버들의 피로도가 커지고 급기야 이들이 플랫폼에서 멀어지는 '역전' 현상이 생겨날 수 있다. 유튜버들은 유튜브 알고리즘의 검색이나 추천 시스템이 이용 행위에 영향을 미친다는 것을 알기에, 작동 규칙을 나름대로 추론하여 이를 바탕으로 활동하지만(가령 낚시성 제목을 가진 5분 미만의 짧은 비디오가 추천되기 쉽다고 믿고 그렇게 제작하는 등), 이러한 알고리즘 규칙은 구조상 개인이 파악하기 어렵고 여기에 맞추려는 노력은 한계에 부딪힐 수밖에 없다. 이러한 사례에서 특정 미디어 생태계에서 이루어지는 실천의 동학을 일종의 형상으로 바라보고 테트라드를 통해 이러한 형상과 관계된 배경, 즉 플랫폼과 이용자 관계의 다면적 측면을 관찰해 본다. 테트라드는 단순한 도구가 아닌 기술을, 경험을 구성하는 생태적 환경으로 보면서 그것의 효과를 구성하는 기술과의 관계를 가시화시킨다.

테트라드는 합리적으로 과학적 결과를 도출하고자 하는 방법이라기보다는 미디어 환경의 구조적 과정에 관해 창의적으로 생각하는 틀을 제공한다. 매클루언 부자는 테트라드에 관한 테트라드를 제시하면서, 자신들의 테트라드가 정해진 이론 체계의 지배적인 "논리적 방법"을 따르는 대신, 미디어의 "포괄적, 구조적 과정에 관한 인식"을 향상시키며, 현상에 관한 은유와 보편적 법칙logos에 관한 창발적 방식poesis을 환기시킬 수 있다고 본다(그림 5). 이들은 테트라드가 모든 미디어에 관한 "일반적이고, 검증 가능한" 질문이라고 보고(McLuhan & McLuhan, 1988: 7), 이러한 일련의 질문을 통해 미디어 환경을 탐구해 볼 것을 제안한다.

이러한 테트라드가 '발견적 도구'로서 가진 이점이 있다. 우선 테트라드는, 우리가 미디어 기술을 이용하면 그 경험을 어떻게 구조화하여 이를 통해 인간과 기술의 관계에서 어떠한 생태적 변화가 이루어지는지를 인식해 볼 수 있게 해 준다. 특히 인간 주체가 아닌 사물, 기계, 모

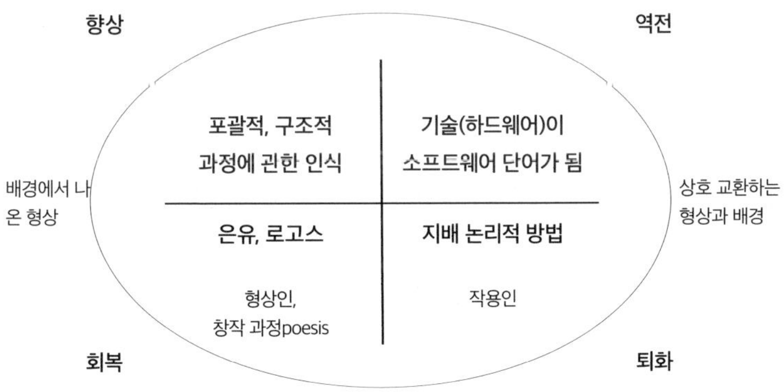

그림 5. 테트라드의 테트라드

든 인공물, 복합 체계의 매개적 특성과 편향을 주의 깊게 살펴보고 이들이 만든 환경의 다면적이고 복합적인 효과를 의식하게 해 준다는 점에서 인간중심주의를 넘어서는 비인간non-human의 '포스트휴먼' 탐구의 특성을 갖는다. 이러한 탐구를 통해 우리는 인간-기술-세계의 상호 관계에 집중하고 이것이 발현하는 문화적, 역사적 현상에 대한 이해를 달리할 수 있게 된다.

둘째, 테트라드는 미디어의 다면적이면서도 유동적인 효과와 의미를 이해할 수 있도록 도와준다. 미디어는 관련 현상을 특정하게 구조화하는 배경으로서, 그것의 효과는 해당 미디어 기술이 놓인 미디어 환경의 동학에 따라 형상으로 부각되기도 한다. 다시 말해, 미디어 기술이 무언가를 향상시키고 콘텐츠를 전달하며 형상으로 가시화될 수 있지만, 더 이상 소진할 잠재력을 제공하지 못할 때 퇴화하거나 역전될 가능성이 커지고 비가시적인 배경으로 물러날 수 있다. 미디어 환경 내 해당 기술이 차지하는 중요도에 따라 형상과 배경 상태의 '상호 교환'이 일어나고 그것이 가진 효과도 달라질 수 있다. 예를 들어, 오늘날 디지털 미디어 환경에서 텔레비전의 의미와 효과는 과거 텔레비전 방송만 있었던 시절과 다르며, 텔레비전의 구조적 형식과 관습은 디지털 미디어 환경의 각종 플랫폼이 형성되는 배경으로 직간접적인 영향을 미친다. 테트라드를 통해 우리는 미디어의 본질적 속성뿐만 아니라 그것의 효과와 중요도가 달라지는 과정에 관한 통찰력을 얻을 수 있다.

셋째, 테트라드는 미디어 간의 관계에 관한 이해를 도울 수 있다. 향상, 회복, 퇴화, 역전 등 동시적으로 일어나는 미디어 효과의 과정을 통해 미디어 환경 변화를 생각할 수 있는데, 특히 신구 미디어 기술 간 비선형적인 인과관계와 그것의 진화 과정을 살펴볼 수 있다. 새롭게 등장한 기술의 효과는 또 다른 기술이 등장하는 원인이 되고, 이에 따라 원인과 결과 혹은 형상과 배경의 역전이 일어난다. 각 미디어의 효과는 새로운 형상이 등장할 수 있는 배경이 될 수 있고, 새로운 미디어의 등장은 기존 미디어가 미디어 환경 변화에 적응하며 새로운 적소를 찾아가는 배경이 될 수 있다. 예를 들어, 라디오의 등장은 텔레비전과 같은 영상 미디어가 나오는 배경이 되고, 텔레비전의 등장은 라디오가 FM 라디오와 같이 소리에 최적화된 미디어 형식으로 거듭나는 배경이 된다. 또 기능이 단순한 휴대 전화를 이용하는 것은 복합적인 기능을 가진 스마트폰이 등장하는 배경이 되고, 스마트폰은 기존 휴대 전화의 형식적 요소를 다양한 멀티미디어 커뮤니케이션 양식의 일부로 재매개한다.

마지막으로, 현재 미디어 환경이 가진 편향성에 관한 통찰력을 얻을 수 있다. 테트라드를 통해 미디어 환경 변화와 기술적 진화를 이해해 보고 신구 미디어가 갖는 비선형적 관계나 새로운 미디어가 가능하게 하거나 구속하는 힘을 살펴보면서, 지금 전개되는 미디어 환경 변화의 흐름을 유추할 수 있고, 더 나아가 우리가 이와 관련해 무엇을 할 것인가를 생각할 수 있다. 매클루언 부자는 테트라드를 제안하면서 우리의 생존과 통제력이 "적절한 방식으로 탐색하고 질문하는 능력에 달려 있다"고 하였다(McLuhan & McLuhan, 1988: 239). 테트라드는 현재의 미디어 환경을 어떻게 탐색하고 질문할지를 도와주면서, 우리가 존재하는 조건과 상황을 되돌아보게 하고, 현재를 살아가기 위해 어떠한 대안을 가져야 할지를 생각해 보게 한다.

2부

미디어, 인간, 문화

3

구술성과 문자성

1. 구술성

10만~30만 년 전 현생 인류가 지구상에 등장했다. 음성을 발화할 수 있는 생물학적 조건이 갖춰지자 구술 언어로 의사소통을 하면서 문화를 만들어 가기 시작했다. 이들의 언어 활동은 문자 체계가 등장하고 나서야 비로소 기록에 남을 수 있었다. 지금까지 발견된 인류의 문자 체계 중 가장 오래된 것은 BC 3200년경 티그리스강과 유프라테스강 유역의 메소포타미아 지역에서 발견된 설형 문자cuneiform script다(Schmandt-Besserat, 2014). 문자 체계가 등장하기 전까지, 인류의 커뮤니케이션 수단은 구술 언어였다. 월터 옹은 인류의 의사소통이 기본적으로 구어에 기반을 두며 문자가 상대적으로 뒤늦게 사용되기 시작했다는 점을 주목한다(Ong, 1982/1996). 역사적으로 수천 개의 구술 언어가 있었지만, 대부분 문자 체계를 갖추지 않았다. 옹이 조사할 1980년대 당시 3000여 개의 구술 언어가 남아 있었지만, 이 가운데 78개만이 문자 체계를 지녔다. 이렇듯 인류는 오랜 기간 구어에 의존해 사회적 삶을 영위해 왔다.

옹에 따르면, 인류가 의사소통하는 데 구어가 가장 원초적이고 중요한 역할을 하고 있음에도 불구하고 우리는 문자로 사고하고 표현하는 데 익숙해져 있어 구술성을 제대로 이해하지 못한다. 예를 들어, 입으로 전해진 전설이나 격언과 같은 구술 유산을 흔히 '구전 문학'이라고 한다. 하지만 여기서 문학literature의 어원은 라틴어로 '문자로 쓴 글'이라는 의미의 리테라투라literatura/litteratura와 '문자'를 의미하는 리테라litera/littera에서 유래했다. 구어의 문화적 유산을 문자로 쓰인 문헌을 통해 접근하다 보면, 이를 왜곡된 방식으로 인식할 뿐만 아니라 문학이란 서사 예술의 하위 범주 내지는 덜 세련된 형태로 바라보게 된다. 옹은 구술성과 문자성에 관한 우리의 시각과 선입견을 반성하고 인간의 표현과 의식에 관한 이해를 하기 위해, 구술성에 대해 진지하게 생각해 보고 문자성과의 차이를 고려해 봐야 한다고 제안한다.

문자와 같은 커뮤니케이션 미디어를 옹은 "말의 기술"이라고 부른다. 그리고 이러한 말의 기술이 등장하기 이전의 구술 언어 문화를 '제1 구술성primary orality'라고 정의한다. 그는 제1 구술성에서 이루어지는 표현과 사고방식을 알아보기 위해 문자 문화의 그것과 대비를 시도했고, 이를 통해 말의 본질, 인간 의식, 말의 기술, 문화 간의 관계를 살펴보았다. 말은 우리가 느끼고 생각하고 경험하는 것을 담아내고 소통해 줄 뿐만 아니라, 우리의 의식과 분리할 수 없는 "매우 인간적인 현상"(Ong, 1982/1996: 19)이다. 따라서 말과 말의 기술에 관한 탐구는 인간 정체성에 관한 탐구이기도 하다.

옹의 구술성과 문자성 이론은 고전학자인 밀먼 패리Milman Parry, 앨버트 로드Albert Lord, 에릭 해블록 등이 수행했던 연구들을 미디어 생태학적으로 재해석한 것이라고 볼 수 있다. 패리는 1930년대 초《일리아드*Illiad*》와 《오디세이*Odyssey*》에 관한 연구를 발표하면서, 호머의 서사시에서 육각운과 정형구, 표준화된 테마의 레퍼토리 등 구술 표현과 사고방식의 특징을 발견했다(Parry, 1971). 패리의 연구를 이어받은 로드는 세르보-크로아티아의 음유 시인을 인터뷰하고 이들의 시를 분석하면서, 이들이 장문의 노래와 서사시를 기억하기 위해 특정한 표현 공식을 관습적으로 이용한다는 것을 알아냈다(Lord, 1960). 이러한 특징은 《일리아드》, 《오디세이》, 중세 서사시 등에서도 나타났다. 로드의 연구는 구술 서사의 관습적 표현 공식이 현장의 퍼포먼스로 지식을 전수하는 구술 서사의 제작 및 수행 조건을 반영하고 있다는 점을 시사했다.

해블록은 BC 700~400년 사이 그리스 문자가 사용되기 전후 문학과 철학을 비교했는데, 이를 통해 구술 문화에서 문자 문화로 전환되던 시기의 특성을 알 수 있다(Havelock, 1963/2011; 1976). 그는 고대 그리스에 문자가 사용되기 시작하면서, 당시 사회가 지식을 기록하고 전수할 수단을 갖게 되었고, 이와 함께 새로운 표현과 사고방식이 등장할 수 있었다고 말한다. 이 시기 말을 기록하는 효율적인 기술인 알파벳이 쓰이게 되면서, 구술 문화의 관습을 구시대의 유물로 바라보며 문자에 기반을 둔 새로운 인식의 세계를 구축하려는 움직임이 문학과 철학에 나타난다. 예를 들어, 플라톤은 경험을 분석적으로 기술할 수 있는 추상적이고 명료한 언어 대신 정형구와 상투적 표현을 읊고 감정적 동일시를 일으키는 일련의 이미지로 서사를 전달하는 시인을 국가에서 추방되어야 할 대상이라고 보았다.

옹은 패리, 로드, 해블록 등의 통찰력을 토대로 구술성과 문자성의 차이를 대비하는 이론을 종합해 보고, 특히 이러한 차이가 어떻게 '말의 기술'과 관련되어 있는지를 살펴본다. 옹이 구술성과 관련하여 가장 주목한 것은 문자 이전 시대에 말을 기록하고 보존할 외부적 수단이 부재했고, 특히 구술 언어가 음성으로 전달되고 표현된다는 점이다. 말은 목에서 나오는 소리가 주변 공기를 진동시키며 전달되는 발화 과정을 거친다. 다시 말해, "소리 세계의 사건"으로서, 소리의 성질, 즉 "일시적"이고, 발화되는 순간으로 나타났다가 곧 사라지는 "해프닝"이라는 기본적인 특성에 영향을 받는다(Ong, 1967: 43, 128). 음성으로 전달된 말은 시간에 따라 필연적으로 진행되고, 지금-여기의 상황 속에서 전달된다. '화살은 쏘고 주워도 말은 하고 못 줍는다'라는 속담처럼, 비물질적 파동으로 전달되는 말은 시간의 흐름에 따라 되돌릴 수 없이 지나가 버린다. 이뿐만 아니라, 구술 언어는 "우리 눈 앞에 펼쳐지는 것이 아니라 우리 주변에 퍼지는" 소리로 전해지기 때문에, 발화자와 청자 모두 이러한 소리의 공간 한가운데 놓이게 되고 청각, 시각, 촉각 등 오감을 통해 이러한 공간을 느끼게 된다(Ong, 1967: 163). 구술 발화자와 청자가 소리의 공간 안에 물리적으로 함께 현존하며 청각적 메시지를 동시에 경험하기 때문에, 구술 언어는 "실제적이고 실존적인"(Ong, 1967: 111) 의사소통의 경험과 인지 감각을 갖게 한다.

소리 세계의 물질적 조건은 구술 문화 사람들의 주체성을 형성하는 데 개입하게 된다. 발화자와 청자는 자신 혹은 상대의 음성을 함께 듣고 서로의 현존을 느끼며 서로에게 반응해 가면서, 집단의 감각을 느낄 수 있다. 이들은 자신의 주변을 둘러싼 소리 세계의 중심에서 지금-여기의 감각을 공유하고 목소리로 표출된 내면의 생각과 감정을 나누게 된다. 제1 구술성은 소리, 신체, 실존 공간으로 매개된 커뮤니케이션 조건에 의해 문자 문화보다 "집단적이고 (생각이나 감정이) 표면화된 인격 구조를 발전"시킬 수 있었다(Ong, 1982/1996: 69).

또한 제1 구술성에서는 순간적으로 흘러가는 구술 언어 메시지의 기록과 보존을 돕는 외부적 수단이 별도로 존재하지 않기 때문에, 지식의 전수가 인간의 기억 능력에 의존할 수밖에 없었다. 문자와 같은 기록 수단이 있다면 말을 시각적 기호로 고정해 되돌아볼 수 있지만, 구어 문화에서는 그러한 수단이 없어 기억력으로 이를 복기해야 했다. 따라서 구어 문화는 시간의 흐름 속에 일시적으로 존재하는 구술 서사를 효과적으로 기억하고 시간이 흘러도 계속해서 같은 내용의 서사를 전달할 수 있는 전략을 마련할 필요가 있었다. 옹에 따르면, 구술 문화는 정형화된 표현 패턴, 그리고 참여적인 퍼포먼스와 동일시라는 커뮤니케이션 행위를 통해 지식을 전수했다. 구술 문화에서는 지식을 아는 사람이 자신이 머릿속에 기억해 둔 내용을 구술 행위를 통해 직접적으로 전달해야 하는 커뮤니케이션 조건 속에 있기에, 오랫동안 기억해 낼 수 있는 정형적인 스타일의 표현과 전통적 사고방식을 선호하게 된다(Ong, 1982/1996: 35). 이러한 커뮤니케이션 체계 속에서 기억에 부담을 주는 '비정형적이고 패턴이 없는 비연상적인' 표현이나 새로운 지식은 수용되기 어렵다. 옹은 이러한 구술 커뮤니케이션 조건에서 형성된 표현 및 사고방식의 특성을 다음과 같이 아홉 가지로 정리한다.

(1) 구술 표현에서는 '그리고'와 같이 시간의 흐름에 따라 표현하는 부가적 스타일을 선호한다.

(2) 기억을 쉽게 하도록 불필요한 표현을 줄이고 연상하기 쉬운 관용구나 공식적 표현을 자주 사용한다.

(3) 청자의 이해를 돕기 위해 이야기한 것을 반복하거나 풍부하게 표현한다.

(4) 기억 및 인지 능력에 도전하는 새로운 것보다는 보수적이고 전통적인

사고방식을 선호한다.

(5) 생활 세계의 경험과 상황을 결부시킨 구체적인 표현으로 구술 서사의 호소력을 높인다.

(6) 자극적이고 논쟁적인 어투로 청자의 관심을 끈다.

(7) 감정이입적이고 참여적인 커뮤니케이션을 한다.

(8) 지식을 무한히 확장하기보다는 지금-여기의 상황에 중요한 지식 위주로 전수하며 지식 총량의 항상성을 유지한다.

(9) 구체적이고 실용적인 사고방식을 추구한다.

(Ong, 1982/1996: 36～57)

이러한 특징은 커뮤니케이션의 미디어 형식적 조건, 즉 구술 문화에서는 소리로 매개되는 직접적인 대면 커뮤니케이션 상황이, 언어적 표현 스타일과 사고방식을 특정 방식으로 구성하는 맥락이 되고 있음을 잘 보여 준다. 옹은 말의 기술적 조건과 표현 및 사고방식의 관계를 통해 구어 문화의 특성을 살펴보았고, 더 나아가 문자 문화와의 차이점을 논의할 수 있었다. 문자와 인쇄술을 활용한 새로운 미디어 환경은 인류가 오랫동안 의존해 왔던 커뮤니케이션 방식에 변화를 가져오면서 기존과 다른 표현과 의식을 가능하게 한다.

2. 문자성

옹은 문자가 구술 언어를 시각 기호의 형태로 고정하고 이러한 문자를 인쇄술이 일정한 방식으로 지면에 배치하며 재생산할 수 있도록 도우면서 이른바 시각주의 문화가 형성되었다고 말한다. 특히 인쇄술이 등장하면서 "시각적 지각을 언어 표현과 연결"하는 것이 자연스러워졌고, 지식 전수에 활용되는 감각 기관 또한 시각 중심으로 이루어지게 된다(Ong, 1967: 50). 인쇄 문자를 통해 발화자의 말이 시각적인 텍스트로 고정되면서, 그것의 발화가 이루어지는 커뮤니케이션 상황과 분리되어 하나의 물리적 사물처럼 돌아다닐 수 있게 된다. 말하는 내용이 말하는 사람으로부터 떨어져 나와 일종의 사물처럼 다뤄질 수 있게 되고, 청자가 말하는 사람과 함께 있지 않아도 문자 텍스트를 통해 그 사람의 말을 읽고 찾아볼 수 있게 된다.

문자라는 말의 기술이 등장하면서 바뀐 커뮤니케이션 조건을 좀 더 살펴보자. 우선 말이 발화의 맥락에서 벗어나 독립적으로 존재하게 되고, 발화자와 청자의 관계가 저자와 독자의 관계로 바뀐다. 구술 상황에서는 발화자가 청자와 함께하면서 자기 생각을 전달했다면, 저자는 청자와 함께할 필요가 없고, 자신이 할 이야기를 기억에 의존해 복기할 필요도 없다. 다시 말해, 자신의 말을 시각적 텍스트로 고정하면서 자신의 말과 청자에게 거리를 가질 수 있게 된다. 구술 표현이 발화자와 청자가 함께 현존하는 소리 세계의 사건으로 집단적 감각을 갖게 해 주었다면, 문자와 쓰기는 저자와 말과 독자 사이의 거리를 만들며 말에 대한 통제력을 갖게 해 준다(Ong, 1977). 문자와 쓰기의 등장으로 말하는 사람과 듣는 사람이 혹은 말과 말의 소리가 분리될 수 있었고, 지식 전수자의 기억력에 의존했던 지식이 따로 기록될 수 있게 되었다. 또 지식의 전수나 이해 혹은 해석 과정이 발화자와 청자가 함께하는 실존적 맥락에서 벗어나 존재할 수 있게 된다. 말의 '사물화' 혹은 '객관화'가 이루어지고 발화자와 청자와 함께하지 않는 '비인간화'가 가능하면서, 이것을 전달하는 사람의 퍼포먼스나 청자와 함께하는 커뮤니케이션 상황에 영향을 받지 않고 안정적으로 전수될 수 있게 된다.

또한 구어 문화의 지식 전수가 기억에 의존해야 했다면, 문자 문화에서는 이것을 효율적으로 저장하고 복기하는 수단을 갖게 된다. 문자가 지면이라는 공간에 말을 고정하고 시각적으로 배치하면서 그것의 시간마저 고정해 버린다. 구술 언어가 시간의 흐름에 따라 지나가 버리는 반면, 문자는 이를 시각적 기호로 외화시키며 언제든지 똑같이 재생할 수 있도록 해 준다. 이렇게 발화를 되돌아볼 수 있게 해 주는 문자의 가역적 시간성으로 인해, 문자 문화의 사람들은 기억력과 실존적 상황에 의존했던 지식에서 벗어나 비정형적이고 패턴이 없는 표현이나 새로운 사고와 지식을 확장해 갈 수 있게 된다. 구술 문화의 커뮤니케이션 조건이 집단적 공동체 의식을 지원했다면, 문자와 쓰기는 개인의 내적 의식을 고양한다. 자신이 말하고자 하는 내용을 보이지 않는 청자(독자)를 상상하며 글로 시각화하는 쓰기의 과정이나 함께하지 않는 저자의 목소리를 마음속으로 그리고 글을 읽는 과정이 개별적으로 이루어진다. 인쇄술은 문자와 쓰기가 가져왔던 "개인성individuality에 대한 감각"을 강화하며, 개인이 탈집단적이며 외부의 객관적 세계와 대비되는 내적 정신세계를 가질 수 있도록 도왔다(Ong, 1982/1996: 130~131). 인쇄 미디어 환경에서 이루어졌던 조용히 눈으로 책을 읽는 활동이나 내면의 생각을 글로 기록하는 활동은 자연스럽게 '프라이버시 감각'의 형성을 도왔다. 문자와 인쇄술은 의식과 사고를 '재구조화'하는 기술이었다.

옹은 구술성과 대비되는 문자성의 특징을 다음과 같이 아홉 가지로 제시한다.

(1) 문자적 표현은 물리적으로 함께하지 않는 독자에게 의미를 명료하게 전달하기 위해 문법을 따르며 '그래서,' '~할 때,' '한편' 등의 접속사나 부사를 사용하는 '종속적' 성격을 가진다.

(2) 개별 어휘들이 사고의 세계를 분석적으로 표현할 수 있다.

(3) 퍼포먼스로 전달되었던 말이 문자 텍스트의 줄에 따라 선형적으로 깔끔하게 고정될 수 있다.

(4) 기억의 한계에서 벗어나 '독창적인' 지식의 세계가 확장될 수 있다.

(5) 생활 세계로부터 일정 거리를 둔 지식의 구조화와 범주화가 가능하다.

(6) 지금-여기의 커뮤니케이션 맥락에서 분리된 추상적인 사고가 이루어진다.

(7) 아는 대상the known과 아는 주체the knower가 분리됨으로써 아는 대상에 대한 객관적 거리가 유지될 수 있다.

(8) 지식 총량을 유지하는 항상성보다는 새로운 표현과 지식이 확장될 수 있다.

(9) 경험과 해석을 조직하는 추상적이고 이론적인 개념화가 가능해졌다.

(Ong, 1982/1996: 36~57)

옹은 문자 문화의 표현 및 사고방식의 특성을 구술 문화의 그것과 이항 대립적 관계를 갖는 것으로 정리하고, 문자와 인쇄술이라는 말의 기술이 갖는 미디어 형식과 커뮤니케이션 조건이 이러한 차이를 만들고 있음을 강조한다.

3. 미디어 환경의 모델

구술성과 문자성 이론은 문자 이전의 구술성과, 쓰기와 인쇄술의 문자성을 비교하며 "인간과 인간, 인간과 세계의 상호 작용을 인지적으로, 문화적으로 조건 짓는 미디어의 역할을 잘 인식시켜 주는" 이론적 체계를 제공한다(Gronbeck, 2006/2008). 이러한 이론을 통해 미디어 생태학이 공유하는 몇 가지 기본적 문제의식과 시각을 살펴볼 수 있다.

첫째, 말이 매개되는 과정과 미디어 기술적 조건을 주목함으로써, 인간 커뮤니케이션의 본질이 미디어 기술과의 관계 속에서 변화하는 과정을 탐구할 수 있게 해 준다. 구술성–문자성 이론은 문자가 등장하기 이전의 감각적 조건과 그 이후의 미디어 기술적 조건이 인간의 커뮤니케이션 양식과 상호 작용, 표현과 의식, 그리고 문화를 다르게 구성하는 맥락이 되고 있음을 가시화한다. 문자 이전에는 발화자와 청자가 물리적으로 함께하는 상황에서 목소리를 통해 자신의 내면을 드러내고 상대의 신체적, 심리적 반응을 즉각적으로 느낄 수 있다. 청각 공간의 실존적이고 집단적인 맥락에서 서로의 현존을 전제로 이루어지는 '대인적interpersonal' 커뮤니케이션인 동시에, 서로의 내면과 연결되고 교감하는 '개인 내적intrapersonal' 커뮤니케이션이 이루어진다(Ong, 1962: 27~28). 구술 커뮤니케이션은 내가 타자'에게' 타자가 나'에게' 존재하며 외적 및 내적으로 상호 작용하면서 공동체적 감각을 가질 수 있게 한다. 이것은 지식과 정보를 나누는 과정인 동시에 대인 간 관계의 형성 과정이기도 하다.

구술성과 문자성 이론은 현존을 기반으로 한 청각 공간의 특성이 구어 문화를 구성하는 토대임을 강조하면서, 미디어 기술이 이용되기 이전의 인간 커뮤니케이션의 본질을 이해하려고 한다. 동시에, 커뮤니케이션을 매개하는 미디어의 발달에 따라 어떠한 변화 과정을 갖는지를 전체론적으로 추적한다. 다시 말해, 구술성과 문자성이라는 인간 커뮤니케이션 문화의 큰 틀 속에서 표현 방식과 인간의 의식 및 사고 패턴이 어떻게 확장되거나 변화하는지를 살펴본다. 기술과의 관계 속에서 인간의 언어와 문화를 조망한다는 점에서 미디어 생태학적 시각을 보여 준다고 할 수 있다.

둘째, 구술성-문자성 이론은 미디어 환경의 커뮤니케이션 문화의 특성을 통시적으로 이해하는 일종의 준거 틀이 될 수 있다. 옹은 구술 문화와 문자 문화를 비교함으로써 "초기 구술 문화와 이어지는 쓰기 문화뿐만 아니라 쓰기를 절정에 이르게 한 인쇄 문화와 쓰기와 인쇄술의 기반 위에 세워진 전자 문화를 더 잘 이해할 수 있는 준거 틀"을 가질 수 있다고 말한다(Ong, 1982/1996: 2). 우리는 이러한 준거 틀을 통해 "어느 하나에서 다른 것으로 진화해 가는 다양한 단계"를 연구하고 과거와 현재가 서로를 설명하는 미디어 문화 간 관계성을 탐구할 수 있다. 구술성과 문자성 이론은 문자 문화를 이해하기 위해 문자 이전의 커뮤니케이션 조건 및 문화 양식과 비교하는 "통시적 현상학"을 시도한다(Ong, 1986: 37).

이러한 통시적 접근은 언어, 미디어 기술, 인간 의식, 문화 간의 역사적 관계 속에서 특정 미디어 문화 현황을 인식하고 탐구하고자 한다. 다시 말해, 이러한 접근은 새로운 미디어 기술의 등장이 가져오는 문화적 변화를 단절적이고 불연속적인 사건이 아니라 기존 미디어 환경과 문화의 바탕 위에 그것과 상호 관계 속에서 형성되는 과정으로 바라본다. 옹은 문화와 의식의 발전이 "최초의 구술성과 현재에 이르는 말의 진화와 밀접하게 관계"되어 있고, 이러한 관계는 "종종 원인과 결과를 구분하지 못할 정도로 복잡"하다고 말한다(Ong, 1977: 9~10). 그는 미디어 기술과 문화가 선형적이고 인과론적으로 발전하기보다는, 상호 관계 속에서 진화한다고 본다. 많은 미디어 생태학자들이 옹의 구술성과 문자성 이론에서 보여 준 통시적이고 전체론적 접근을 취하며 미디어 환경을 탐구한다. 이들은 현재의 미디어 환경의 특성을 인식하고 이해하기 위해 종종 기존 미디어 기술 환경과 비교하며 어떠한 연속성과 불연속성을 가지며 진화하는지를 살펴본다. 구술성과 문자성 이론은 커뮤니케이션 미디어 환경의 진화를 이해하기 위한 기초적인 준거 틀이 된다.

셋째, 구술성과 문자성 이론은 미디어 환경의 진화를 관계주의적 시각에서 접근한다. 옹은 '구술성의 잔여oral residue'나 '제2 구술성' 개념을 제시하며 새로운 미디어 문화가 기존 미디어 문화와의 상호 관계 속에서 형성되고 있음을 강조한다. 구술성의 잔여는 문자 미디어 환경에 남아 있는 구어적 표현 관습이나 사고방식을 의미한다. 이는 기존의 지배적인 미디어 문화가 새로운 미디어의 등장 이후에도 지속해서 남아 있다는 것을 보여 주는 개념이다. 제2 구술성은 전자 미디어를 이용하면서 등장한 새로운 종류의 구술성을 가리키며, 전자 미디어가 문자 미디어가 전달하지 못했던 소리의 세계를 복원한다는 의미를 내포한다. 두 개념 모두 미디어 문화의 역사가 순차적이고 단선적으로 전개되기보다는, 변증법적이고 복합적인 진화 과정이라는 점을 암시한다.

구술성과 문자성 이론은 인간 커뮤니케이션의 본질을 구성하는 미디어 기술적 조건과 이를 기반으로 형성된 미디어 문화가 어떻게 중첩되고 섞이거나 공존하는지를 생각해 보게 한다. 옹은 특히 새로운 미디어의 등장에 따라 기존 미디어가 사라지고 대체된다고 보기보다는, 기존 미디어의 "의미와 적절성"이 바뀌고 서로 영향을 미친다고 본다(Ong, 2002b: 314). 새로운 미디어는 기존 미디어에 영향을 받으면서 전개되고, 기존 미디어도 새로운 미디어의 영향을 받아 위상이 바뀌고 그것의 표현이나 사고방식 또한 영향을 받는다. 예를 들어, 전자 미디어 시대에도 여전히 책 읽기와 쓰기가 이루어지지만 인쇄 미디어 시대처럼 문화적 영향력이나 의미를 갖지 않는다. 텔레비전은 문자 형식으로 읽던 말을 다시 들을 수 있게 해 주는데, 이는 저자의 자의식이나 논리적 구성과 같은 문자 문화의 표현 및 사고방식의 흔적이 남아 있는 통제된 청각 세계의 말들이다. 다시 말해, 책 문화가 사라지지 않았으나 그것의 대중성이나 향유 방식이 과거와 달라졌고, 텔레비전이 전달하는 말은 사전에 준비된 편성 기획이나 대본을 기반으로 이루어진다. 구술성과 문자성 이론은 새로운 미디어가 등장하더라도 그것의 양식이 기존 미디어 문화 양식과의 관계 속에서 그 문화가 전개된다는 점, 그리고 인간의 문명사가 미디어 커뮤니케이션의 원형이라고 볼 수 있는 구술성과 문자성의 복합적 진화 과정이라는 점을 생각해 보게 한다. 구술성과 문자성 이론은 변화하는 커뮤니케이션 양식과 문화를 새로운 미디어의 직접적인 효과로 바라보기보다는 신구 미디어가 융합하는 동학과 그것에 의해 재구성되는 하나의 커뮤니케이션 체계로 바라보게 한다는 점에서 미디어 생태학적 통찰력을 제공한다.

구술성과 문자성 이론은 구술성과 문자성이라는 거시적 준거 틀을 기반으로 신구 미디어가 변증법적 상호 관계 속에서 어떻게 미디어 환경이 진화해 가는지를 탐구할 수 있게 해 준다는 점에서 이론적 확장성을 갖는다. 기존 미디어는 폐기되는 것이 아니라 재구성되고, 새로운 틈새를 찾아 진화하는 반면, 새로운 미디어는 기존 미디어 문화적 기반에 영향받으며 자리를 잡아간다. 스트레이트는 신구 미디어의 관계를 주목하고 미디어 기술 발달과 함께 구술성과 문자성이 다변화되어 가는 과정을 살펴보기 위해 미디어 환경 개념으로 접근할 것을 제안한다. 구술 미디어 환경, 필사 혹은 활자 미디어 환경 등은 특유의 생물-물리적, 기술적, 상징적 형식을 매개로 구성되지만, 이들 환경은 서로 영향을 주고받으며 보다 복합적인 양상으로 나타나게 된다. 스트레이트는 이러한 미디어 환경의 진화를 구술 미디어 환경을 기반으로 미디어 기술의 등장에 따라 새로운 미디어 환경이 쌓아 올려지는 "신전 모델Ziggurat model"로 제시한다(Strate, 2017: 204～206).

이 모델에 따르면, 문자 이전에는 구술 미디어 환경(Oral: O)이 기단을 형성하고, 필사 미디어(Chirographic: C)의 등장과 함께 구술 미디어 환경 위에 필사 미디어 환경의 단이 새롭게 올라간다. 기존 구술 환경 또한 여전히 남아 있거나 필사 미디어 환경에 영향을 받은 형태, 예를 들어, 필사본을 큰소리를 읽고 암기하는 혼성화된 필사/구술(C/O) 미디어 환경을 가진다. 인쇄술의 등장은 기존 첫 번째 기단인 구술 미디어 환경과 두 번째 기단인 필사 미디어 환경 위에 새로운 활자 미디어 환경(Typographic: T)을 구축한다. 이러한 미디어 환경에서 사람들은 여전히 구술 커뮤니케이션 관습을 이어가고 손으로 글을 쓰지만, 이런 커뮤니케이션 양식이나 문화 양식은 인쇄 미디어 환경의 영향을 받아서 보다 복합적 성격을 가질 수 있다. 예를 들어, 구술 서사를 기록한 필사본이 인쇄되면서 표준화된 판본이 만들어질 수 있고(활자/필사), 이러한 인쇄된 필사본을 구술 퍼포먼스를 통해 전달할 수도 있다(활자/필사/구술). 전자 미디어 환경까지 포함한 신전 모델은 그림 6과 같다. 전자 미디어 환

			전자			
		활자	전자/활자	활자		
	필사	활자/필사	전자/활자/필사	활자/필사	필사	
구술	필사/구술	활자/필사/구술	전자/활자/필사/구술	활자/필사/구술	필사/구술	구술

그림 6. 스트레이트의 전자 미디어 환경의 신전 모델

출처: Strate, 2017: 206.

경에서는 기존의 미디어 환경이 잔존하면서 전자 미디어 환경의 영향을 받으며 다양한 형태의 혼성화된 미디어 환경이 형성된다.

신전 모델은 새로운 미디어 환경을 기존 미디어 환경 위에 올려진 새로운 단층으로 보여 주고, 기저층의 기존 미디어 환경은 계속해서 분화하는 형태로 표현한다. 이 모델은 현재 미디어 환경의 복합적인 체계를 그리고 있지만, 이러한 체계가 정적으로 묘사된다. 미디어 환경의 공시적 차원과 그것의 진화라는 통시적 차원, 미디어 환경 간의 변증법적 관계, 그리고 최신 미디어 환경의 복합성과 변화의 역동성 등을 고려할 때, 신전 모델보다는 진화의 운동성을 보여 주는 '나선형 모델'이 더 적절해 보일 수 있다. 문자 이전의 구술 미디어 환경에서 필사, 활자, 전자 미디어 환경으로 진화하는 과정은 단선적이지 않고 복합적이며 관계적이고, 다양한 형태의 변증법적 혼성화가 이루어지는 과정으로 볼 수 있다. 전자 미디어의 등장은 하나의 새로운 미디어 환경 층위가 생긴 것이라기보다는 전체 미디어 환경을 생태적으로 바꾸면서, 전자 미디어 환경은 단순히 전자 미디어로만 구성된 환경이 아니고, 기존 미디어 환경도 사라지지 않은 채 자신의 적소를 찾아 잔존하거나 새로운 미디어와 결합한 변형된 형태를 띠기도 한다. 예를 들어, 가정집 거실에 라디오, 전화기, 텔레비전 등이 들어가면서, 가족 구성원들은 여전히 대화를 나누고 책을 읽지만, 일상의 여가를 주로 텔레비전을 보며 보내고 이것의 감각에 익숙하게 된다. 또 텔레비전은 기존의 구술이나 문자 문화의 스토리텔링 방식을 전유하는 동시에 전자 미디어의 기술적 형식을 반영한 미디어 세계(예를 들어, 재난 뉴스, 리얼리티 프로그램 등)를 만들기도 한다. 전자 미디어 환경의 커뮤니케이션 양식이나 문화적 형식은 기존 미디어의 양식과 형식을 재매개하고 이들과의 관계 속에서 새로운 전자–활자–필사–구술 미디어 문화를 형성했다. 나선형 모델은 변증법적 진화 과정의 통시적 시간 축과 다양한 미디어 형식이 상호 작용하며 공존하는 미디어 환경의 공시적 차원, 그리고 복잡해지는 환경 변화의 동향을 보여 줄 수 있다. 신전 모델을 수정한 나선형 모델은 그림 7과 같다.

마지막으로 구술성과 문자성 이론은 당대 미디어 환경의 특성과 편향성을 살펴보고 이러한 미디어 환경에 속한 개별 미디어의 형성 과정을 이해하는 데 도움을 줄 수 있다. 구술성과 문자성 이론은 인류 문명사에 지배적이었던 미디어를 중심으로 해당 시대의 문화를 살펴보고 미디어 환경의 진화 과정을 추적할 수 있게 한다. 옹을 비롯해 이니스, 매클루언, 포스트먼, 메이로위츠 등 미디어 생태학자들은 구술성

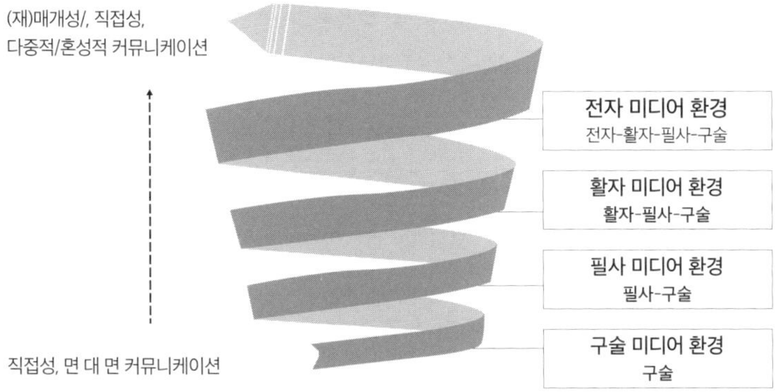

그림 7. **미디어 환경의 나선형 진화 모델**

이라는 가장 기본적인 인간 커뮤니케이션 미디어 환경이 필사, 활자, 전자 미디어 등의 출현과 함께 어떻게 진화해 갔는지를 주목했다. 이들은 미디어 환경의 지배적 미디어 형식이 해당 환경을 구성하는 '기반 기술foundation technologies'로서, 그들 특유의 편향성이 해당 시대의 커뮤니케이션 양식과 문화적 형식에 영향을 미쳤다고 본다. 다시 말해, 구술 미디어 환경의 소리와 신체, 필사 미디어 환경의 말을 사문화시키는 문자, 인쇄 미디어 환경의 문자를 대량 복제할 수 있는 인쇄술, 전자 미디어 환경의 소리와 신체 언어를 원거리에서도 전달할 수 있는 전파 등이 문화가 '자라나는' 토대가 된다고 보았다. 재닛 맥멀런Janet McMullen(2020)은 기반 기술의 편향성을 해당 미디어 환경의 바탕을 이루는 '프로토어포던스proto-affordance'라고 부르며, 이것이 해당 미디어 환경의 다양한 개별 미디어들이 형성되는 토대이자 사회 변동을 촉진하는 행위성을 갖는다고 말한다.

구술성과 문자성의 이론은 이러한 프로토어포던스를 기반으로 미디어 환경의 성격을 이해할 수 있게 해 준다. 예를 들어, 필사 미디어는 발화자의 말을 사물(문자)에 고정하는 최초의 '인위적artefactual' 기반 기술로, 사람의 신체에서 나오는 표현 및 커뮤니케이션 내용을 그것의 현장으로부터 시공간적으로 분리할 수 있는 프로토어포던스를 갖는다. 기계(인쇄기)에 의존해 쉽고 정확하게 텍스트를 복제하는 대표적 '기계적' 기반 기술인 인쇄 미디어는 기계의 반복적 동작을 통한 '복제 가능성reproducibility'이라는 프로토어포던스를 통해, 그동안 손으로 힘들게 텍스트를 복사하며 들였던 수고나 시간을 덜어 주고, 기록의 오류도 잡아 주며, 텍스트의 대량 복사 및 배포를 가능하게 한다. 이러한 기계적 기반 기술을 토대로 책, 신문, 잡지 등의 대중적 미디어 형식이 나타났고, 후에 기계적 판화, 사진, 영화 등의 영상 복제 미디어 형식의 출현이 가능해졌다. 전자 미디어 환경의 '전기electrical' 기반 기술은 순간성이라는 고유의 프로토어포던스를 기반으로, 전신에서 전화, 라디오, 텔레비전, 비디오 등에 이르기까지 다양한 전자 미디어 형식을 가능하게 했고, 전기를 이용해 각종 표현과 커뮤니케이션 양식을 즉각적으로 광범위하게 전할 수 있게 해 준다. 새로운 기반 기술은 기존 미디어를 폐기하는 것이 아니라 재매개하고, 새롭게 혼성화되거나 분화된 미디어 형식이 출현할 수 있는 토대를 제공한다. 구술성과 문자성의 이론적 관점을 확장해 가면서, 우리는 신구 미디어가 서로 중첩되는 가운데 전개되는 인간의 커뮤니케이션 양식 및 문화적 형식의 점진적 진화 과정을 추적할 수 있고, 또한 이러한 과정에 다양하게 출현하는 새로운 커뮤니케이션 미디어의 특성을 이해해 볼 수 있다.

4. 미디어 환경의 진화

디지털 미디어 기술의 발달로 정보의 압축, 저장, 전송 방식의 혁신이 이루어지면서, 각종 정보 형식을 통합적으로 처리하며 사용할 수 있는 인터페이스가 등장했고, 초고속 정보의 흐름과 다양한 커뮤니케이션 양식을 수행할 수 있게 하는 유무선 네트워크가 발달하게 된다. 디지털화, 네트워크화된 전자 미디어 환경은 기존 미디어에서 별개로 취급되었던 문자, 소리, 영상 등의 정보를 복합적으로 전달하며, 문자, 영상, 소리를 다양한 방식으로 결합한 멀티미디어 메시지를 제공할 수 있다. 기존 아날로그 전자 미디어 환경에서는 라디오, TV, 신문, 영화, 전화 등을 이용하기 위해 이들 미디어 형식을 다루는 고유의 기기가 필요했으나, 디지털 미디어 환경에서는 하나의 기기로 다양한 형식의 미디어 콘텐츠를 넘나들며 접근할 수 있게 된다. 전통적 아날로그 미디어가 해당 물리적 기기에서 벗어나 연결되고 결합할 수 있게 되면서, 이들의 존재 방식, 개념적 경계, 미디어로서의 중요성과 의미 등이 달라졌다. 디지털 미디어 환경은 앞서 언급했던 구술 문화의 청각 세계와 문자 문화의 시각 세계, 그리고 전자 미디어의 복합적 세계뿐만 아니라, 각종 커뮤니케이션 양식 및 문화적 형식을 매개하며 미디어 환경의 복잡성과 다중성을 확장해 가고 있다. 그렇다면 디지털 미디어 환경은 기존의 미디어 환경과 어떠한 연속성과 차이가 있는가? 구술성과 문자성 이론의 관계주의적 시각에서 현재의 디지털 미디어 환경을 어떻게 이해할 수 있을까?

디지털 미디어 환경에서 개인은 자신의 스마트폰을 통해 다양한 수준과 범위의 대인 커뮤니케이션과 대중 커뮤니케이션, 그리고 다양한 콘텐츠와 미디어 서비스를 일상적으로 경험할 수 있다. 이러한 미디어 환경은 다양한 커뮤니케이션 양식과 문화적 형식에 대한 용이한 접근과 효율적 활용을 가능하게 한다. 개인들은 이동성과 연결성을 통해 아는 사람들과의 직접적인 구술 대화를 할 뿐 아니라, 인터넷상의 각종 소셜 미디어 공간에 접속하여 다양한 컴퓨터 매개 커뮤니케이션을 경험할 수 있다. 디지털 미디어 환경은 네트워크로 연결된 디지털 컴퓨터를 기반으로 디지털화를 통해 모든 미디어 형식을 모사할 수 있다.

디지털 기반 기술은 '계산 가능성'이라는 프로토어포던스를 통해 각종 커뮤니케이션 양식을 지원하는 하드웨어나 소프트웨어가 구현될 수 있게 한다. 글로벌 네트워크인 인터넷을 통해 사람들이 상호 연결되고 일대일, 일대다, 다대다 등 다양한 커뮤니케이션을 동시적 혹은 비동시적으로 할 수 있으며, 텍스트, 영상, 오디오 등 멀티미디어 콘텐츠의 제작과 공유에 참여할 수 있다. 디지털 미디어 환경의 네트워크 연결성은 전기 미디어가 가진 즉각적인 전송을 가능하게 하고, 그것의 계산 가능성은 기존의 모든 미디어 형식을 재개매할 수 있게 해 준다. 디지털화에 따른 커뮤니케이션 미디어와 컴퓨터 기술의 융합으로 개별 미디어 간의 차이가 사라지고 단수의 미디어 개념 자체가 불필요해질 수 있다는 견해가 있다(Kittler, 1999: 1~2). 하지만 디지털성은 오히려 기존 기술을 새로운 기술적 조건에서 재편하며 다변화된 미디어 형식들의 출현을 촉진하고 있다(McMullen, 2020).

구술성과 문자성의 이론에 기반을 둔 '나선형 모델'을 통해, 디지털 기반 기술이 구성하는 디지털 미디어 환경과 기존 미디어 환경의 관계를 이해해 볼 수 있다. 네트워크화, 개인화된 디지털 미디어 환경에서, 구술 대화, 필사 및 활자 미디어, 텔레비전과 라디오와 같은 전자 미디어 형식 등이 여전히 잔존하는 가운데, 기존 미디어들이 디지털 미디어의 내부 미디어로 재매개될 수 있다. 다시 말해, 구술, 필사, 인쇄, 전기 미디어 등이 음성 및 영상 통화, 전자펜 필기, 전자책, 스마트폰 TV와 라디오 앱 등의 형식으로 디지털 미디어 환경 안에 들어오게 된다. 이러한 재매개 과정에서 디지털 네트워크 연결성 및 표현 양식과 결합한 새로운 변종이 탄생하기도 한다. 예를 들어, 텔레비전과 라디오와 같은 전기 미디어를 재매개한 유튜브, 넷플릭스, 멜론, 팟빵 등의 각종 온라인 콘텐츠 공유 및 스트리밍 미디어는 단순히 기존 미디어 기능을 재현하는 데 그치는 것이 아니라 새로운 표현 및 커뮤니케이션 양식을 제공한다.

사람들은 디지털 미디어 환경의 유무선 네트워크를 통해 구술 커뮤니케이션이 가졌던 직접성과 동시성을 경험하고, 제2 구술성의 순간적으로 공유하는 문화적 형식을 즐길 수도 있다. 물리적으로 부재한 상대방의 목소리나 영상 메시지를 주고받으면서 제1 구술성의 소리 세계가 가졌던 상황적이고 순간적인 피드백을 할 수 있고, 문자성의 커뮤니케이션 양식을 이용해 쓰기와 읽기를 하지만 대화와 유사한 경험을 할 수 있으며, 소셜 미디어를 통해 자신의 메시지를 널리 전파할 수도 있다. 문자 미디어의 비동시적 커뮤니케이션 표현 양식과 자의식을 가지면서도, 네트워크 연결성을 통해 상대방과 가상적 공존감을 함께 대화한다는 느낌을 느끼고 쓰기를 말하기처럼 인식할 수 있다. 또한 문자 텍스트, 사진 및 동영상 이미지와 오디오를 혼용해 커뮤니케이션하면서, 자신의 현재 상황이나 생활 세계와 밀접한 커뮤니케이션을 하고 정보를 구할 수 있다. 디지털 미디어 이용자는 상황에 따라 반응하는 구술 행위자, 문자 미디어 환경의 사적 감각을 가진 저자와 독자, 제2 구술성의 집단적 수용자 등의 복합적 면모를 가지며, 디지털 기반 기

표 1 미디어 환경의 진화

구분	구술 미디어 환경	필사 미디어 환경	인쇄 미디어 환경	전기 미디어 환경	디지털 미디어 환경
	제1 구술성	문자성		제2 구술성	디지털성
기반 기술	말	문자	기계 (인쇄기 등)	전기	네트워크 컴퓨터 (인터넷 등)
프로토어포던스	소리	신체와 말/표현의 분리	대량 복제 가능성	순간성, 전파성	계산 가능성, 연결성
감각 체계	청각, 촉각	시각		매개된 시청각	매개된 다중 감각
텍스트의 특징	• 정형화된 표현 • 구술 퍼포먼스	• 고정성 • 선형성	• 영속성 • 표준화 • 객관성	• (계획된) 구술 표현	• 멀티미디어 표현 • 유동성(수정 가능) • 연결성 • 측정 가능
시공간성	• 지금 – 여기 집중 • 동시성, 불가역적 시간 • 생활 세계 밀접, 상황적	• 비동시성 • 가역성(말을 되돌릴 수 있음) • 송신과 수신 사이의 시간 압축		• 현재에 집중 • 동시성 • 공간 압축(원거리의 소멸)	• 동시성과 비동시성 • 가역성/영원한 현재 • 공간 압축(전 지구적 네트워크)
커뮤니케이션 양식	• 실존적 현존 • 공동의 감각 • 직접적 상호작용	• 실존적 현존 부재(상상의 독자) • 아는 자/아는 것의 분리	• 사적인 쓰기와 읽기 • 비대칭적 커뮤니케이션(일대일)	• 매개된 의사 – 현존 • 의식적 송신자/비가시적 수신자 • 공동의 감각(지역/글로벌) • 대칭적/비대칭적 커뮤니케이션(일대일, 일대다)	• 네트워크로 연결된 현존 • 저자 – 독자로서의 '나' • 매개된 상호 작용 • 다양한 수준의 참여 및 공동의 감각(일대일, 일대다, 다대다 등)

술을 토대로 출현하는 다양한 미디어 형식을 자신의 필요에 맞춰 활용하고 참여하는 새로운 경험을 가질 수 있다. 이와 함께 이용자의 말과 표현이 디지털 데이터로서 축적되고 컴퓨터 알고리즘에 의해 처리되는 비인격적 사물화가 더욱 가속된다. 디지털화된 말과 표현은 그것이 재현하는 의미나 해석의 세계와 분리되어 수치화되고 측정될 수 있을 뿐만 아니라 인간을 거치지 않고 기계적으로 만들어질 수 있다. 디지털 미디어 환경에서는 디지털 기반 기술을 토대로 구술성과 문자성이 제2, 제3, 제4 등 N차의 혼성화된 형태로 공존하고, 이전과 다른 커뮤니케이션 실천을 가능하게 하는 각종 미디어 기술이 경쟁적으로 등장하게 된다. 구술성과 문자성 이론을 중심으로 진화하는 인간 커뮤니케이션과 미디어 환경의 특성을 정리해 보면 표 1과 같다.

이 장에서는 구술성–문자성 이론이 어떻게 진화하는 커뮤니케이션 미디어 환경을 이해하는 이론적 틀을 제공할 수 있는지를 살펴보았다. 이들 이론은 통시적 관점에서 인간 커뮤니케이션과 그것을 매개하는 기술의 관계를 살펴볼 수 있게 하고, 이를 통해 우리는 미디어 환경이 단선적으로 발달해 가기보다는 중첩적이고 점진적인 변화 과정을 겪는다고 이해해 볼 수 있다. 또한 인류 역사에서 있어 커뮤니케이션은 단순히 한 지점에서 다른 지점으로 메시지를 전달하는 도구적 과정이 아니라 인간 의식, 사회적 상호 작용, 실존의 방식, 표현 형식과 의미 등과 관련되어 왔다는 점, 그리고 미디어 기술은 정보를 전송하는 채널 이상의 의미를 가지며 커뮤니케이션 양식과 문화적 형식을 구성하는 기반이 되어 왔다는 점을 생각해 볼 수 있다. 구술성과 문자성 이론은 미디어 기술, 인간, 문화 간 변증법적 관계 살펴보는 이론적 토대를 제공할 뿐만 아니라, 새로운 미디어의 출현으로 변화하는 커뮤니케이션 양식과 문화 형식을 문명사적으로 이해하고 그것의 커뮤니케이션 본질을 논의해 볼 수 있는 통찰력을 제공한다.

4

미디어 리터러시에 관한 미디어 생태학적 이해

1. 문자 기반 미디어 환경과 리터러시

미디어 생태학에서 리터러시literacy는 주로 문자와 인쇄술의 미디어 형식이 보편화하면서 형성된 경험 양식이나 문화를 지칭한다. 미디어 생태학자들은 문자성으로서의 리터러시를 이해하기 위해 문자와 인쇄술의 물질적, 상징적 형식을 주목했을 뿐만 아니라 통시적인 시각에서 구술성과 대비시켰다. 특히 이들은 문자 이전과 이후 미디어의 편향을 주목하면서, 문자와 인쇄술이 말을 매개하는 기술로서 어떻게 소통의 과정, 지각, 사고, 의식, 표현 방식을 재편했고 어떠한 생태학적 효과를 가졌는지를 살펴본다. 무엇보다 문자 이전 시대에는 말을 기록하고 보존할 외부적 수단이 부재한 가운데 말의 전달이 소리로 매개된다는 점, 그리고 말의 보존과 전수가 인간의 기억 능력에 의존했다는 점을 주목한다. 문자 이후 시대에는 문자로 매개된 언어 소통뿐만 아니라 문화 전반의 변화상을 살펴본다. 이들은 문자 이전과 문자 이후 시대의 의사소통 양식에 관한 통시적 비교를 통해 리터러시를 이해하고자 했다.

에릭 해블록(Havelock, 1963/2011)은 (BC 700~400년 당시) 그리스 문화에서 서사시와 드라마가 가졌던 사회적 위상이 흔들리고, 논리, 수사, 기하학, 연역적, 실증적 과학 등이 태동했다는 점을 주목한다. 집합적 기억 외에 지식을 보존하는 수단이 없었던 구술 문화에서는 이야기(서사)가 지식 전수의 기능을 담당했고 서사 구연자가 해당 집단의 백과사전 같은 역할을 했다. 하지만 알파벳 문자의 등장은 이러한 지식 전수와 보존 방식을 변화시켰다. 해블록은 구술 문화를 유지하는 데 인간의 기억이 중요한 역할을 했다는 점과 그리스 문자가 기존의 표의 문자나 음절 문자와 같은 문자 체계에 비해 좀 더 유연하고 효율적으로 말을 기록할 수 있다는 점을 발견했다(Havelock, 1976).

옹은 초기 그리스 문화에 관한 해블록의 분석과 호머의 서사시에 관한 밀먼 패리의 연구 등을 토대로 구술 문화의 표현과 사고방식이 말하는 순간 나타났다가 곧 사라지는 소리의 성질에 의존하는 점을 주목한다(Ong, 1967; 1982/1996). 그에 따르면, 소리의 물질적 성격이 갖는 두 가지 특성, 즉 발화 순간 존재했다 사라지는 일시적인 시간성과 인간을 지금-여기 "실재 한가운데 그리고 동시성 속에 놓이게"(Ong, 1967: 43, 128) 하는 소리 공간의 무방향성은, 구술 문화가 가진 정신 역학의 배경이 된다. 또 소통을 위해 발화자와 청자가 물리적으로 함께 현존해야 하는 상황적 조건이 구술 문화의 언어 표현, 사고방식, 지식의 전수 방식, 사회적 상호 작용 방식 등에 영향을 미친다.

매클루언 역시 구술성과 문자성을 이분화시키며 문자와 인쇄 미디어의 등장이 사회 변동의 중요한 기점이 된다고 보았는데, 구어가 소리로 매개된다는 점에 주목한 옹과는 달리, 구어의 감각적 편향을 주목한다(McLuhan, 1962/2001; 1964/2011). 구술 문화에서는 정보가 실시간 동시적으로 처리되는 청각-촉각적 감각이 지배했고, 사람들은 모든 감각이 함께 조응하며 특정 감각이 분리되거나 특별히 두드러지지 않은 '청각 공간'에 살았다고 본다. 그에 따르면, 청각 공간은 모든 감각의 동시적인 상호 작용을 통해 지각되어 유기적이고 통합적인 성격을 갖는다. 또 구술은 인간 감각 기관의 내적 구조와 맺는 관계, 즉 청각과 촉각 중심의 감각 편향이 문자 이전 시대의 경험 세계를 구성하였고, 문자와 인쇄 미디어는 이러한 감각 균형을 깨고 있다. 문자와 인쇄술의 상용화로 시각적 읽기를 통해 지식을 얻는 방식이 정착하면서 텍스트가 갖는 시각적이고 선형적인 감각 편향이 서구인의 지각과 의식을 재편한다고 본 것이다.

읽기와 쓰기의 문화는 문서 관련 시각적 기술이 발달하고 상용화되면서 비로소 전개된다. 문서의 '페이지'가 단순히 사람들이 말하는 구술 언어의 기록이 아닌 "생각을 거친 주장의 시각적 표현"으로 자리 잡으면서 문자 문화가 본격화된 것이다(Illich, 1996/2016: 152). 문서의 시각적 요소의 배치, 구두법 사용, 장 제목과 주석 달기, 저자와 주해자註解者의 말을 분리하기, 단락 구분하기, 차례table of contents/색인index/용어 해설glossary 첨부하기 등의 쓰기 기술은 눈으로 글을 읽고 이해하는 과정을 도왔다. 인쇄술은 이러한 시각 중심의 쓰기 기술을 기계적으로 구현해 주면서 읽기의 대중화에 기여할 수 있었다. 읽기의 물질적 배경이 바뀌면서 읽기는 통감각적 활동 또는 과거로부터 내려오는 지혜의 소리를 듣는 행위에서 벗어나 눈으로 생각이나 지식을 읽는 활동으로 전환되었다. 또 문서는 소리의 세계에서 벗어나 연구의 도구, 비판적 분석, 논리적 사고와 논의 등을 위해 이용될 수 있었다.

옹은 문자와 쓰기 기술이 발달하면서 시각주의visualism가 강화되고 말의 비인간화 또는 사물화가 이루어진다고 말한다. 다시 말해, 말이 인간의 소리에서 벗어나 시각적인 문자로 고정되고 발화가 이루어지는 맥락에서 분리되어 독립적인 개체로 존재할 수 있게 된다. 이러한 시각주의를 통해 저자가 자신의 말과 청자로부터 거리를 갖게 되고 이러한 거리가 의사소통 변화의 중요한 조건이었다. 기억에 의존했던 구어 문화와 달리 문자 문화의 저자(발화자)는 기억의 속박에서 벗어난 비공식적이고 비패턴화된 표현 또는 과거에 얽매이지 않은 이야기, 말로 표출되지 않은 생각의 흐름을 가시화할 수 있게 되었다. 또한 저자는 의사소통의 현존 상황에서 벗어나 외부의 객관적 세계와 대비되는 내적 정신세계를 가질 수 있게 된다. 저자는 물리적으로 함께하지 않는 '허구적' 독자를 상상하며 글을 쓰고, 독자는 저자의 의사소통 상황에서 물리적으로 벗어나 있지만 글의 형태로 저자의 현존을 경험할 수 있게 된다. 눈으로 글을 읽는 활동은 소리를 내지 않고 글을 해독하는 개인적 행위로 이루어지고, 따라서 개인적이고 탈집단적 성격을 가질 수 있다. 인쇄술의 상용화와 함께 강화된 시각주의는 문자성을 구성하는 중요한 특성이 되었다.

초기 서구 유럽에서의 인쇄술과 문자성에 관한 역사적 연구를 한 아이젠슈타인은 인쇄술의 발달로 문서의 시각적 고정, 표준화, 보존성 및 대중적 접근성 등이 이루어졌고 이렇게 변화하는 미디어 환경이 르네상스, 종교 개혁, 과학 혁명이 일어날 수 있었던 주요 배경이 되었다고 말한다(Eisenstein, 1980). 인쇄물의 대량 생산과 배포는 모국어와 표준어 기반의 지식 생산과 공유를 촉진했고, 철자법, 띄어쓰기, 구두법, 표제와 부제, 단락 나누기, 쪽 번호 매기기, 차례와 색인 달기 등의 쓰기 관습을 정착시켰다. 표준화된 서식의 책들이 대량 복제됨에 따라 지식의 보존성이 높아지고, 소수의 성직자나 사회 지배층의 전유물에서 벗어나 대중에게 유통될 수 있게 된다. 인쇄된 책이 가진 물리적 형식이 당대의 지식 생산과 소비의 물적 배경을 재구성하면서 사회 변화의 주요 조건으로 작동했다. 서구 중세 시대에도 책 읽기가 이루어졌지만, 교회와 대학을 중심으로 제한적으로 이루어졌다. 또 문자보다는 구어가 일반인의 주된 사회적 소통 수단이었기 때문에, 눈으로 읽기(묵독)와 소리로 읽기(낭독)가 공존했다. 하지만 읽기를 돕는 기술이 축적되고 책이 대량 유포될 수 있는 환경이 마련되면서, 개인 활동으로서의 읽기, 절대적 권위로 지식 세계를 통제했던 교회의 세계관에서 벗어난 읽기, 독서를 통한 사상의 비교와 대조 등이 가능해졌다. 문자를 매개하는 물질적 조건이 바뀌고 쓰기와 읽기의 실천 방식이 달라지면서 형성된 정보 환경에서 고대 문화를 재수용하며 부활시킨 문예 부흥, 구교의 제도를 개혁하는 운동, 근대적 과학 체계의 형성 등이 추동될 수 있었다.

역사적으로 구성된 인쇄 미디어 환경은 시각주의 미디어 경험의 양식을 양산하며 의사소통 과정을 재구성해 갔다. 말하고 듣는 과정이 읽고 쓰는 과정으로 대체되면서, 발화자와 청자에 대한 현존 감각, 의식, 지각 방식, 공유의 경험, 앎의 방식 등 전반이 재편되었고 이러한 미디어 양식의 내면화는 근대 문화의 태동에 기여했다. 인쇄술은 쓰기와 문사가 가진 '시각주의' 또는 거리와 분리의 효과를 한층 강화하며 개인의 '개성에 대한 감각'을 고양시켰다. 말을 표현하고 전달하는 과정이 청각이 아닌 시각적 지각과 연관되었고, 문서의 시각적 질서에 따라 사고 과정, 서사의 특성, 인간의 의식 등이 재구성되었다. 기존 두루마리와 필사본과 달리 인쇄된 책은 정보를 순차적으로 고정시킨 페이지를 넘기며 통제된 읽기 경험을 할 수 있게 해 주었다(Vandendorpe, 2009).

이와 같은 인쇄술의 시각주의는 서구의 교육 과정에도 영향을 미쳤다. 옹은 서구 르네상스 시기에 교육의 내용이 "지식을 담화와 듣기로 사고하던" 체계에서 "관찰과 시각과 대상으로 사고하는" 체계로 옮겨 갔다고 말한다(Ong, 1962: 70). 예를 들어, 16세기 프랑스의 인문학자인 피에르 드 라 라메Pierre de La Ramée는 기존의 수사학 내용을 축소하고 시각주의 방법론을 강조하는 교육 개혁을 추구하는데, 옹은 이러한 교육 개혁 과정에 당시 미디어 환경의 시각주의가 반영되었다고 본다. 포스트먼(Postman, 1982)은 문자 문화의 형성이 읽고 쓰는 활동의 직접적인 효과라기보다는 문자성과 학교 교육의 상호 작용 속에서 이루어졌다고 본다. 문서의 대량 생산, 표준화, 대중화 등으로 유통되는 지식량이 늘어나면서, 이러한 정보를 다룰 수 있는 학교와 도서관의 확대가 이루어졌다. 읽고 쓰는 활동이 교회나 중세 대학에서 벗어나 세속화되고 문해력을 갖추는 것이 사회적 생존을 위해 필수적 조건이 되어 가면서, 이를 대중적으로 훈련시킬 체계적 제도가 필요했고 근대적 학교가 이를 담당하게 된다. 포스트먼은 17~19세기 미국에 인쇄 미디어의 수용과 체화를 가능하게 한 미디어 환경과 교육 제도가 자리를 잡게 되었고, 이와 함께 분석적으로 지식을 수용하고, 합리적으로 추론하며, 모순을 싫어하고, 객관적으로 사고하는 "설명의 시대"가 형성되었다고 말한다(Postman, 1985/2009). 활자 인쇄 미디어 환경은 단순히 기술적 형식만을 의미하는 것이 아니라 이러한 미디어 양식의 내면화와 체화를 가능하게 하는 관련 사회 제도와의 상호 관계를 포함한다. 근대적 학교는 인쇄 미디어 환경의 경험 양식을 반영하는 동시에 매개하는 중요한 현장으로서, 그곳에서는 인쇄 미디어를 통한 정보 습득 방식을 학습 활동으로 규정한다.

2. 전자 미디어와 리터러시의 재구성

메이로위츠(Meyrowitz, 1986/2018)에 따르면, 문자 문화의 정보 세계에서는 읽고 쓰기 능력과 교육 수준에 따른 정보 접근 능력이 달랐고 이에 따라 집단이 나뉘었으나, 전자 미디어 환경에서는 이러한 정보 접근성에서의 사회적 제약이 풀리고 시간과 거리를 넘어 소통하고자 하는 사회문화적 요구를 충족할 수 있다. 전자 미디어의 즉각적인 전달성과 청각적 편향은 함께하지 않는 사람들에게 생생한 정보를 전달하고 경험이 물리적 장소에 기반할 필요가 없어졌다. 전자 미디어 환경은 정보 접근성의 경계를 구축했던 공과 사, 어린이와 어른, 남성과 여성 등의 사회적 경계를 허물며 정보에 접근하고 공유할 수 있게 만든다. 포스트먼(Postman, 1985/2009)은 문자성의 물리적, 상징적 형식이 합리적 추론을 꾀하고 객관화, 전문화, 세분화된 사고방식을 추구하는 능력을 뒷받침하는 데 반해, 전자 미디어의 물리적, 상징적 형식은 정보의 탈맥락화, 분절화, 상품화에 기여한다고 본다. 그에 따르면, 전자 미디어 환경의 출현을 이끈 전신의 미디어 형식은 원거리 정보를 즉각적으로 손쉽게 받아 볼 수 있게 해 주지만, 실제 자기 삶의 주변 상황과 무관한 파편화되고 흥미를 유도하는 정보를 양산시키고, 사진과 같은 영상 미디어 형식 노한 지금 여기의 파편을 가시화시키며 추상적인 아이디어의 세계가 아닌 시각적 볼거리의 세계를 전한다. 그리고 이러한 파편적 정보는 사람들의 시선을 끌기 위해 경쟁하는 시장주의 미디어 산업의 맥락에서 상품으로 거래된다. 전자 미디어 환경은 논리적 추론을 요구하지 않고 공적 담론을 이성적 사고가 아닌 즐기는 대상으로 만들며 인쇄 문화의 정보 통제 기제를 약화시킨다.

미디어 생태학자들은 텔레비전과 라디오로 대표되는 전자 미디어 환경의 등장에 따른 사회문화적 변화를 이해하기 위해 구술성과 문자성 이론의 통시적 접근 방법을 활용했다. 한편으로는 매클루언과 옹과 같이 이들 미디어의 의사소통 실천, 개념, 능력 등이 과거의 구술성과 많은 공통점을 갖는다는 입장을 보이고, 다른 한편으로는 메이로위츠나 포스트먼 같이 문자성의 정보 접근 체계나 지각·사고·의식 체계를 약화시키고 문자성이 구축한 공적 담론의 방식을 해체시키고 있다는 입장을 보인다. 텔레비전과 라디오와 같은 전자 미디어 환경에서는 아직 문자성이 학교 교육과 연계되어 지식과 공적 담론의 주축을 이루고 있고, 상대적으로 TV와 라디오는 여가와 오락의 영역을 담당하면서, 여전히 인쇄 문화 기반의 읽고 쓰는 능력이 사회적 생존을 위해 중요한 리터러시로 간주되고 있다. 이러한 문자성의 잔존은 디지털화, 네트워크화된 미디어 환경이 등장하면서 생태학적 변화를 겪게 된다.

1990년대 이후 웹 기반 정보 커뮤니케이션 기술이 발달하고 아날로그 미디어 기반이 디지털화되면서 그동안 이원적으로 취급되거나 경험되었던 통신과 방송의 융합이 이루어지기 시작했다. 또한 이동 전화와 같은 개인 미디어가 인터넷을 비롯한 기존 미디어를 내부의 미디어intra-medium로 "재매개"하는 똑똑한 기기로 진화했다(Bolter & Grusin, 1999/2006). 존 어리John Urry(2007/2014)가 말한 다양한 이동, 즉 전자 이미지를 통한 '상상 이동,' 인터넷을 통해 지리적·사회적 거리를 뛰어넘는 '가상 이동,' 통신 미디어로 메시지를 교환하는 '통신 이동' 등이 개인의 미디어 기기를 통해 일상생활 속에 이루어질 수 있게 된다.

소셜 미디어가 광범위하게 이용되면서, 이용자가 다양한 콘텐츠 생산에 참여하며 사회적 상호 작용과 공유 그리고 협력을 할 수 있게 된다. 미디어 소비자로서의 이용자가 참여자가 되는 "생비자prosumer" 경험을 할 수 있고(Ritzer & Jurgenson, 2010), 손안의 기기를 통해 장소에 구애받지 않고 다양한 집단과의 다중적 상호 작용을 관리하며 자기표현을 할 수 있게 된다(Lee, 2012). 미디어 기술의 발달은 미디어 이용의 대중화나 그것의 이용 범위 및 방식을 재구성하면서, 특정 집단이 독점했던 미디어 이용의 권력을 분산시키고 '세속화'하는 데 기여할 수 있다. 인쇄술은 소수 권력 집단이 누리던 '읽기의 세속화'를 도왔고, 텔레비전과 라디오와 같은 전자 미디어는 소수만이 참관할 수 있던 물리적 장소에서의 활동을 누구나 접할 수 있게 해 주는 '보고 듣기의 세속화'를 가져왔다. 네트워크화된 디지털 미디어는 소수 전문가 집단에 의해 이루어졌던 미디어 콘텐츠의 제작과 유포를 누구나 시도해 볼 수 있게 해 주는 '미디어 쓰기와 공표의 세속화'를 가능하게 한다. 소셜 미디어를 통해 특정 집단이 아닌 누구나 각종 소통과 사회적 상호 작용을 위해 말하고 쓰고 표현하는 '저자'가 될 수 있다. 디지털 미디어 환경이 말하기와 쓰기의 환경을 재구성하면서 소통을 위한 말하기 또는 읽고 쓰기 활동에 생태학적 변화를 일으킨다고 볼 수 있다.

미디어 기기는 라디오, 텔레비전, 신문, 책 등과 같은 기존의 미디어부터 각종 소셜 미디어에 이르기까지 다양한 미디어 형식을 내부의 미디어로 융합시키고 글, 음성, 음악, 사진, 그래픽, 동영상 등이 결합한 다중 미디어 텍스트도 쉽게 접할 수 있다. 스마트폰을 통해 사람들은 과거에 익숙했던 미디어를 필요에 따라 단일한 형태 또는 복합적 형태로 경험할 수 있고, 통화나 문자에서부터 필기, 인쇄, TV, 영화, 그리고 각종 소셜 미디어 형식을 넘나드는 이른바 '트랜스 미디어'와 언어 경험을 할 수 있게 된다. 다양한 미디어 형식의 언어적 표현을 넘나들면서 미디어 이용은 다중적이고 비순차적이며 복합적인 성격을 갖게 되고 이와 함께 말하기(쓰기)와 듣기(읽기)의 양식과 경험도 확장된다. 예를 들어, 소셜 미디어 이용자는 소셜 네트워크의 연결망을 통해 개인의 '말'을 널리 전파시키고, 언제나 접속 가능한 상태를 유지함으로써, 굳이 같은 장소에 있지 않더라도 "따로 함께"라는 '가상적 현존' 상태, 친구들과 '대화 중' 상태를 유지할 수 있다(Turkle, 2011/2012). 이러한 가상적 현존은 개인이 온라인 커뮤니케이션을 위해 '자의식'적으로 작성된 다중 미디어 텍스트와 자신을 중심으로 연결된 개인주의적 네트워크를 통해 만들어진다.

가상적 말하기를 지원하는 미디어 서비스가 다양해지면서 말을 거는 방식이 다변화되었고 메시지의 수신자들은 어떠한 의사소통 채널에 접속하고 어떤 메시지를 수신하며 어떤 상대방과 어느 정도 상호 작용할 것인지를 결정할 수 있게 된다. 대화의 정도와 범위를 선택하는 개인의 자율성이 늘어났다는 것은 문자 이전의 구술성과 다른 지점이다. 구술 문화에서는 말하는 사람과 듣는 사람이 물리적으로 함께 하기 때문에, 듣는 사람이 의사소통 상황을 선택하거나 그것으로부터 자율성을 갖기란 어렵고, 말하는 사람은 구술 상황을 이끄는 책임을 지게 된다. 반면, 수많은 네트워크에 연결된 상황에서 상호 작용이 일어날지의 여부는 수신자의 자율성에 맡겨진다. 수신자가 접속하고 텍스트를 열어 보며 댓글을 달고 동조할 때 비로소 쌍방향 의사소통이 이루어지게 된다.

그런데 이러한 네트워크를 통해 말을 건네는 상대는 단순히 "수평적 네트워크의 끝없는 확장 속에서 그저 친구라는 같은 현수막 아래 존재하는 이방인들"(boyd, 2008) 또는 "정보에 효율적으로 접근하게 해 줄 수 있는 관계의 데이터베이스"(Miller, 2008)일 수 있다. 다시 말해, 이러한 상대는 면 대 면 상황에서 서로의 내면을 의식하고 해석할 수 있는 상대라기보다는, 현존의 상황과 분리된 정보화된 상대일 수 있다. 또한 디지털 미디어는 간접적이고 '가상적'인 상호 작용만을 허용하는 제2 구술 미디어와 달리, 발화자와 청자가 가상적으로 공존할 뿐만 아니라 동시적이고 직접적이라는 느낌을 받는 상호 작용을 허용한다. 문자에서부터 동영상에 이르는 다양한 미디어 형식을 유연하게 활용하는 말하기와 소셜 미디어 플랫폼이 제공하는 다양한 반응 형식(예를 들어, '좋아요' 누르기, 댓글 달기, 이모티콘 보내기, 평점 매기기, 태그 달기, 공유하기, 링크 걸기 등)을 활용하는 듣기는 다양한 소셜 미디어를 통해 항시적으로 묶여 있는 상태에서 이루어지는 사회적 현상이라고 볼 수 있다.

따라서 디지털 네트워크 공간에서는 사실상 말하기와 듣기 또는 화자와 청자, 저자와 독자의 구분이 무의미해진다. 연결된 친구 목록이나 반응의 전시가 개인의 정체성과 표현물의 일부를 구성하고 사회적 상호 작용을 위한 반응이 개인의 표현이 된다. 또한 '가상적으로 공존'하는 다양한 타자와의 근접성이 반응 시간의 속도나 지속성 등으로 측정되면서, 반응이 빠를수록 가까움과 중요함을 의미하는 '시간 편향적' 지각 현실이 만들어지고 있다(Miroshnichenko, 2016). 이러한 반응은 소셜 미디어의 알고리즘을 통해 특정하게 양식화된 반응으로, 사람들과의 거리, 대화의 흐름, 이야기의 화제성 등을 감각적으로 경험할 수 있게 해 준다. 그리고 '좋아요'나 '소셜 댓글'의 수치는 사회적 지각 기관의 새로운 감지기 역할을 담당하게 된다.

한편 각종 전자 화면을 통해 이야기하고(쓰고) 듣기(읽기)가 이루어지면서, 종이 페이지 위에 개별적이고 종결된 상태로 존재했던 글이 컴퓨터로 처리되어 조작이나 조합될 수 있는 데이터 조각으로 개체화되었고, 물리적으로 글을 쓸 때와는 다른 글쓰기 경험을 갖게 된다(Agamben, 2014/2016). 전통적으로 쓰기는 글자 상징, 철자법, 구두법, 띄어쓰기 등을 손에 익히는 교육과 훈련을 통해 체화되었다. 손으로 글자를 올바르게 적어 내는 손놀림이 자연스러워졌을 때 비로소 생각한 것을 글로 표현할 수 있게 된다. 몸에 익은 쓰기의 '신체적' 행위는 쓰기의 도구인 종이와 펜 등의 물질성을 반영하는 것이었다. 그런데 읽고 쓰기가 이루어지는 대상이 화면과 키보드로 바뀌면서 쓰기와 관련된 신체 행위와 생각의 표현 과정이 다른 성격을 갖는다. 예를 들어, 워드 프로세서로 문서를 작성할 때, "쓰는 손과 읽는 눈이 더 밀접하게 얽히고, 다수의 정교한 알고리즘과 파라텍스트paratext의 가능성으로부터 암묵적으로 지원을 받게 된다"(Adams, C., 2016: 496). 파라텍스트는 글자나 문단 모양에서부터 사전이나 맞춤법 검사에 이르기까지 문서의 배경에서 쓰기를 지원하는 워드 프로세서 프로그램의 기능이다. 편집, 입력, 서식, 교정 등과 관련한 프로그램이 알고리즘이 작동하면서 쓰는 과정의 부담을 덜어 준다. 이와 함께 화면에 글을 쓰는 행위는 글자를 직접 생산하는 행위가 아니라 입력하는 행위가 되었고, 화면 위에 뜬 텍스트는 복사, 붙이기, 선택하기, 밑줄 치기, 글꼴과 크기 바꾸기, 다른 텍스트의 인용 등으로 쉽게 조작될 수 있는 "외부적 사물"이 되었다(Vlieghe, 2016). 인쇄 기반 활판술에서는 저자가 문장, 단락, 텍스트의 의미에 대한 논리적 구조를 충분히 고려해 글을 쓰고 구두법도 이러한 선형적이고 일관적인 사고 습관을 반영했다면, 디지털 미디어는 기계가 인식 가능한 방식으로 텍스트를 부호화하면서 인쇄 문화와 다른 문화적 논리를 가진 유동적이고 개방적인 쓰기 과정을 경험하게 한다

(Scheible, 2015).

과거에는 글을 작성하는 방식에 관해 직접적이고 체화된 감각을 가졌다면, 키보드를 통해 글자를 입력하는 저자는 자신의 글이 화면 위에 어떠한 과정을 거쳐 나타나는지를, 즉 저작의 조건을 인지하지 못한다. 저자와 텍스트가 맺는 관계 방식이 달라졌다는 것이다. 물질적, 아날로그적 기반의 쓰기 과정에 체현된 감각이 '자신이 무엇을 하는지'에 관한 성찰적 의식과 연관되었다면, 네트워크로 연결된 화면상에서 이러한 의식을 갖기가 쉽지 않다. 텍스트의 모호성을 줄이고 텍스트에 대한 독자의 이해를 돕기 위해 사용했던 파라텍스트를 소프트웨어 프로그램이 처리하면서 우리의 쓰기 감각은 알고리즘을 기반으로 효율성과 속도를 추구할 수 있게 된다.

또한 컴퓨터, 전자책, 태블릿 PC, 스마트폰 등의 화면을 통해 비물질적인 텍스트를 읽는 행위는 전통적 읽기와 다른 성격을 갖는다. 각종 화면을 통해 이뤄지는 '읽기'라기보다는 '화면 보기'로서, 이러한 화면 보기에는 "글을 읽는 것뿐만 아니라, 글을 시청하고 이미지를 읽는 것도 포함"된다(Kelly, 2016/2017: 137). 읽기가 다양한 행위를 포괄하고 뒤섞을 수 있게 되면서, 읽는 행위가 다양한 의미를 갖게 된다. 예를 들어, 과거에는 책을 읽기 위해 도서관이나 책방에 간다든지, 책을 골라 사거나 빌린다든지, 책에 관한 정보를 찾아본다든지 등 책을 '읽기 전' 이루어져야 할 활동이 있었는데, 디지털 미디어 환경은 이러한 읽기 전 활동과 읽기 활동의 시공간적 경계를 없애 줄 수 있다. 검색 엔진은 텍스트를 찾고 선택해야 하는 수고를 덜어 주고, 정보 배달 서비스는 이용자가 원하는 정보를 알아서 전달해 주며, 온라인 정보 저장 체계는 텍스트를 물질적으로 소유하지 않아도 접근이 가능하고, 추천 알고리즘은 이용 행위에 관한 메타데이터에 기초한 추천 서비스를 해 줄 수 있다. 책을 읽기 전에 이루어졌던 활동이 알고리즘적으로 해결될 수 있고 책을 읽는 행위의 일부로 통합될 수 있다.

읽기 과정이 자신이 보는 화면 편집하기, 관련 정보 검색하기, 연결된 다른 텍스트로 옮겨 가기, 반응과 주석 달기, 텍스트에 관해 대화하고 공유하기 등과 손쉽게 결합되면서, 과거 선형적 글 읽기가 가졌던 텍스트에 대한 집중력을 유지하기 어렵다. 검색이나 훑어보기가 읽기를 대신할 수 있으며, 텍스트 길이에 대한 기대치가 줄어들며, 다른 자료에 대한 즉각적 접근과 연결을 자연스럽게 받아들일 수 있다(Carr, 2011/2015; Baron, 2013). 따라서 저자의 통제권에서 벗어나 쉽게 산만해질 수 있고, 유동적인 화면의 텍스트를 따라가며 구조적으로 복잡한 텍스트를 해독하고 분석하는 데 노력을 기울이기보다는 정보의 위치를 찾는 데 우선적인 가치를 둘 수 있다. 이와 함께 텍스트 관련 데이터를 축적하고 분석하고 가치를 매기는 알고리즘이 전문가보다 오히려 더 큰 신뢰를 얻을 수 있고 텍스트의 의미와 중요도가 조회 수나 관련도에 따라 결정될 수 있다.

요컨대, 네트워크 디지털 미디어 환경은 전통적 읽고 쓰는 방식과 실천을 재구성하면서 그것이 갖는 경험과 문화적 의미를 바꾸고 있다. 미디어 생태학적 시각은 이렇게 읽고 쓰는 활동을 재편하는 스크린의 본질을 가시화시키고, 그것의 감각적, 시공간적, 사회적, 인식론적 편향과 상호 작용 속에 재구성되는 우리의 소통 능력에 관해 성찰할 것을 요구한다.

3. '미디어 리터러시'와 미디어 생태학

미디어 생태학자들이 주로 문자 및 인쇄 미디어를 매개로 형성된 문화적 양식과 실천으로서의 리터러시에 관심을 보였고, 이를 기반으로 거시적 관점에서 커뮤니케이션 패러다임의 편향성과 효과를 살펴보았다. 이들은 문자 및 인쇄 미디어 기반의 '1차 리터러시the primary literacy'가 구술 문화의 커뮤니케이션 패러다임을 바꿔 놓았지만, 현재는 제2의 구술성 및 디지털 문화에 의해 도전받고 있다고 본다. 미디어 생태학이 리터러시에 관해 거시적이고 전체론적인 시각을 보여 왔다면, 우리 사회에서 통용되고 있는 '미디어 리터러시media literacy'는 주로 미디어 관련 교육이나 사회적 실천과 관련된 용어로서 미디어에 관한 역량이나 지적 능력을 의미한다.

미디어 리터러시를 교육의 대상으로 구체화하며 다루는 시각은 영화, 라디오, TV 등 근대적 매스 미디어가 등장했을 때부터 부상하기 시작했다. 예를 들어, 레슬리 스펜스Leslie Spence(1950)는 《더 나은 라디오 청취*Can radio listening be taught?*》라는 교육용 책자를 펴내면서 라디오와 텔레비전이 새로운 미디어로 출현했을 당시의 미디어 리터러시 교육을 제안했다. 1970년대 이후 북미와 영국을 중심으로 미디어 리터러시 교육에 관한 관심이 가시화되면서 "미디어 리터러시 교육이 민주적 권리와 시민적 책임 수행의 일부로서, 시민권의 중요한 실천으로 인식되기 시작"했다(Hobbs & Jensen, 2009: 3). 이론적으로 미디어의 강력한 효과(폭력행위, 이데올로기적 조작, 사회적 소외, 소비주의 등)로부터 사람들을 보호하고 이에 관한 일종의 예방 주사로서 미디어 리터러시 교육을 제안하는 보호주의와 권력관계에 비판적 문제를 제기하며 민주적 사회 변화를 지향하는 문화연구가 이러한 미디어 교육을 지원했다(Christ & Potter, 1998). 1980년대와 1990년대 서구에서는 미디어 리터러시를 공식적인 교육 과정으로 제도화하려는 노력이 이어지면서, 북미의 리터러시센터를 중심으로 미디어 리터러시의 기본 개념과 교육 방안이 구체화되었고 교육 현장에 활용되었다.

미디어 리터러시 분야는 "(메시지) 접근, 분석, 평가 및 콘텐츠 제작 등의 네 가지 구성 요소"에 기반한 미디어 교육을 통해 미디어 역량을 갖춘 의식 있는 이용자를 만드는 데 도움을 주고자 했다(Livingstone, 2004: 5). 이러한 네 가지 요소는 서로 연결된 것으로, 미디어 콘텐츠를 잘 분석하고 평가할 수 있는 능력은 콘텐츠 제작을 잘하기 위한 조건이 될 뿐만 아니라 새로운 기술 활용에 대한 접근성을 높여 준다. 교육적 미디어 리터러시는 미디어 제작에서 수용에 이르는 커뮤니케이션

표 2 **교육적 미디어 리터러시의 핵심개념과 질문**

	핵심 단어	해체 – 5가지 주요 질문 (소비자)	핵심 개념	구성 – 5가지 주요 질문 (제작자)
1	저자	누가 이 메시지를 만들었나?	모든 미디어 메시지는 구성되었다.	나는 무엇을 저작하고 있는가?
2	포맷	내 관심을 끌기 위해 어떤 창의적 기법이 사용되었나?	미디어 메시지는 고유의 규칙을 가진 독창적 언어를 사용해 구성된다.	나의 메시지는 포맷, 창의성, 기술에 대한 이해를 반영하는가?
3	수용자	사람들은 이 메시지를 어떻게 다르게 이해할 수 있나?	사람들은 같은 메시지를 서로 다르게 경험한다.	내 메시지는 수용 대상자에게 매력적이고 흥미로운가?
4	콘텐츠	이 메시지에 어떠한 가치, 라이프스타일, 시점이 재현되거나 생략되었나?	미디어는 가치와 시점을 내포한다.	나는 콘텐츠의 가치, 라이프스타일, 시점 등을 분명하고 일관성 있게 표현했는가?
5	목적	이러한 메시지가 전송되는 이유는?	미디어 메시지는 대부분 수익과(이나) 권력을 얻기 위해 조직된다.	나는 나의 목적을 효과적으로 소통했는가?

출처: Jolls & Wilson, 2014.

과정의 핵심 사안을 중심으로 미디어 제작자 혹은 소비자의 관점에서 표 2와 같은 주요 질문을 생각해 보게 했다(Jolls & Wilson, 2014).

이렇게 교육적 대상으로서 미디어 리터러시는 접근 방식에 따라 교육의 초점이 달라질 수 있다. 더글러스 켈너Douglas Kellner와 제프 셰어Jeff Share(2005; 2007)는 이러한 접근 방식이 네 가지로, 즉 미디어 예술 교육, 미디어 리터러시 운동, 보호주의적 접근, 비판적 미디어 리터러시 등으로 구분될 수 있다고 말한다. 미디어 예술 교육적 접근은 예술 및 미디어의 미적 특성에 가치를 두며 이들 제작을 통해 창의적인 자기표현을 할 수 있도록 가르치는 데 초점을 둔다. 미디어 리터러시 운동은 미디어 텍스트를 읽고 분석하며 해독할 수 있는 능력을 갖추게 해 주려고 노력한다. 이들은 미디어를 미학적 가치 혹은 교육적 목적을 추구하는 중립적 도구로 바라본다. 한편 보호주의적 접근은 미디어의 해악이나 부정적인 효과에 대해 교육함으로써 이들로부터 아이들을 보호해야 한다고 생각한다. 비판적 미디어 리터러시는 미디어에 내재된 중요한 사회적 이슈들, 예를 들어, 고정관념, 사회적 소외, 착취 등의 문제를 비판적으로 다룰 수 있도록 교육한다. 이러한 접근 방식은 미디어의 부정적 효과나 권력관계를 비판적으로 바라본다

켈너와 셰어가 논의한 미디어 리터러시의 네 가지 접근은 시각이나 방식에서 차이를 보이지만, 미디어 교육의 체계와 제도를 만들기 위해 노력한다는 공통점을 갖는다. 이와 함께, 미디어를 잘 활용할 수 있도록 지원함으로써, 미디어 이용자들이 다양하고 창의적인 역량을 창출하고 사회에 적극 관여하는 시민으로서의 자율권을 가질 수 있도록 돕고자 한다(Jenkins et al., 2009). 사람들은 미디어 리터러시 교육을 통해 선동적이고 조작적이고 착취적인 미디어 권력을 비판적으로 바라보고

이것의 부정적 영향력으로부터 자신을 보호할 수 있다(Valkenburg, 2004).

미디어 리터러시 분야는 새롭게 등장하는 미디어 기술에 대한 교육을 포함하며 확장되어 왔다. 이와 함께, 미디어 변화에 따른 미디어 리터러시를 지칭하는 다양한 용어들이 만들어졌다. 디지털 미디어 환경의 미디어 리터러시를 지칭하기 위해 디지털 리터러시 혹은 디지털 미디어 리터러시란 용어가 사용되었고, 이 밖에 컴퓨터 리터러시, ICT 리터러시, 멀티미디어 리터러시, 정보 리터러시, 다중 양식 리터러시, 소셜 미디어 리터러시 등의 용어도 쓰였다. 최근에는 데이터 리터러시, 알고리즘 리터러시, AI 리터러시 등의 용어도 등장했다. 이러한 명칭은 기술의 특성이나 기능을 부각시키며 새로운 미디어 리터러시의 출현을 강조한다. 개빈 두드니Gavin Dudeney 등(2013)은 디지털 미디어 환경에 복수의 미디어 리터러시가 존재한다고 말한다. 그는 이를 체계적으로 보여 주기 위해 언어, 정보, 네트워크, 디자인 등과 관련된 리터러시를 구분하고 복잡성의 정도에 따라 다양한 리터러시 개념을 도출했다(표 3). 그의 분류 체계는 미디어 기술 발달과 함께 미디어의 어떤 요소에 초점을 맞추냐에 따라 다양한 리터러시 개념이 만들어지고 계속해서 확장될 수 있음을 시사한다. 미디어 리터러시 분야는 새로운 미디어 기술 및 관련 현상이 부상할 때마다 그 기능을 파악하고 이용하는 방식을 다루는 미디어 리터러시 개념을 추가하고 이를 우선적으로 다뤄야 할 교육 대상으로 삼는다.

미디어 리터러시를 교육적 대상으로 바라보는 시각은 새로운 미디어에 상응하는 미디어 리터러시의 필요성과 당위성을 규범으로 받아들이는 경향을 보인다. 이러한 미디어 리터러시는 개인이 새로운 미디어를 활용하는 능력과 역량을 가질 수 있도록 돕는 미디어 교육을 지향

표 3 **미디어 리터러시 분류**

복잡성 정도	첫 번째 초점: 언어 관련 리터러시	두 번째 초점: 정보 관련 리터러시	세 번째 초점: 연결 관련 리터러시	네 번재 초점: (재)디자인
증가	인쇄 리터러시 문자 메시지 리터러시			
	하이퍼텍스트 리터러시	태깅 리터러시		
	멀티미디어 리터러시	검색 리터러시 정보 리터러시 여과 리터러시	개인 리터러시 네트워크 리터러시 참여 리터러시	
	게임 리터러시 모바일 리터러시		문화 간 리터러시	
	코드 리터러시			리믹스 리터러시

출처: Dudeney et al., 2013.

한다. 예를 들어, 디지털 미디어 리터러시를 "키보드 기술, 캡처 기술 이용, 분석 도구 사용, 프레젠테이션 도구 이용, 일반 탐색/이용자 인터페이스 기술, 적응성, 민첩성, 자신감/탐구" 등의 기술 활용 능력으로 구체화하고(Beetham et al., 2009: 5), 디지털 미디어 이용 역량을 통해 "문화적, 인지적, 구성적, 소통적, 창의적, 자신감 있는, 비판적, 시민적" 리터러시(Belshaw, 2012: 43~44) 혹은 "참여 민주주의 시민의 핵심 역량으로서의 디지털 미디어 리터러시"(Mihailidis & Thevenin, 2013: 1611)가 함양될 수 있다고 본다. 참여 문화론자로서 디지털 미디어 리터러시의 대표 연구자인 헨리 젠킨스Henry Jenkins는 "미디어 리터러시가 사람들이 더 나은 자기표현과 자기 결정권을 위해 행위성을 확보하고 주장하도록 돕는 데에 상당히 많이 관여한다"고 말한다(Andersen, 2017: 5). 그는 미디어 리터러시를 통해 개인과 주변/소수자 집단이 모든 가용 미디어 채널을 활용하며 자신의 목소리를 낼 수 있고, 이러함 참여 문화가 비공식적인 동료 간 시민 교육의 기회를 제공하며 공적인 상상력을 확장하고, 또한 참여 정치로 옮겨 갈 가능성이 있다고 이야기한다(Jenkins et al., 2016).

이와 같은 리터러시에 대한 목표 지향적, 규범적 접근은 새로운 미디어의 채택과 활용을 통해 교육적 성과를 얻고 사회적 문제를 해결해 나간다는 기술 유토피아적, 도구주의적, 기능주의적 시각을 반영하는 경향을 보인다. 이러한 시각은 새로운 미디어 리터러시가 "경제 발전, 민주적 실천, 인지 능력 향상, 상향적 계층 이동성"을 위한 필수 조건이라고 보는 이른바 "리터러시 신화"(Graff, 1979)나 사회의 산업적, 정치적, 문화적 필요를 효율적으로 충족시킬 개인의 능력을 키우는 사회공학적 수단이라고 보는 "도구적 진보주의instrumental progressives"(Robins & Webster, 1999)를 바탕에 깔고 있는 경우가 많다. 이러한 시각에서 미디어 리터러시는 종종 새로운 미디어 시대의 고용과 성공을 위해 개인이 갖춰야 할 자질로 다루어지고, 신자유주의 기업 담론의 맥락과 결합해 시장에 필요한 인재의 핵심 역량으로 이야기되는 경향을 보인다. 예를 들어, 4차 산업 혁명 시대에 경쟁력 있는 인재가 되기 위해 디지털 미디어 리터러시가 필요하고, 이를 위해 코딩, 데이터 분석, 머신러닝–딥러닝 기반 AI 기술, 디지털 마케팅 등을 활용할 수 있는 능력을 갖춰야 한다고 말한다. 여기서 미디어 리터러시는 똑똑한 미디어 소비자나 능력 있는 기업가적 시민을 만드는 수단으로 규정된다(Druick, 2016).

미디어 생태학자인 메이로위츠는 미디어를 바라보는 시각에 따라 미디어 리터러시에 접근하는 방식이 달라진다고 말하면서, 다음과 같이 세 가지 리터러시를 제시한다(Meyrowitz, 1998).

(1) 미디어를 내용 전달 매개체로 바라보면서 주로 미디어 내용과 그것의

정치·경제적 맥락에 주목한다.

(2) 미디어를 언어와 문법으로 바라보면서 미디어의 표현 양식에 관심을 가진다.

(3) 미디어를 환경이나 맥락으로 바라보면서 미디어 구조와 문화 변동의 관계에 관심을 둔다.

전통적으로 미디어 리터러시에 대한 교육적 시각은 메이로위츠가 말한 (1)과 (2)의 리터러시에 관심을 가지면서 켈너와 셰어가 언급한 네 가지 접근 방식을 취해 왔다. 이러한 미디어 리터러시는 주로 미디어 텍스트의 내용이나 미디어를 소비하거나 활용하는 이용자에 관심을 기울이지만 환경으로서의 미디어의 측면을 다소 소홀히 하는 경향을 보여 왔다. 미디어 생태학은 미디어를 환경으로 접근하면서 다음과 같은 점에서 기존의 교육적 대상으로서의 미디어 리터러시 개념에 통찰력을 제공할 수 있다.

우선 미디어 생태학적 시각은 미디어 리터러시 능력이나 실천의 내용이나 '형상'에 주목하기보다는 환경이나 '배경'을 이해하고 형상화하는 데 초점을 맞추면서, 당연하게 또는 자연스럽게 받아들이는 기술 신화나 미디어 이용의 성격을 탈신화화한다. 이러한 시각은 우리가 미디어를 만들고 이용하는 가운데 어떠한 변화가 일어나는지를 주목하면서 미디어 환경과 상호 연관된 실체로서의 우리의 지각, 경험, 의식, 사고방식 등을 살펴본다. 효율적이고 더 나은 미디어 이용을 고민하기에 앞서 우리의 행동과 사고를 구속하는 미디어 형식의 편향에 대해 질문하고 미디어 환경과 우리가 맺는 상호 작용적이고 변증법적 관계를 이해하고자 한다. 매클루언은 기술의 중립성 또는 수단/도구로서의 기술 개념에 문제를 제기하면서, 미디어 메시지의 내용보다는 "미디어나 기술이 인간의 삶에 가져다줄 규모나 속도 혹은 패턴의 변화"(McLuhan, 1964/2011: 32), 다시 말해 매개화 과정에 주목하자고 제안한다. 미디어 생태학적 시각에서 미디어 리터러시는 미디어 환경의 효과이자 인간과 미디어의 변증법적 관계를 탐구할 수 있는 현장으로 다가갈 수 있다.

미디어 생태학이 미디어 이용자와 기술의 상호 구성적 관계에 주목하면서 미디어 리터러시 분야의 미디어 개념에 관한 전향적 시각을 제공할 수 있다. 그동안 미디어 리터러시 분야는 주로 미디어 내용이나 도구적 기능에 관심을 가져왔고 이용 주체로서의 인간을 주목해 왔다. 마음과 몸의 이원론을 전제하며 이용자의 의도(마음)가 기술적 역량(행위)을 통해 미디어 기술의 효과가 만들어진다고 봤다. 그런데 미디어 생태학은 인간과 미디어 기술을 분리하지 않고, 미디어 기술의 행위성이 이용자의 의도에 따라 결정되는 것이 아니라 이용자에게 체화되면서 구현된다고 본다(Mason, 2016). 이러한 시각은 미디어를 도구적 기능이나 내용으로 접근하기보다는 우리의 일상적 경험과 분리하기 어려운 환경으로 이해하고, 미디어의 효과가 이용자의 의지나 목적에 따라 이루어지는 것이 아니라, 이용 과정 중에 대부분 의식되지 않은 채 나타나고 있음을 주목한다. 따라서 미디어 생태학적 시각에서 미디어 리터러시는 미디어 이용 경험을 매개하며 체화되고 있는 미디어 환경을 탐색하는 데서 출발한다.

더불어 미디어 생태학은 구술성과 문자성 연구를 통해 말이 기술화되기 이전의 시대와 이후의 시대를 구분하며 구술성과 문자성이라는 큰 틀로 인류 문화사를 바라볼 수 있게 해 준다. 이를 통해 가장 본질적인 인간의 의사소통으로서 구술성이 갖는 중요성을 환기시킬 뿐만 아니라, 말을 매개하는 물질적, 상징적 형식과 말의 실천이 갖는 관계를 주목하게 한다. 말을 기술화하는 미디어 환경을 살펴보면서, 미디어가 말을 전달하고 저장하고 상기하는 방식에 따라 인간의 의식과 문화가 어떻게 재구성되는지를 들여다본다. 이와 함께, 새로운 미디어의 도입이 기존 미디어와의 변증법적 상호 관계 속에 생태학적 변화를 일으킨다는 점과 이러한 변화가 선형적 진보가 아니라는 점을 강조한다. 예를 들어, 디지털 미디어 환경은 구술성, 문자성, 제2의 구술성이 디지털 네트워크의 기술적 조건과 상호 작용하는 가운데 형성된 것이라고 볼 수 있다. 또한 읽고 쓰는 능력과 실천으로 대표되는 문자성의 리터러시는 대중 교육을 목적으로 하는 학교가 탄생하는 배경이 되는 동시에 학교에서 이루어지는 교육 내용을 구성했고, 현재의 기술적 환경에서 그 의미가 약화하거나 재구성되고 있다고 볼 수 있다.

또한 미디어 환경의 양가성에 대한 미디어 생태학적 성찰은 비판적 미디어 리터러시에 일조할 수 있다. 예를 들어, 네트워크 미디어 환경에서 이루어지는 이용자들의 참여 문화는 분산된 행위자의 자기표현과 공적 관여의 확대일 수 있지만, 중앙 집권적 경영 및 통제 체계 또는 인간과 기계 간 경계 허물기의 문제로 바라볼 수 있다. 디지털화된 이용자 기록이 데이터로 집적되어 플랫폼 알고리즘의 영향력 아래 놓이면서, 인간은 미디어 통제의 자율적 행위자라기보다는 자신이 이용하는 미디어 기술에 의해 변화하는 대상이 될 수 있다. 또한 미디어를 이용해 의사소통의 효율성과 표현의 수월성을 경험할 수 있지만, 말하기, 듣기, 읽기, 쓰기 등의 성격과 의미가 이와 함께 변화할 수 있다. 서로의 현존을 내면으로 받아들이며 경청하고 말하는 과정 혹은 깊이 사유하는 과정보다 빠른 정보 교류, 습득, 처리가 더 중요한 문제로 여겨질 수 있다. 우리는 미디어의 양가성을 의식하고 미디어 이용이 갖는 다면적인 측면을 고려함으로써, 전체론적인 시각을 가진 미디어 리터러시를 추구할 수 있다. 기존에 디지털 미디어 활용 능력을 강조하는 디지털 미디어 리터러시는 새로운 미디어가 진보적 상징성을 가지기에 능동적으로 수용할 필요가 있다고 본다. 미디어가 자기표현물의 생산과 유통의 기능을 담당하는 도구로서, 이것의 이용이 자기 표현력, 맞춤화된 정보 처리 능력, 사회적 참여 능력을 가질 수 있게 해 준다고 보기 때문이다. 하지만 이러한 관점은 진화하는 미디어 체계 자체와 이와 관련된 경험 방식, 물리적 인프라, 그리고 이를 뒷받침하는 신자유주의 및 정보자본주의와의 상관관계를 간과하는 경향이 있다. 미디어 생태학은 도구적 진보주의를 넘어, '새로운 미디어를 가지고' 대신에 '미디어에 관한' 의식에서 출발하는 성찰적 리터러시를 제안한다.

우리의 일상을 돌아보면, 우리는 여전히 사람들과 대화하고 글을 읽고 텔레비전을 시청하며 영화나 신문도 본다. 기존 미디어의 이용 비중과 중요도가 감소하긴 했지만, 여전히 우리 일상의 중요한 부분을 차지하고 있다. 이와 함께 새로운 네트워크 디지털 미디어에 대한 의존도가 높아지고 있다. 그런데 디지털 네트워크 환경의 등장은 기존 말하기와 듣기의 환경에 또 다른 새로운 미디어 수단이 부가된 것이 아니라, 우리가 대화하는 방식에서부터 텔레비전을 보는 양식, 책을 읽고 쓰는 방식, 정보를 얻고 공유하는 방식, 나를 표현하는 방식, 사회적 상호 작용과 관계를 맺는 방식 등의 경험 전체를 변화시키고 있다. 이러한 이해를 위해서는 우리를 둘러싼 의사소통 체계 또는 환경의 변화와 이와 관련된 경험의 배경, 그리고 더 나아가 이와 결합한 정치경제학이나 기술 신화를 살펴볼 필요가 있다.

레빈슨(Levinson, 1988)에 따르면 미디어 기술이 인간 중심주의적 원칙에 따라, 다시 말해 실제 인간 감각과 경험에 가깝게 동기화되고 그것을 모사하는 방식으로 진화해 왔다고 말한다. 그런데 현재의 미디어 환경은 이러한 모사의 단계를 넘어 기술의 기계적 속성이 인간 본연의 말하기와 듣기의 실천과 이것의 문화적 함의를 전반적으로 재구성하고 있다. 커뮤니케이션이 인간들 사이에서만 이루어지는 것이 아니라 인간과 기계, 기계와 기계 사이에도 이루어지면서 인간을 넘어 확장되고 있다(Gunkel, 2012). 말하기와 듣기를 위해 늘 모바일 스크린을 들여다보는 우리의 모습에서 말과 대화 방식뿐만 아니라 현존 개념까지도 바뀌고 있음을 엿볼 수 있다. 미디어로 매개된 말하기, 듣기, 함께하기가 중요한 의사소통 활동이 되면서, 사물화된 말과 가상적 현존이 면 대 면 대화나 물리적 함께함보다 오히려 친숙하고 편하게 느껴진다. 의사소통 활동의 미디어 의존도가 높아질수록, 우리가 의사소통하는 대상과 맥락이 미디어 형식에 의해 재구성된다.

개인의 현존과 말을 재현하는 데이터들이 네트워크 공간에 축적되고 점차 개인의 실존을 대변하면서, 감시, 통제, 경제적 착취에 취약해지고 있다. 또한 인간 의사소통의 데이터를 기초로 글쓰기를 모사할 수 있는 알고리즘이 개발되어 이야기 서사까지도 자동 생산할 수 있는 단계에 이른다. 미디어 생태학적 시각은 '새로운 미디어를 어떻게 활용할 것인가,' 혹은 '미디어가 재현하는 내용이나 정보의 문제를 어떻게 파악하고 해결할 것인가'에 집중해 온 기존 미디어 리터러시 담론이 간과한 문제에 질문을 던진다. 그것은 우리가 미디어 기술과 맺고 있는 관계, 그것에 의해 형성되는 우리의 주체성, 미디어의 매개화 과정이 사회문화적 맥락과 결합해 우리의 조건을 구성하는 과정 등을 인식하고 이해하도록 도울 수 있다. 이러한 인식과 이해를 통해 우리는 우리에게 필요한 역량이 무엇인지, 왜 이것이 필요한지, 미디어 기술을 어떻게 다룰 것인지에 대한 사유의 과정을 거쳐 더 나은 판단과 개입할 여지를 가질 수 있다.

5

'사라지는 유년기'와 미디어

1. 인쇄 미디어 환경과 유년기 개념의 등장

유년기childhood는 인간이면 누구나 자연스럽게 거치는 생물학적 혹은 심리적 과정이다. 하지만 유년기를 특정한 의미가 담긴 인생의 단계로 구분하고자 할 때, 이것은 사회문화적으로 구성된 담론이자 실천이 된다. 역사학자 필립 아리에스Philippe Ariès는 아동 개념이 원래부터 존재했던 것이 아니라 17세기 이후 서구에서 발명된 사회문화적 구성물이라고 말한다(Ariès, 1962/2003). 17세기 전까지만 해도 아동은 유아기가 지나면 곧바로 성인의 일상 활동에 참여했지만, 이 시기 이후에는 아동에게 특별한 사회적 지위와 역할이 부여되기 시작했다. 그는 아이들이 어른들과 같은 스타일의 옷을 입고 함께 일하며 노는 모습을 담아낸 근대 이전의 예술 작품과 어린이와 성인을 구별하지 않았던 옛날 법을 근거로 들어 이를 설명한다. 특히 학교 교육이 자리를 잡아가면서 "아이가 어른들로부터 격리되고, 다른 아이들과의 접촉을 통해 곧바로 인생을 배우게" 되는 "장기적인 아이들의 감금 과정"이 시작되었다(Ariès,

1962/2003: 36). 아이를 어른의 축소판이 아닌 연약하고 순진무구한 존재로 바라보면서, 악으로부터 보호하고 애정을 가지며 보살펴야 할 대상, 혹은 어른이 되는 교육을 받기 위해 성인 세계의 책임이나 활동을 면제해야 할 대상으로 간주하는 시각은 역사적으로 만들어진 것이다. 아리에스에 따르면, 성인 세계로부터 아이들을 분리하는 시각의 등장이 종교 개혁 및 학교 교육의 발달과 연관되어 있다.

닐 포스트먼은 아리에스의 논의를 이어 정규 학교 교육의 등장과 확대라는 제도적 측면이 유년기의 개념 형성에 큰 영향을 미쳤다고 본다. 더 나아가, 유년기 개념이 당대의 인쇄 문자 미디어 환경과 어떻게 연관되었는지를 주목한다. 그는 유년기 개념이 "성인이 전적으로 통제하는 특정 형태의 정보가 단계에 따라 아이들에게 제공되는 환경"에서 형성되었다고 본다(Postman, 1982: 72). 중세 시대에도 학교가 있었지만, 이러한 학교는 필사본이라는 커뮤니케이션 환경에 기반을 두었고, 교육은 주로 암기와 낭송을 위주로 이루어졌다. 따라서 연령에 따른 교육 과정 구분은 이루어지지 않았다. 포스트먼은 인쇄 기반 학교 교육이 도제 교육을 대신해 확대되면서, 읽기 능력이 아닌 연령에 따라 학년을 편성하는 방식이 나타났다고 말한다. 이와 함께 사회적, 지적 범주로서 유년기가 구분되기 시작했다고 본다. 그는 이러한 주장을 뒷받침하기 위해 엘리자베스 아이젠슈타인의 인쇄 문화 연구를 인용한다. 아이젠슈타인은 학년에 따른 교과서, 성인물과 구분되는 아동·청소년용 문학 작품의 등장, 관리인, 후견인, 보호자, 양육자 등의 역할을 맡는 부모 노릇의 정착 등이 인쇄 문화의 확산과 연관되었다고 말한 바 있다(Eisenstein, 1980: 133~134). 포스트먼은 학교 교육이라는 시스템 안에서 어린이와 어른이 구분될 수 있었던 것은 바로 이러한 정보 시스템을 구성하는 인쇄 문자의 형식적 특성과 관련 있다고 본다. 그는 인쇄 미디어 환경이 문해 능력을 기반으로 어린이와 어른의 정보 체계를 구분하고 어린이의 정보 접근성을 효과적으로 통제할 수 있게 해 주었다고 주장한다.

포스트먼에 따르면, 인쇄 기반 정보 체계에서 학교와 부모는 아이들이 성, 출산, 돈, 폭력, 죽음 등 어른들 세계에서 공유되는 정보에 접근하는 과정에 어느 정도 통제력을 갖게 된다. 문맹 세계에서는 연령에 상관없이 모두 같은 '정보 환경'을 공유하였지만, 인쇄술의 발달과 함께 학교 제도가 정착하면서, 어른은 자신의 상징 세계와 구분되는 아이의 상징 세계를 만들어 관리할 수 있게 되었다. 이와 함께 유년기는 학교에 다니는 시기, 훈육의 기간, 성인의 정보나 경험에 거리를 두는 기간 등으로 인식되었다. 유년기의 아이는 리터러시를 익히면서 "활발한 개성 감각, 논리적이고 순차적으로 생각할 수 있는 능력, 상징으로부터 거리를 둘 수 있는 능력, 고차원의 추상화를 다룰 수 있는 능력, 만족감을 유예할 수 있는 능력" 등을 갖춘 이상형 어른에 단계적으로 다가갈 수 있게 된다(Postman, 1982: 46).

하지만 전자 미디어의 발달은 정보가 장소에 구애받지 않고 물리적 맥락을 벗어나 즉각적으로 전달되고 대량으로 공유될 수 있는 정보 환경을 만들어 주었다. 이러한 전자 미디어의 정보 환경은 어린이들이 접할 수 있는 정보의 질과 양 혹은 정보의 양식을 바꾸며 유년기 개념을 구축했던 정보 체계에 영향을 미치게 된다. 포스트먼은 텔레비전과 같은 전자 미디어가 일상에 들어오면서, 인쇄 미디어 환경이 뒷받침했던 어린이와 어른의 정보 체계 간 경계선이 허물어지고, 유년기라는 근대적 개념과 경험도 와해하기 시작했다고 주장한다. 텔레비전과 같은 전자 미디어는 각종 정보를 무차별적으로 안방에 전달하며 아이들이 성인 세계의 정보에 손쉽게 노출될 수 있게 한다. 이와 함께 정보의 접근 정도와 양을 통제하며 아이들의 훈육을 담당해 왔던 학교의 정보 조절 기능에 타격을 준다.

포스트먼은 텔레비전이라는 미디어 형식의 속성이 유년기 개념을 구축했던 정보 체계의 기저를 와해시키고 있다고 본다. 텔레비전은 이미지를 전시하는 영상 미디어이기 때문에, 이를 시청하기 위해 별다른 학습이 필요하지 않고 즉각적인 패턴 인식만 있으면 된다. 텔레비전 영상 형식은 복잡한 사고를 요구하지 않고, 시청자를 이해 수준에 따라 구분하지도 않는다(Postman, 1982: 80). 포스트먼은 텔레비전의 무차별적인 접근성으로 인해 아이들이 어른 세계의 비밀에 쉽게 접근할 수 있게 되고, '부끄러움shame'이라는 인쇄 미디어의 통제 메커니즘, 즉 이런 세계에 대한 노출이 부적절하다고 느끼는 심리적 기제가 흔들리게 되었다고 주장한다. 아이들의 신체적, 사회적, 정서적, 지적 발달의 정도에 따라 정보 접근의 단계를 가정했던 인쇄 미디어 환경에서는 특정 단어나 주제 혹은 행동은 어른들만 알고 지냈고 아이들이 자신들이 소화할 수 있는 정보 세계의 경계를 넘었을 때 나이에 맞지 않는다거나 옳지 않다고 경계했다. 하지만 모든 것을 영상으로 가시화하고 전파하는 텔레비전 시대에서는 부끄러움을 느끼게 해 주었던 인쇄 미디어 시대의 도덕적 훈령이 더는 힘을 갖지 못한다(Postman, 1982: 81~82). 포스트먼에 따르면, 텔레비전은 인쇄 텍스트와 다른 상징적, 물질적 미디어 형식을 가지고 있어 이전과 다른 정보 접근성을 허용하고 있고, 이러한 특성 때문에 어른들의 정보 체계로부터 분리되어 통제되었던 유년기 정보 체계의 경계가 허물어졌으며, 이와 관련된 권위와 도덕적 메커니즘도 함께 붕괴했다.

유년기를 미디어 환경과의 관계 속에서 살펴본 포스트먼의 미디어 생태학적 시각은 같은 시기의 또 다른 미디어 생태학자에게도 찾아볼 수 있다. 메이로위츠 또한 전자 미디어가 유년기와 성년기의 전체적 동질화 내지는 통합을 이루게 하는 환경을 제공한다고 주장한다. 그는 어빙 고프먼Erving Goffman의 상황 연구와 매클루언의 미디어 이론을 접목시키면서, 미디어의 변화가 아이들이 유년기에서 성년기로 넘어가는 '사회화' 과정의 구조적 상황을 바꾸고 있다고 본다(Meyrowitz, 1986/2018: 343). 전자 미디어 환경은 그동안 아이들이 접근하기 어려웠던 어른들의 '무대 뒤'의 영역을 노출시키면서, 아이들이 이용할 정보의 양이나 유형을 구분하며 정보에 대한 노출 단계를 통제했던 사회적 맥락에 균열을 일으킬 수 있다. 유년기의 구분을 유지하던 사회적 조절 장치, 예를 들어, 가족 전통, 종교적 믿음, 학교 교육, 사회 계급, 거주 장소 등이 여전히 작동할 수 있지만, 전자 미디어 환경은 아이들의 정보 세계를 확장하는 새로운 정보 흐름의 패턴을 만듦으로써, 기존의 아이들의 "보호하고 양육하는 환경"의 구속력을 약화시킬 수 있다(Meyrowitz, 1986/2018: 382). 미디어 형식이 커뮤니케이션 상황 구조를 다르게 구성하면서, 그동안 정보 통제권 혹은 독점권을 가져왔던 교사나 부모의 권위가 도전받을 수 있는 환경을 조성한다. 포스트먼과 마찬가지로, 메이로위츠는 인쇄 미디어 환경에서 정보의 노출이 문해력에 따라 순차적으로 이루어질 수 있었으나, 전자 미디어 환경에서는 정보가 노출되는 사회적 단계의 경계가 흐려졌고, 정보의 수준과 유형에 따른 위계가 약화되었다고 본다.

포스트먼과 메이로위츠와 같은 미디어 생태학자들은 유년기를 인쇄 문자 미디어 환경을 토대로 구축된 사회문화적 산물로 이해한다.

이들은 미디어 환경이 변화하면서 지배적 정보의 상징적, 물질적 형식이 달라지고, 이에 따라 정보를 접할 수 있는 조건이나 커뮤니케이션 상황이 다르게 구성될 수 있다는 점을 주목한다. 또한 전자 미디어가 문자 기반의 문화, 특히 기존 학교 교육 체제나 유년기의 개념 등을 약화시키는 행위성agency을 갖는다고 본다.

2. '사라지는 유년기' 논쟁

포스트먼이 제안한 '사라지는 유년기' 개념은 다양한 반론에 부딪힌다. 전자 미디어 환경에서 어른과 아이들이 동질화되고 유년기 개념이 사라진다는 그의 주장에는 지나친 일반화와 미디어 결정론의 문제가 있다는 반론이 제기된 것이다. 이러한 반론을 정리해 보면 다음과 같다. 우선 인쇄 미디어 문화와 텔레비전 미디어 문화를 이분법적으로 단순화시키는 그의 접근 방식에 문제 제기가 있었다. 포스트먼은 인쇄 문화가 유년기 개념을 형성할 수 있었던 배경이었고, 텔레비전의 영상 언어나 무차별적 정보 접근성이 이러한 체제를 와해시켰다고 주장했다. 이는 인쇄 문화의 문해력, 학교 교육, 정보 접근 체계의 규범에 따르는 자기 절제와 예의 등이 유년기 개념을 뒷받침해 주었지만, 텔레비전의 비담론적, 표상적, 감성적 특성이 이러한 기반을 무너뜨리고 있다는 시각이다. 이러한 시각은 문자 문화와 전자 미디어 문화를 대비시킨다. 문자 문화는 이성적, 분석적, 추상적 사고를 키우고 개성, 심리적 거리, 선형적 시간, 연대기, 언어 중심, 객관적 사실성 중시 등의 특성을 갖는 반면, 텔레비전으로 대표되는 전자 미디어 문화는 감정적, 직관적, 구체적 사고를 키우고, 집단적 반응, 심리적 관여, 시간의 비선형성과 파편화, 영상 중심, 사실과 허구의 경계 허물기 등의 특성을 갖는다. 이러한 대비와 이분법적 접근은 미디어 문화를 단순화시킬 뿐만 아니라 텔레비전 미디어 문화를 인쇄 미디어 문화보다 무례하고 열등하다고 전제한다는 점에서 비판받을 여지가 있다(Critcher, 2008: 101). 텔레비전의 영상 재현이 문자에 비해 인지적으로 퇴행적이라는 포스트먼의 진단이 미디어 결정론적이고 규범론적인 태도를 내비친다는 점이 지적된다.

또한 포스트먼의 유년기 논의가 미디어 환경 이외의 다른 사회문화적 맥락을 고려하지 않는다는 점도 지적된다. 포스트먼은 미디어를 중심으로 유년기의 형성 과정을 설명하면서, 집단의 경험을 조건 짓는 정치, 경제, 사회적 맥락을 별로 이야기하지 않는다. 많은 역사 연구들은 유년기의 근대적 개념이 이른바 이성의 시대 혹은 계몽기라고 불리는 서구의 17세기와 18세기에 태동했다고 말한다(Clarke, 2004; Fass, 2013). 이 시기 장자크 루소Jean-Jacques Rousseau나 존 로크John Locke와 같은 철학자는 유년기를 자유와 순진함의 상태로 보았고 아이들의 어린 마음을 조기에 만들어 주는 것이 필요하다고 생각했다. 유년기 개념의 형성은 과학적 이성과 철학적 사고로 급격하게 전환되었던 당시의 세계관과 시대적 배경, 특히 산업화가 진행되면서 늘어난 중산층을 중심으로 아이 양육을 중요시하는 가족 단위가 형성되었던 사회적 변화와 연관되어 있다. 하지만 아이들이 순수하고 경제적으로 의존적이며 정서적으로 취약해 학교 및 가정이 돌봐야 한다는 유년기 개념은 근대 서구의 중산층의 어린이에게 국한되는 제한적 개념이다. 비서구 대부분 아이들은 이러한 이상적 삶과 거리가 멀다. 마리암 존 마이네르트 Mariam John Meynert는 서구에서 계몽기와 산업 혁명의 여파로 신흥 중산층 가운데 아동 중심의 유년기 개념이 형성되었지만, 경제 하위층에서는 아동의 '프롤레타리아화'가 증가하였고 수많은 아이들이 유년기 없이 지낸다고 한다(Meynert, 2015). 그에 따르면, 유아기와 성년 사이를 유년기로 인정하고 보호하는 것과 그것을 부정하고 아동 노동을 착취하는 것, 또는 유년기를 확장하거나 단축하는 것이 해당 사회의 구조적 변화, 즉 그 사회의 경제 질서나 아동 교육과 복지를 다루는 법률 및 정책의 변화와 관련이 있다.

이와 함께 유년기의 소멸이라는 포스트먼의 개념은 텔레비전이 인지 발달적, 사회적, 경제적 맥락에 대한 고려 없이 어른과 아이를 평준화시킨다는 주장으로 읽힐 수 있다. 이러한 시각은 어린이, 청소년을 미디어의 수동적인 희생자로 단순화시키고 이들을 둘러싼 발달 심리적, 사회적 차원을 간과한다는 점에서 비판받을 수 있다. 아이들은 연령에 따라 인지 발달의 단계가 다르고, 또한 또래 집단 내에서도 속한 집단의 사회문화적 배경에 따라 서로 다른 미디어 이용이 일어날 수 있다. 어니타 워너Anita Warner의 실증 연구에 따르면, 텔레비전의 등장으로 인해 어린이와 청소년의 관심사가 평준화되지 않았으며, 연령대별 인지 수준이나 여가 행위가 서로 달랐다(Werner, 1989). 이 연구는 나이에 따라 텔레비전 정보에 차이 나게 반응하는 경향을 보인다는 점을 발견하면서 연령의 경계가 허물어지지 않고 있다는 점을 확인해 주었다.

한편, '사라지는 유년기' 개념에 대한 또 다른 비판은 이러한 개념이 어린이를 어른으로부터 분리하여 아이들에 대한 기대 행위를 강조하는 도덕적 규범주의와 새로운 미디어를 두려워하는 미디어 공포 담론을 내포하고 있다는 것이다. 역사적으로 새로운 미디어가 등장할 때마다 이러한 미디어 변화가 아이들에게 미칠 부정적 영향력에 대해 우려의 목소리가 쏟아져 나왔다(Cassidy, 2004). 영화가 나왔을 때는 어린이의 도덕성과 건강을 해칠까 봐 염려했고, 라디오가 나왔을 때는 어린이가 나쁜 음악 취향을 가질까 봐 우려했다. 텔레비전이 나왔을 때는 어린이에게 너무 자극적이어서 책으로부터 멀어지게 한다고 걱정했고, 컴퓨터가 나왔을 때는 어린이를 반사회적으로 만들까 봐 불안해했다. 스티븐 스타커Steven Starker는 당대의 뉴 미디어가 어린이에게 해를 끼치고 기존 사회 질서를 위협한다는 미디어 공포media panic 담론이 주로 어른의 두려움을 반영하는 것이라고 말한다(Starker, 2017). 이러한 두려움의 근거는 뉴 미디어가 어른의 통제를 넘어 아이들과 직접 접촉하고 이들의 심리적인 취약성을 건드리며 세상을 이해하는 기존 방식에 도전한다는 것이다. 크리스틴 드로트너Kirsten Drotner(2013)와 데이비드 버킹엄David Buckingham(2013)은 포스트먼식 유년기 개념에 어른과 어린이 간의 기존 관계를 합리화하고 유지하려는 일종의 이데올로기가 작동한다고 지적한다. 이들은 이러한 개념이 어린이를 순수하고 무고하며 취약한 대상, 혹은 위험으로부터 보호해야 하는 대상으로 보는 규범적 시각을 가정한다고 본다. 이러한 가정에는 기존의 가치나 세대 질서의 헤게모니에 도전하는 변화에 두려움을 표명하는 사회문화적 권력 문제가 내재해 있다. 버킹엄과 헬레 스트란고르 옌센Helle Strandgaard Jensen은 미디어에 대한 공포와 두려움이 미디어의 효과를 과장해 일반화시키는 잘못된 이해 방식에서 비롯되었다고 비판한다(Buckingham & Jensen, 2012).

대부분의 사회가 어린이가 성인과 다르다는 점을 인정하고 있다. 하지만 해당 사회의 사회문화적 구조와 시대적 맥락에 따라, 유년기를 인식하고 정의하는 방식, 혹은 유년기에 특정한 가치를 부여하고 적용하는 방식이 다르게 나타날 수 있다. 유년기의 순수성 개념 역시 역사적으로 구성된 개념이고, 포스트먼은 이러한 개념 형성이 인쇄 미디어 환경과 밀접하게 연관되어 있다고 본다. 앞서 살펴본 포스트먼의 유년기 이론과 관련한 직간접적인 비판과 반론은 분명 사회문화적, 역사적 맥락에 대한 구체적 고려를 간과했던 (혹은 소홀히 했던) 그의 한계를 적절하게 지적했다고 볼 수 있다. 또한 그가 인쇄 문화 유산에 대해 지닌 상대적 편애가 반동적 도덕주의로 비칠 수 있다. 하지만 포스트먼의 생각을 미디어 결정론이나 미디어 공포 담론 혹은 도덕적 보수주의로 단순화시켜 매도할 때, 그의 시각에 담긴 미디어 생태학적 통찰력까지 간과될 수 있다.

3. 유년기에 대한 미디어 생태학적 접근

포스트먼은 인쇄 미디어 문화와 텔레비전 미디어 문화를 대비시키는 이분법적 접근 방식을 취한다. 지금까지 포스트먼 외에도 여러 미디어 생태학자들이 문자 미디어 문화와 텔레비전 미디어 문화를 대비시키고, 지배적 미디어 문화의 대비를 통해 미디어 환경 변화가 갖는 특성을 도식적으로 설명하곤 한다. 이러한 대비법과 도식화는 미디어 결정론으로 비판받을 수 있다. 하지만 이러한 미디어 환경 간의 비교는 미디어와 문화의 관계 혹은 미디어와 미디어의 관계를 통시적으로 살펴보고 전체론적으로 이해하기 위한 접근법으로도 볼 수 있다. 청각적 구술 문화와 시각적 인쇄 문화를 구분하고 비교한 매클루언은 이 두 문화를 상호 배타적인 것, 즉 새로운 미디어 문화에 의해 기존 미디어 문화가 사라지는 것이 아니라, 변증법적 관계에 놓여 있다고 본다. 그는 '테트라드'라는 미디어 법칙을 통해 미디어 문화가 순차적 과정이 아니라, 미디어의 효과에 따른 향상, 퇴화, 회복, 역전 등이 동시에 공존하는 과정으로 설명한다(McLuhan & McLuhan, 1988). 옹도 '제2 구술성' 정리로 텔레비전 문화에는 기존 구술 문화와 문자 문화의 전통이 변증법적으로 존재한다고 본다(Ong, 1982/1996: 206). 포스트먼의 유년기 소멸 개념은 인쇄 문자 문화와 텔레비전 문화를 이분법적으로 대비시키지만, 그의 다른 저서를 보면 이러한 대비가 현상학적 설명을 위한 것이라기보다는 가치 개입적 논쟁을 위한 것임을 알 수 있다. 다시 말해, 그의 개념은 사회문화적 맥락, 집단과 개인 간 차이를 고려하고 있지 않고 인쇄 문화의 유산을 옹호하는 보수주의적 태도를 보여 준다. 이는 기존 미디어 문화의 유산을 와해시키는 '환경'으로서의 전자 미디어에 대한 이해를 촉구하고, 미디어 환경에 대한 상대주의적 균형 감각이나 인간 생존의 문제로서의 교육의 "보전적conserving" 가치를 이야기하고자 했기 때문이다(Postman, 1979). 여러 학자가 유년기 개념의 사회적 구성에 있어 문화적, 경제적, 법제적 맥락을 주목했지만, 포스트먼은 미디어 환경적 조건을 주목했다. 더 나아가, 포스트먼은 이러한 환경적 조건에 대한 이해를 통해, 오늘날 미디어 환경과 교육의 문제를 이야기하고자 했다. 미디어 환경과 유년기 개념의 관계에 관한 그의 논의는 다음 측면에서 여전히 의미가 있다.

첫째, 포스트먼은 미디어를 중립적인 하드웨어로 보지 않는다는 점이다. 다시 말해, 미디어를 도구로 보면서 그것을 사용하는 사용자의 의도와 용도에 따라 이익이 주거나 해를 끼칠 수 있는 도구로 보지 않는다는 점이다. 그는 미디어의 물리적 또는 상징적 형태에 따라 그것이 전달하는 정보나 담론의 성격이 달라지고 우리의 지각, 이해, 경험 등을 특정하게 구조화한다고 말한다(Postman, 1985/2009). 미디어가 우리의 의식, 사고, 표현에 영향을 미친다는 논리적 전개는 단선적인 기술 결정론적 시각이라는 단서를 제공할 수 있지만, 이것은 미디어의 상징적, 물리적 형식이 인간 커뮤니케이션 과정과 문화에 영향을 미치는 행위성을 주목하게 한다. 특히 그는 미디어 형식에 그것의 메시지를 특정한 방식으로 조직 및 운용하는 편향이 내재하고, 이러한 편향은 인간이 미디어를 이용하는 과정에 작동한다고 본다. 미디어의 이용은 미디어와 인간이 상호 작용하는 과정이고 문화적 생태계가 변화하는 복합적이고 역동적인 과정이다. 포스트먼이 주목한 점은 인쇄 미디어와 전자 미디어가 정보를 표현하고 코드화하는 상징적 형식과 정보를 부호화, 전송, 저장, 회수, 해독, 유포 등을 매개하는 물리적 형식이 다른데 이러한 형식의 차이가 사회의 정보 환경이 구축되는 방식이나 유년기 개념이 구성되는 방식에 관여한다는 것이다. 미디어 형식의 편향과 행위성 개념은 당대의 권력 체계, 제도적 구조, 문화적 가치 체계, 지역적 특이성, 사회적 여건 등에 상관없이 언제 어느 곳에서나 특정 미디어가 자신의 내재적 논리에 의해 일련의 효과를 일으킨다는 '닫힌' 기술 결정론적 시각을 강조하기보다는, 사회문화적 생태계에 균열을 일으키는 미디어 환경 변화와 해당 문화의 역학 관계를 주목하게 만드는 '열린' 기술 중심적 시각을 제시한다. 텔레비전 미디어 환경에서 유년기와 성인기의 구분이 사라지고 있다는 그의 주장은 유년기와 같은 근대적 인식의 범주가 형성되고 해체되는 조건으로 미디어 환경 변화를 주목하라는 메시지를 담고 있다.

둘째, 포스트먼은 인쇄 문화가 확산하면서 문해력을 숙달시키는 교육을 제공할 대중적 기관이 필요했고, 이러한 학교 제도의 보편화는 유년기 개념의 발명을 가져왔다고 말한다. 여기서 그는 학교를 아이들의 사회화를 공식적으로 통제하는 정보 체계로 바라본다. 학교라는 정보 체계는 인쇄 미디어의 상징적, 물리적 형식에 따른 시간적, 공간적, 지적, 사회적, 형이상학적 편향성을 기반으로 구축되었고, 이러한 편향성의 특성에 따라 아이들의 인지 능력과 신체를 통제하고 관리하는 특정한 규율이 만들어졌다. 인쇄된 책의 끝없는 선형성, 예를 들어, "한 문장씩 표현, 단락 잇기, 알파벳 색인, 표준화된 철자 및 문법"의 순차적 특성이 "활자의 구조와 아주 유사한 의식의 구조"를 유도하였고 문해 단계에 따른 학습 체계를 만드는 데 일조했다(Postman, 1982: 30). 학년에 따라 아이들은 보다 심도 깊고 복잡한 정보에 노출되고, 성인의 세계에 속하는 주제, 예를 들어, 성적 행위나 다른 생물학적 기능, 돈, 폭력, 병, 죽음, 사회관계, 이기주의 등에 대해 점진적으로 학습해 나가게 된다. 포스트먼은 정보 습득 방식이 철자법 훈련, 읽기, 구문론 학습 등 일정 강도의 훈육에 기초한 순차적 학습 원칙에 의존하기 때문에 유년기가 유지될 수 있다고 본다. 하지만 그는 텔레비전과 같은 전자 미디어의 상징적 형식이 문법, 철자, 논리, 단어 학습을 요구하지 않기 때문에 지식에 대한 순차적 접근을 불가능하게 하고, 따라서 아이들이 지적 능력이나 사회화 과정에도 영향을 미치게 된다고 본다. 다시 말해, 미디어의 상징적, 물리적 형식과 그것이 가진 편향성이 학교에서의 정보 접근이나 사회화 과정을 특정 방식으로 매개하고, 유년기 개념은 이러한 정보 체계의 성격을 반영하며 구성되었다는 것이다. 포스트먼의 이론은 학교와 가정과 같은 사회 공간을 정보 체계로 바라보면서, 이러한 정보 체계가 미디어 환경의 특성에 따라 어떻게 구조화되는지, 사회화 과정이 어떻게 매개되는지, 유년기의 성격이 어떻게 형성되는지 등을 살펴보게 한다. 그의 이론은 미디어 형식과 편향성, 정보 체계의 특성, 주체의 사회화 과정, 유년기의 성격 등이 상호 연관되어 있음을 생각해 보게 한다.

셋째, 포스트먼은 미디어의 등장과 이용은 사회가 이용할 수 있는 도구를 "단순히 더하거나 혹은 빼느냐의 문제"가 아니라 "생태학적 문제"라고 주장한다(Postman, 1992/2005: 30~31). 그는 학교와 가정의 정보 체계에 특정 미디어가 도입되었을 때, 학습을 돕는 혹은 여가를 보내는 수단이 하나 더 늘어난 것이 아니라 정보 체계 전체에 변화가 일어난다고 본다. 부가된 미디어의 이용은 체계 내 미디어들의 관계 혹은 체계 구성원(학생, 선생, 가족 등) 간의 관계에 영향을 미치고 그곳에서의 경험이 이루어지는 맥락과 과정을 바꾼다는 것이다. 이와 함께, 미디어의 기능이나 내용보다는 이러한 과정과 맥락을 구성하는 미디어의 행위성 혹은 미디어 환경의 거래적 구조와 관계를 주목하라고 제언한다. 포스트먼은 《교육의 종말》에서 모든 기술적 변화에 "파우스트의 거래"가 따른다고 말하면서(Postman, 1995/1999: 67), 기술 변화에 따른 생태학적 변화가 갖는 양가적 측면을 고려할 필요가 있다고 주장한다. 그가 말하는 '거래' 개념은 이익과 불이익을 따지는 가치 평가적 뉘앙스가 있지만, 미디어 이용의 혜택에 가려 잘 보이지 않는 미디어의 효과를 인지할 것을 강조하고 있다. 유년기의 소멸 개념을 통해 우리는 전자 미디어에 의해 추동되는 인간과 미디어의 거래적 관계의 양가성을 생각해 볼 수 있다. 텔레비전은 이미지를 통해 정보를 보다 광범위하고 즉각적으로 전달하며 정보 전달의 민주화를 가져왔다. 반면, 텔레비전 시대에 인쇄 문화 기반의 단계적인 정보 습득 훈련 및 사회화 과정, 사회적 이슈에 대한 이성적 관심이나 논리적 성찰은 상대적으로 약화된다. 그가 말하는 미디어의 양가성은 미디어의 이용에 따라 순기능이 생길 수도 있고 역기능이 생길 수도 있다는 의미가 아니라, 그것의 가시적인 이득과 의도하지 않았지만 불가피하게 일어나는 문화적 손실의 동시적 공존과 연계성을 가리킨다.

마지막으로, 포스트먼은 '사라지는 유년기'를 이야기하면서 미디어가 추동하는 인식론적 편향성 문제를 함께 논의한다. 그는 유년기 개념이나 학교 교육의 문제를 주목하면서, 인쇄 문자 미디어 환경의 특성과 가치를 강조하고, 미디어 생태계의 균형을 위해 인쇄 미디어 문화유산의 보존을 주장한다. 그가 보존하고자 했던 유산은 유년기 개념을 발전시킨 정보 체계와 이러한 정보 체계가 지향하는 인간주의적 세계관과 교육관이다. 그에게 유년기란 일종의 인위적 유예 기간으로서, 이 동안 아이들은 비판적, 논리적 사고력을 가질 때까지 훈련받고 실제 세계의 경제적, 사회적 이해관계로부터 보호받는다. 이러한 그의 시각은 현재 디지털 미디어 환경에서의 아이들의 권리와 복지의 문제를 생각해 볼 때 유용할 수 있다. 디지털 미디어 환경에서 아이들은 다양한 미디어 형식을 통해 정보를 접하고 세상을 경험한다. 이와 함께 미디어 기술을 능동적으로 활용하며 힘을 얻는 프로듀저produser 혹은 프로슈머prosumer로서의 아이들 능력을 주목하고, 새로운 미디어 리터러시 체제의 필요성을 강조하는 사회 담론이 부상했다(예를 들어, Ito et al., 2009). 현재의 변화하는 미디어 환경에서 문해력 및 학교 교육과 같은 인쇄 미디어의 문화유산이나 보호의 시기로서의 유년기 개념을 어떻게 재고할 것인가의 문제는 미디어 환경 변화에 대한 이해를 바탕으로 어떠한 인간주의적 가치를 어떻게 개입할 것인가의 문제와 맞닿아 있다. 포스트먼의 유년기 논의는 미디어 환경 변화에 따른 사회문화적 변화를 당연하고 불가피한 시대적 흐름으로 받아들이며 이에 빨리 적응해 나가는 대책을 마련하는 문제보다는, 이러한 변화의 흐름이나 기술주의에 비판적 거리를 두면서 어떠한 사회적 가치를 가져갈 것인가의 문제를 질문해 보게 한다. 포스트먼은 기존 미디어 문화의 유산을 와해시키는 전자 미디어 환경에 대한 이해를 촉구하고 미디어 환경에 대한 상대주의적 균형 감각이나 인간 생존의 문제로서의 교육의 보전적 가치를 이야기한다.

포스트먼이 주장한 대로 전자 미디어 환경에서 근대적 개념의 유년기가 사라졌다고 단정하기는 어렵다. 하지만 적어도 미디어 환경 변화와 함께 인쇄 미디어 문화 기반의 유년기 개념이 약화하고 있다는 문제의식은 유효하다고 볼 수 있다. 미디어 환경 변화가 학교나 가정과 같은 전통적 기관의 정보 체계를 바꾸며 관련 개념, 경험, 행위 등에 영향을 미친다는 문제의식을 통해, 이 공간에서의 변화를 좀 더 통시적이고 전체론적으로 접근할 수 있고, 이러한 변화가 갖는 문화적 함의를 미디어 생태학적으로 논의해 볼 수 있다.

4. 디지털 미디어 환경과 유년기

학교와 가정의 미디어 환경

인쇄 문화에 기반을 둔 전통적 학교의 정보 체계는 책상, 걸상, 분필, 칠판, 책, 연필, 공책 등으로 구성된 물리적 교실 공간을 중심으로 구축되었다. 교실은 아이들이 등교하고 하교할 때까지 시간표에 따라 교과목 학습이 이루어지는 물리적 공간일 뿐만 아니라, 선생님과 학생들, 혹은 학급 또래 친구들 간 면 대 면 상호 작용과 정서적 교류가 이루어지는 심리적 공간이기도 하다. 선생님은 면 대 면 방식으로 강의를 하면서 글을 읽고 쓰고 계산하는 방식을 가르치고, 학생들의 시선은 교실 앞면에 있는 선생님과 칠판을 보도록 조직되었다. 선생님은 학생들의 학습 태도를 통제하며 가르치는 훈육자의 역할을 담당하고, 학생들은 이러한 훈육의 대상으로서 표준화된 규율을 따라야 한다. 같은 학년, 같은 반의 학생들은 시간표에 따라 같은 내용을 동시에 배우는 시간적 동질성을 경험하게 된다. 이들의 사회화는 이러한 시공간적 규칙에 따라 통제된다.

하지만 오늘날의 교실 환경에는 텔레비전, 스피커, 컴퓨터, 인터넷이 들어오고 때에 따라서는 개인이 가져온 스마트폰이 공존하게 된다. 칠판과 교과서 이외에 시선을 끌 수 있는 스크린이 존재하고, 이러한 스크린은 문자 이외의 다중 양식의 텍스트를 접할 수 있게 해 준다. 더 나아가 디지털 네트워크는 가상의 정보 공간과 사회적 공간과의 접속을 가능하게 해 주면서 수업 중 참고할 만한 다양한 텍스트나 사회적 상호작용을 교실에 즉각적으로 가져다줄 수 있다. 오늘날 학교의 정보 체계는 여전히 기존의 인쇄 기반 미디어 환경에 뿌리를 두고 있지만, 선생님과 학생 사이에 정보를 매개하는 방식이 점차 다양한 양식과 상징 형식의 스크린과 디지털 네트워크를 통해 다변화되고, 아이들의 시선은 이전보다 분산되어 교실 안의 중앙집권적 운영과 통제를 어렵게 만든다.

올드 미디어가 지배적인 학교의 정보 체계에 반해, 학교 밖 정보 체계는 미디어 환경에 따라 재편되어 아이들에게 비공식적인 학습 맥락을 제공하고 있다. 아이들은 다양한 미디어 형식에 노출되고 스마트폰과 같은 모바일 기기를 이용하게 되면서 다양한 정보를 별다른 제약 없이 언제 어디서나 손쉽게 접근할 수 있게 된다. 포스트먼이 말한 무차별적인 정보 접근성이 전방위적으로 이루어질 수 있게 된다. 그뿐만 아니라, 미디어로 매개된 가상 공간이 아이들의 사회화가 이루어지는 주요 장소가 되고 있다. 전통적으로 가정은 집이라는 물리적 공간 안에서 가족 구성원과 상호 작용하며 보호와 안정감을 얻을 수 있는 사적 영역이었다. 이곳은 아이들의 언어적 상호 작용이나 놀이를 통해 사회화 과정을 경험하는 유년기의 주요 공간 역할을 해왔다. 그런데 가정의 물리적 세계가 디지털 TV, 컴퓨터, 노트북, 스마트폰과 같은 모바일 기기 등이 매개하는 전자 미디어 세계와 자연스럽게 결합하면서, 디지털 네트워크의 초연결성을 통한 외부 세계와의 접촉 빈도와 강도가 커지고 있다. 가정 공간 내의 정보 체계를 관리하는 부모의 권위가 도전을 받을 수 있고, 안전감, 친밀성, 프라이버시 등을 제공하고 지켜 주는 사적 공간으로서의 가정의 물리적 경계가 약화될 수 있다.

포스트먼과 메이로위츠가 말했듯이, 전자 미디어는 아이들에게 다양한 사회적 정보에 접근할 수 있게 해 주면서, 외부의 사회적 세계와 상업주의적 시장을 가정 공간에 가져오고 소비할 수 있게 해 준다. 디지털 미디어 기술은 아이들 침실의 물리적, 사회적 공간을 재구성하면서, 자신의 침실에서 네트워크 연결성을 통해 다양한 타자와 가상적으로 관여할 수 있게 해 준다(Livingstone, 2002). 물론 가정마다 사용한 미디어 기술의 종류, 능숙도, 부모가 디지털 기기를 통제하는 방식 등이 다르고, 이에 따라 정보 체계의 성격이 다르게 나타날 수 있다. 하지만 개인용 미디어 기기 이용이 늘면서, 특히 친밀성과 미시 조정 microcoordination의 매개체로 다양한 디지털 정보 공간 및 사회적 공간에의 접속을 손쉽게 해 주는 스마트폰의 이용이 늘면서, 사실상 아이들이 접하는 정보 환경에 대한 통제와 관리가 어려워졌다. 스마트폰과 같은 개인 미디어 기기의 이용은 20세기에 가족의 모임 장소 역할을 했던 텔레비전의 시청조차 가족과 물리적으로 같이 있으면서도 개인적 미디어 이용이 이루어지는 혼성적 경험으로 바꿔 놓고 있다.

모바일 디지털 네트워크 환경에서 자라난 아이들의 삶의 경험은 이러한 미디어 환경이 허용하는 범위와 구조 안에서 이루어진다. 이들이 모바일 디지털 미디어 환경에 대한 의존도가 높아지면서, 이들의 기기 이용은 단순히 기기의 기능을 활용하는 것이 아니라, 이들이 성장하는 정보 환경 자체가 기존 세대와 다른 조건을 갖게 된다. 특히 미디어 환경은 아이들이 접하는 세계의 수준과 규모 혹은 접촉의 양식 등의 조건을 만들며 이들이 사회적 상황과 상호 작용하는 사회화 과정을 매개한다. 아이들은 미디어를 통해 물리적 장소에서의 직접적인 경험을 넘어 세상에 대한 시야를 확보할 수 있고 물리적으로 함께하지 않는 타자를 만나며 자아 정체성을 형성해 갈 수 있다. 전통적으로 학교에서의 또래 친구들과 상호 작용, 그리고 가정에서의 가족 구성원 간의 상호 작용이 아이들의 사회화 과정에 주축이 되어 왔다. 그런데 디지털 미디어 시대에는 친구들과 면 대 면으로 만나 몸을 움직이며 놀던 방식이 온라인으로 연결된 탈육화된 방식으로 이루어지고, 사회적 상호 작용도 장소에 상관없이 스크린을 통해 매개될 수 있게 된다(Albrecht & Tabone, 2017). 아이들은 질적으로 다른 사회화 경험을 하게 된다.

과거에는 물리적으로 함께 있는 친구들이나 가족 구성원들과의 근접성, 신뢰, 호혜성이 아이들의 사회화 혹은 세상에 대한 이해에 중요한 역할을 해왔는데, 디지털 미디어 환경에서는 이러한 과정이 미디어를 통해 효율적으로 처리된다. 아이들이 매개된 미디어 공간에서 과거와 비교할 수 없이 확장된 타자나 정보를 경험할 수 있고, 어릴 때부터 개인화된 방식의 상호 작용에 익숙하게 된다. 아이들은 소셜 미디어와 같은 디지털 네트워크의 연결성을 통해 친구, 가족, 교사, 아는 사람들에서부터 소셜 네트워크 사이트로 연결된 낯선 사람들에 이르기까지 다양한 사람들이 섞여 있는 '사회적 맥락의 붕괴'를 경험하게 된다(Wesch, 2009; Marwick & boyd, 2011). 또 물리적으로 같이 있으면서도 다른 사회적 공간에 머무는 '같이 있으면서 홀로 있는' 상황을 자연스럽게 받아들이며(Turkle, 2011/2012), 물리적으로 함께하는 어른이나 친구보다 소셜 미디어의 유명인이나 크리에이터creator에게 친밀감을 느끼며 많은 것을 배우게 된다. 이러한 미디어 환경의 시공간적, 사회적 편향성은 문해력이나 지식 경험에 기반을 둔 어른과 아이의 전통적 구분 방식, 교사와 학생의 위계 관계, 이와 관련된 사회 규범 등에 도전하는 정보 체계와 지식 전수 방식을 구성하는 데 일조한다. 이와 함께 아이들이 접하는 정보 체계에 대한 통제와 관리, 문해력을 교육받을 아이들의 권리를 통해 유년기를 보호하고 유지하려 했던 전통적 관행에 균열이 생길 수 있다.

유년기 개념의 재구성

여러 학자들이 디지털 미디어 환경에서 성장한 아이들을 어른들과 구분하고, 디지털 미디어의 이용 능력을 통해 아이들의 세대적 특성을 설명한다. 예를 들어, 돈 탭스콧Don Tapscott은 디지털 미디어가 아이들에게 새로운 커뮤니케이션과 상호 작용의 기회를 주기 때문에 아이들은 기존 세대와 다른 새로운 능력을 갖추게 된다고 본다(Tapscott, 2008). 그에 따르면, 아이들은 디지털 미디어를 자연스럽게 활용하면서, 자기주도적 학습을 하고 기존 정보 체계의 위계질서에 따르지 않으며 자유롭게 정보에 접근하고 항해할 수 있는 능력을 갖게 되었다. 여기서 디지털 미디어는 아이들의 독립성, 자율성, 개방성, 혁신, 표현의 자유, 즉각성 등을 지원하며 이들이 능동적으로 참여하는 디지털 원주민으로 성장할 수 있는 배경이다. 소니아 리빙스턴Sonia Livingstone(2009)은 디지털 연결성이 보편화된 21세기 유년기 아이들이 개인의 행위성에 대한 감각을 갖게 되었다고 말한다. 조던 셔피로Jordan Shapiro(2018) 또한 디지털 환경의 연결성과 유희적인 사회적 관여 방식을 통해 아이들이 "새로운 유년기"를 경험하고 있다고 주장한다. 이들은 디지털 미디어 환경에서 자라는 아이들을 능력 있고 잠재성을 가진 능동적 주체로 바라보면서, 아이들의 디지털 미디어 이용 능력을 통해 이 세대의 특성을 이야기한다. 인쇄 문화 기반의 유년기 개념이 아이들을 순수함과 보호 대상으로 바라보았다면, 디지털 유년기 담론은 이들을 보다 능동적이고 참여적이며 자율적 주체로 바라본다. 이러한 담론은 아이들을 어른과 구분 짓고 이들의 유년기를 설명하는 데 미디어가 여전히 중요한 역할을 한다는 점을 시사한다. 또한 미디어 환경 변화와 함께 유년기에 대한 인식과 기대감이 바뀌고 있음을 암시한다.

디지털 세대 담론은 주로 유년기 아이들의 미디어 이용 방식과 주체성에 관심을 보이지만, 미디어 생태학적 유년기 논의는 조금 다른 각도로 디지털 미디어 환경과 유년기의 관계를 이야기할 수 있다. 가상 공간이 실제 삶과 자연스럽게 결합하는 디지털 미디어 환경에서 아이들은 비공식적인 학습과 사회화를 경험하게 된다. 아이들은 학교의 정보 체계의 경계를 넘어 디지털 게임이나 소셜 네트워크를 돌아다니고, 콘텐츠를 만들고 조작하며, 자신의 온라인 페르소나를 만들어 갈 수 있다. 이러한 미디어 이용 경험은 트랜스 미디어 능력transmedia literacy에 기반을 둔다. 트랜스 미디어 능력은 '디지털 상호 작용의 미디어 제작, 공유, 소비 등과 연관된 일련의 능력'으로, 다양한 미디어 플랫폼과 언어(텍스트, 시청각 코드 등)를 통한 콘텐츠 제작과 공유, 디지털 네트워크 참여와 협력, 미디어 활동을 관리하고 문제 해결하는 능력 등을 포괄한다(Scolari et al., 2018: 803). 아이들이 개인 미디어를 소유하고 트랜스 미디어 능력을 통해 물리적 공간과 다양한 가상 공간을 유연하게 넘나들면서, 이들의 사회화는 학교 밖 비공식적 정보 체계에 의존도가 높아진다. 또한 아이들은 이러한 정보 체계를 통해 '행함에 의한 학습,' 문제 해결, 모방과 모의실험, 놀이, 평가, 지식 전수 등을 비공식적으로 배우게 된다. 전통적 학습 및 사회화 공간이 네트워크로 연결된 가상 공간으로 확장되면서, 다중적 정체성을 탐구하는 복수성pluralities, 확장된 놀이 세계를 경험하는 유희성playfulness, 다양한 선택과 창의적 협력 작업을 수행하는 가능성possibilities, 시민적 관여와 상호 작용을 하는 참여participation 등을 경험할 수 있다(Craft, 2012). 이러한 비공식적 학습 경험은 다시 학교 정보 체계의 학습 과정에 문제를 제기하고 기존 관행의 변화를 요구한다.

학교의 인쇄 문자 기반 미디어 환경에 디지털 미디어가 점진적으로 도입되면서, 학교 정보 체계의 전통적 통제 양식이었던 읽기와 쓰기 훈련이 질적으로 재구성되고 있다. 아이들이 디지털 네트워크로 연결된 각종 전자 화면을 통해 이야기하고(쓰고) 듣는 데(읽기) 익숙해지면서, 화면을 통한 읽기는 '글을 시청하고 이미지를 읽는 것을 포함'하는 '보기' 행위가 되고 있다(Kelly, 2016/2017: 137). 물리적으로 소유하거나 들고 다니지 않아도 이용할 수 있는 디지털 형식의 텍스트, 그리고 각종 참고 자료나 정보를 손쉽게 검색해 주고 접근할 수 있게 해 주는 인터넷은 읽기 활동이 언제 어디서나 폭넓게 이루어질 수 있는 여건을 마련한다. 이러한 새로운 읽기의 여건에서 아이들은 네트워크 연결성을 통해 다양한 형식의 텍스트를 옮겨 다니고, 사회적 상호 작용을 하거나, 맥락이 다른 텍스트를 이용할 수 있게 된다. 하지만 과거 글 읽기에서 경험했던 텍스트에 대한 주의력을 갖기 어렵고, 다른 텍스트에 대한 즉각적 접근성과 피드백을 자연스럽게 여기게 된다(Carr, 2011/2015; Baron, 2013).

이에 따라 인쇄 기반 학교의 선형적 책 읽기가 고양했던 시선에 대한 통제와 주의력을 유지하기가 쉽지 않다. 전통적 학교 교육에서 책이나 칠판에 시선을 고정시키는 신체 행위와 훈육뿐만 아니라, 오랜 시간 철자, 띄어쓰기, 구두법 등을 손으로 익히고 체화해 나가는 훈련이 중요했다. 포스트먼에 따르면, 인쇄 미디어 기반 유년기 개념은 이러한 읽기와 쓰기 훈련을 통해 본능을 길들이고 지적 능력을 갖춰 나가는 기간이다. 그런데 점차 아이들이 일상적으로 읽고 쓰는 대상이 스크린으로 바뀌고 있고, 쓰기가 입력하기와 터치하기와 같은 행위로 대체되고 있다. 과거 신체에 체현된 읽고 쓰는 감각과 의식이 전자 미디어에 영향을 받게 된다.

교실 미디어 환경에 스크린이 도입되면서, 포스트먼이 말한 전자 스크린(텔레비전)의 편향성, 즉 감정적이고 직관적인 의식, 집단적 반응과 정서적인 관여, 비선형적이고 파편화된 시간 경험 등이 학습 경험에 스며들게 된다. 터치와 클릭을 통해 다양한 양식의 정보를 접하고 공유하는 일상의 디지털 미디어 경험이 교실로 연장되고, 아이들은 전통적 읽고 쓰기, 즉 문자 기반의 선형적 독서와 심층적이고 집중적인 이해 과정을 요하는 학습보다는 능동적으로 상호 작용하며 다감각적으로 관심사를 추구하는 학습을 수행하게 된다(McLean, 2020). 스크린의 속성은 전통적 쓰기와 읽기의 교육 경험을 약화하거나 변질시키며 학습의 과정을 재구성할 수 있다. 왜냐하면, 스크린을 통해 다중 양식의 텍스트를 접하는 과정이 효율성과 속도를 추구하는 현대 사회의 시간 문화 논리를 반영하며 익숙하게 만들 수 있기 때문이다. 오늘날의 구두법 문화를 살펴본 제프 샤이블Jeff Scheible(2015)은 문자 메시지 이용에 있어 잠시 멈추고 숙고하게 하는 구두점을 거의 쓰지 않는 대신, 검색 가능성과 정보화의 논리에 충실한 키워드 중심의 해시태그(#)를 사용하거나 언어를 압축하는 경향이 있다고 말한다. 신속한 정보 교류를 가능하게 하는 미디어 환경은 텍스트를 이용하는 방식뿐만 아니라 사고방식 및 문화적 실천까지 바꾸고 있다. 전통적 인쇄 문자 기반 교육 과정이 반복적 훈련을 통해 '느리게' 의식을 고양하는 과정이었다면, 디지털 미디어 환경과 접목된 학습 환경은 효율적이고 '빠른' 성과를 추구하는 동시에 익숙하게 만들고 촉각적이고 참여적인 배움을 실천할 수 있게 한다.

2020년 초 전 세계를 강타한 코로나19로 인해 비대면 온라인 강의가 전격 시행되면서, 교실 미디어 환경은 또 다른 변화를 맞이하게 된다. 물리적 교실의 수업을 모사할 수 있게 해 주는 온라인 화상 기반 미디어 기술이 채택되면서 사회적 거리를 유지하면서도 학습이 이루어질 수 있었지만, 이러한 기술은 교실 경험뿐만 아니라 학교라는 교육 체계를 생태적으로 바꾸고 있다(이동후, 2021). 장소에 구속받지 않는 디지털 교실은 학교 교육 과정을 온라인으로 옮겨와 수업 내용을 전달하면서, 교실에서의 경험과 실천을 재편하게 된다. 그동안 아이들의 사회화와 정체성 형성 과정에 학교라는 물리적 장소에서 체화된 경험과 장소 감각이 중요한 역할을 해왔다면, 탈장소화된 디지털 교실은 구성원들의 현존과 사회적 상호 작용을 특유의 기술적 형식으로 규정하며 학습 과정과 교육의 본질과 가치를 재구성한다. 아이들은 온라인으로 학습 정보를 전달받을 수 있으나, 교실 안과 밖에서 일상적으로 이루어졌던 만남이나 사회적 관계를 만들어 나가는 과정을 경험하기 어렵고, 그나마 이루어지는 사회화 과정도 주로 스크린과의 상호 작용을 통해 이루어지게 된다. 아이들이 많은 시간을 온라인 공간에 머물며 네트워크로 연결된 다양한 콘텐츠에 노출될 기회가 많아지면서(혹은 주의가 분산되면서), 아이들이 접하는 정보와 지식을 제어하고 사회적 규범을 학습하는 체계로서의 학교의 입지가 더욱 도전을 받게 된다.

디지털 미디어 환경은 유년기 개념을 발명하고 유지했던 정보 체계의 시공간적 편향이나 사회화의 조건을 재편하고 있고, 이러한 정보 체계의 기본 실천, 즉 읽기와 쓰기의 성격을 바꾸고 있다. 인쇄 문자 기반 정보 체계에 다중 미디어 형식과 네트워크 연결성을 가진 디지털 미디어가 도입되면서, 문자 텍스트가 고양했던 의식과 감각, 체화된 훈련, 문해력의 단계, 학습 목적 등이 전환하고 있고, 이와 함께 유년기 개념이 재구성되고 있다. 문자 언어 상징의 체화와 선형적 주의력을 위한 지난한 훈육이 효율적이고 신속한 정보 조작과 검색, 그리고 트랜스 미디어 이용의 다중적 주의력과 실천으로 재편되었고, 순수하고 보호할 대상으로서의 유년기 아이들은 다양한 미디어 능력을 갖추며 매개된 공간에 참여하는 자율적 개인으로 가정되고 있다. 오늘날 유년기 개념은 여전히 학교에 다니는 시기, 훈육의 시간으로서의 의미를 내포하지만 학교 안팎의 정보 체계 변화와 함께, 인쇄 문자 기반 유년기 개념과는 다른 본질을 갖게 된다. 특히 문해력의 성격과 수준, 정보 접근성의 체계, 문해력이 추구하는 개성 감각 등이 달라지고, 유년기를 구분했던 인쇄 문화의 지적 위계질서나 사회적·도덕적 규범이 힘을 잃어 가고 있다.

5. 디지털 미디어 시대의 유년기에 대한 질문

포스트먼의 유년기 논의는 유년기 개념을 구성했던 미디어 환경 자체를 주목하게 한다. 더 나아가 미디어 환경의 양가적 거래의 측면을 성찰해 보게 한다. 포스트먼식으로 디지털 미디어 환경의 양가성을 생각해 보자. 디지털 미디어의 편재성이나 접근 용이성, 물리적 사회 맥락의 붕괴 등은 아이들이 일상생활에서 다양한 양식의 정보를 즉각적으로 활용하는 역량이나 자율성 그리고 능동적 참여를 할 수 있게 해 준다. 하지만 그것은 다양한 사회적 집단이나 폭력, 성, 돈 등의 세계에도 무차별적으로 접근할 수 있게 해 준다. 아이들은 디지털 스크린의 편향성으로 인해 손쉽게 정보를 접근하지만 논리적이고 분석적인 태도보다는 직관적이고 감성적인 반응을 하며 정보가 가진 이데올로기적 편향성에 노출될 수 있다. 스마트폰과 같은 디지털 미디어 기기는 아이들의 개인화와 개별화를 도우며, 자신의 침실에서 또래 친구들과 즉각적으로 접촉하고 정보를 얻을 수 있게 해 준다. 이러한 기기는 "계획적이거나 즉각적인, 공유하거나 분리된, 혹은 멀거나 가까운" 가정 공간을 조직하며 가족 구성원의 결속을 도와주지만(Chambers, 2016: 6), 가족 간의 면 대 면 상호 작용을 줄어들게 하며 기존의 보살핌과 보호의 사적 울타리에 균열을 낼 수 있다. 어른이 갖는 통제력에 불확실성이 증가하고 사이버 괴롭힘이나 인터넷의 낯선 위험에 노출될 가능성이 높아졌다. 편재하는 기술과 결합한 소비주의 시장은 부모나 교사의 간섭 없이 아이들을 감시하고 데이터를 축적하며 개인의 욕구에 적극적으로 반응하는 마케팅을 해 나갈 수 있게 된다. 아이들은 미디어를 통해 프로듀저로서의 능동적 힘을 일찌감치 경험할 수 있지만, 디지털 미디어 네트워크가 일종의 대규모 파놉티콘panopticon으로 작동을 하면서, 어른들과 마찬가지로 온라인에 체현된 "자신에 대한 소유권ownership of self"을 자기도 모르게 상실해 갈 수 있다(Chisnall, 2020).

아이들의 일상적 삶이 어떠한 미디어 환경에 놓이는가에 따라 이들의 사회화 경험이 달라질 뿐만 아니라 이들을 바라보는 시각이나 담론도 함께 변화한다. 온라인과 오프라인의 경계가 허물어진 미디어 환경 속에 이들이 경험하는 정보의 양, 질, 규모, 양식 등은 이들의 경험과 감각을 확장하는 동시에, 기존 유년기 개념의 가치나 이를 뒷받침하는 사회 체제를 약화시킨다. 학교 현장에서 기존의 읽고 쓰는 훈련이 과거와는 다른 유의성을 갖게 되고 인쇄 문화에 기반을 둔 지적 위계 질서나 교육적 이상이 시대에 뒤떨어진다는 평가를 받는다. 이와 같은 현상은 전통적 학교 체계의 위기나 해체라기보다는 재편이나 탈바꿈tranformation으로 이해할 수 있다. 어린이, 청소년뿐만 아니라 어른의 일상 세계를 에워싼 미디어 환경이 바뀌면서, 어린이와 청소년이 경험하는 사회관계나 사회화 과정의 조건이 재구성되고 있다. 아이를 '타뷸라 라사tabula rasa'의 백지상태의 빈 서판으로 비유했던 인쇄 미디어 환경처럼 모바일 디지털 미디어 환경에서 어른의 정보 세계에서 분리된 아이의 세계를 상상하기가 어려워졌다. 모바일 디지털 미디어의 초연결성은 가정과 학교라는 물리적 장소에 다양한 사회적, 정보적 맥락을 가져옴으로써 아이들이 개별화된 혹은 복합적인 사회적 상황을 경험할 수 있게 해 준다. 인쇄 미디어 기반 환경에서 구축된 정보 조절 체계가 큰 힘을 발휘하지 못하는 현실에서 학교 교육과 가정은 여전히 아이로부터 어른 세계를 유예하는 공간, 아이를 보호하고 보살피는 공간의 역할을 하고 있다. 하지만 이들의 사회화 과정의 맥락이 디지털 네트워크의 정보 공간과 사회적 상황으로 확대되면서 아이들이 접할 수 있는 정보의 단계적 체계를 유지한다는 것이 어려워졌다. 성, 폭력, 돈, 죽음, 출산 등 어른 세계의 정보에 대한 접근이 개인 미디어를 통해 이루어질 수 있고 이러한 정보 세계는 매일같이 쏟아지는 이용자 참여 콘텐츠에 의해 기하급수적으로 확장되고 있다.

디지털 미디어 환경의 물리적, 상징적 형식이 아이들에게 각종 정보에 대한 고도의 접근성을 제공하면서, 이러한 정보 세계의 손쉬운 접근과 빠른 확장성에 대응하는 정보 통제력이 필요해졌다. 인쇄 문화 정보 체계인 학교는 읽기와 쓰기의 체화 과정을 통해 이성적 사고력을 학습하는 유년기 주체를 만들었고, 이와 함께 아이들이 어른 세계의 정보에 순차적으로 접근할 수 있는 '정보 조절 장치'의 역할을 해왔다. 오늘날 개인이 정보 통제력과 자율성을 갖기 위해 어떤 훈련과 제도적 장치가 필요할까? 학교는 어떤 역할을 할 수 있을까? 오늘날의 디지털 미디어 환경에서 아이들은 각종 정보나 폭력에 노출되고, 프라이버시가 침해되며, 비물질적 노동력으로 착취당할 가능성이 커졌다. 한편으로는 그 어느 때보다 아이들이 문화적으로, 정치적으로 (심지어 경제적으로) 힘을 얻게 되었다. 하지만 다른 한편으로는 이들의 삶이 정교하게 관리되고 제도화되어 다양한 감시와 통제에 놓일 수 있게 된다. 특히 현재의 디지털 미디어 환경은 미디어 이용 능력을 갖춘 아이들이 자율적 자기효능감을 느낄 수 있게 해 주지만, 이들의 온라인 자아를 데이터화, 상품화하며 이것에 대한 '자기 소유권'을 어릴 때부터 박탈할 수 있다. 이러한 양가적 상황에서 학교는 균형 감각을 가지고 기술주의 신화, 특히 새로운 기술을 교육 문제의 해결사로 바라보는 믿음에 비판적 거리를 갖는 '정보 조절 장치'로서의 역할을 할 수 있다. 포스트먼은 학교 교육에 미디어(기술) 교육이 필요하다고 강조해 왔다. 그가 말하는 미디어(기술) 교육은 미디어 사용법에 대한 교육이거나 "기술에 대한 비판적 태도를 의미하는 것이 아니라 우리 자신에게 비판적 태도를 지닐 수 있도록 하는 것"이다(Postman, 1995/1999: 250). 여기서 우리 자신을 향한 비판적 태도란 우리가 미디어와 맺는 관계를 성찰하고 우리 경험이나 감각을 매개하는 미디어의 행위성을 간파하는 것이다. 학교는 미디어 환경에 대한 아이들의 이해를 도우면서 '정보 조절 장치'로서의 유산을 계승할 수 있다. 그러기 위해서는 디지털 미디어 시대의 유년기 개념이 갖는 의미에 관해 지속적으로 논의해야 한다. 유년기 개념은 언어, 미디어, 인간, 세상 간의 상호 관계를 이해하고 사유하는 주체, 비판적 태도를 갖춘 시민으로 성장할 배움의 기간을 시장주의나 소비주의 그리고 기술주의 세계로부터 보존해 줄 수 있다. 디지털 미디어 환경의 양가성으로 인해 정보 체계 속 아이들의 인권과 복지가 취약해질 수 있다는 점에서 유년기 개념의 재발명이 필요하다.

6

나는 누구인가
: 미디어와 자아 형성의 조건

1. 자아 의식은 어떻게 형성되는가

미국의 사회심리학자인 조지 허버트 미드George Herbert Mead는 1930년대 마음, 의미, 상징, 자아, 사회에 관한 통찰력 있는 이론을 내놓았다(Mead, 1934). 그는 인간 행동에 대한 반성 의식이 어떻게 일어나는지, 개개인의 자아에 사회가 어떻게 입력되는지에 관심을 가진다. 그는 자아의 형성 과정을 설명하기 위해, '제스처,' '타자의 역할 취하기,' '주격의 나I'와 '목적격의 나me' 등의 개념을 소개한다. 제스처는 타자에게 자극을 주고 그로부터 반응을 불러일으키며 사회적 상호 작용을 형성하는 기본적인 메커니즘으로, '사회적 행동'의 맥락에서 이해될 때 비로소 의미를 얻는다(Mead, 1934: 7, 76). '의미 있는 제스처'는 제스처를 표현한 개인과 그것이 전달된 타자 모두가 공유할 수 있는 의미를 제공한다. 미드는 이러한 의미가 '타자의 역할 취하기'란 과정을 통해 발생한다고 설명한다. 개인이 제스처를 표현할 때 상대방의 입장에서 자기 제스처의 의미를 의식해 보게 되고, 이러한 과정에서 그것의 의미를 습득하거나 공유하게 된다는 것이다. 미드는 '제스처'와 '타자의 역할 취하기' 개념을 통해 유아의 언어 발달 과정이 어떻게 자의식의 성장에 필수 조건이 되는지를 설명한다.

예를 들어, 아기가 배고프다고 울 때, 아기는 자신이 우는 소리를 들으며 거기에 따른 반응(부모가 우유를 준다거나 어르는 반응)을 경험하게 된다. 아이는 소리와 상대의 반응 그리고 그에 따른 자신의 감정을 묶어서 기억에 저장하게 되고, 소리의 반복은 그것과 동반된 일련의 일들과 감정을 되살리게 된다. 해당 소리는 사건 전체를 나타내거나 상기시키고 아이는 그것을 자신이 낸 소리의 의미로 받아들이게 된다. 자신의 소리와 결부된 다른 사람들의 반응을 머릿속에 내재화시키면서 아이는 계속해서 소리의 의미를 구축하고 수정해 간다. 기억 속에 내재화된 타자와 상호 작용하면서 아이는 소리의 의미를 예측할 수 있고, 더 나아가 꼭 타자의 반응이 없더라도 내재화된 타자를 근거로 자신의 행동을 수정하기까지 한다. 또한 엄마의 '지지'라는 단어와 더러운 것이니 집지 말라는 엄마의 엄한 표정을 함께 내면화시킨 아이는 땅에 떨어진 휴지를 보았을 때 엄마의 반응이 없더라도 '지지'라는 소리를 내며 피한다. 아이에게 던진 말은 머릿속에 입력된 타자의 반응을 연상시키고 아이 스스로 행동을 조절하게 만든다. 미드는 내재화된 타자가 자신의 행동을 반성하고 대상으로 의식할 수 있는 자의식이 형성되는 전제 조건이라고 본다. 다시 말해, 자의식은 우리가 자기 행동에 주체가 되는 동시에 관찰자가 될 때 생겨난다고 본다. 이와 함께, 내재화된 타자나 자아를 의식할 수 있는 능력 없이 언어를 배울 수 없다는 점을 암시한다.

미드는 우리가 언어라는 상징을 둠으로써 자의식을 형성하는 필요조건은 확보했지만 그렇다고 저절로 자의식이 생겨난다고 보진 않는다. 자아에는 두 가지 측면, 즉 생물학적 욕구와 본능을 바탕으로 개성적으로 타자에 반응하는 '주격의 나,' 그리고 생물학적 본능과 욕구를 제어하고 조절하며 사회 규범과 전통에 따라 반응하는 '목적격의 나'가 있다. 주격의 나는 본능적인 자아이기도 하고 개성을 나타내는 좀 더 포괄적 자아의 형태인 데 반해, 목적격의 나는 사회적 자아로서 자의식 형성 과정에 대한 이해를 돕는다. 미드는 이러한 자아의 두 측면이 사회적 상황에 따라 서로 다른 정도의 긴장을 가지고 상호 관계를 가지며 자의식이 발달해 간다고 말한다. 예를 들어, 높은 점수를 받은 사람을 인정하는 학교 규칙에 따라 시험을 앞두고 열심히 공부하려는 사회적 욕구와 딴짓을 하며 놀고 싶다는 본능적 욕구가 상충하면서, 이런 욕구를 객관적으로 바라보고 어느 쪽을 따라야 하는지를 고민하는 자의식이 발동하게 된다. 미드가 말한 '나'의 두 가지 측면은 다소 도식적이지만, 적어도 내재화된 타자와의 상호 작용이 자의식 형성에 중요한 조건이 된다는 이론은 시사점을 가진다.

미드는 사람들이 사회 구성원으로서의 자아를 인식하고 사회적 역할을 수행해 가는 사회화 과정에 '일반화된 타자the generalized other'가 중요한 역할을 한다고 말한다. '일반화된 타자'는 사람들이 특정 상황에서 어떻게 행동할지를 알아내기 위해 참조하는 역할, 규칙, 규범 등의 집합으로서, 개인은 이를 토대로 복잡한 사회적 과정에 자신에 대한 사회적 기대와 반응을 예측하고 이해할 수 있다(Mead, 1934: 155~156). 조직적 공동체 또는 사회 집단은 '일반화된 타자'의 형태로서 구성원인 개인의 사고와 사회적 경험에 개입하고, 개인은 일반화된 타자의 관점(예를 들어, 법이나 게임의 법칙 등)으로 자신을 돌아보며 행동할 수 있다. 사회가 분화되고 다양한 사회 조직들이 등장하면서 일반화된 타자 또한 복잡한 성격을 띠게 되고, 본능적 자아와의 갈등이나 타자 간의 경쟁이 심화될 수 있다. 이와 함께, 이를 통제할 자기 성찰적 자의식이 발달할 가능성이 커질 수 있다. 예를 들어 부족 사회같이 작고 응집력이 있는 사회에서는 사회적 역할이 별로 분화되어 있지 않고 개인에게 개입하는 일반화된 타자 또한 많지 않기에, 내재화된 타자 사이에 갈등이 일어날 경우가 별로 없고 경쟁적 타자의 목소리 중 어떤 것을 선택할까를 고민하는 자의식이 그다지 요구되지 않는다. 반면, 사회가 복잡해질수록 자아는 내재화된 다양한 타자의 경쟁적 목소리 사이에서 갈등을 겪으며 과연 내가 원하는 것이 무엇인가를 고민하게 된다. 미드는 자아를 타자 혹은 일반화된 타자와의 관계에서 형성되는 자의식과 함께 구성되는 사회적 형성체로 바라본다.

미드의 자아 이론은 타자의 역할을 취하며 타자를 내재화하는 데 중요한 매개체 역할을 하는 제스처 또는 상징에 주목했다. 그는 언어를 이해하고 사용하는 것이 자의식을 형성하는 필요조건이고, 언어의 의미를 공유하는 타자와의 상호 작용과 내재화된 타자, 역할 취하기가 자아를 구성하는 데 중요하다고 본다. 미드의 자아 이론은 언어 상징에 초점을 맞추며 면 대 면 커뮤니케이션 상황을 넘어서는 미디어를 고려하지 않았지만, 자의식의 형성 과정에 환경으로서의 미디어가 어떠한 영향을 미칠 수 있는지를 논의할 수 있는 이론적 근거를 제공한다. 우리는 그의 이론을 기초로 자아 형성에 중요한 역할을 하는 타자들과의 상호 작용 방식, 타자의 형태, 일반화된 타자의 구성 범위, 의미있는 제스처의 형태 등이 미디어로 매개되는 과정을 탐구해 볼 수 있다. 미디어의 형식과 편향적 특성은 다양한 타자에의 접근성, 개인이 접하는 타자와의 만남 형태, 타자의 내재화 과정, 일반화된 타자의 성격 등을 특정한 방식으로 전개될 수 있게 하면서 중립적 매개체conduit 이상의 역할을 한다. 우리는 미디어 형식과 편향 그리고 자아 형성 과정 간 상호 관계의 성격을 살펴보면서, 자의식의 진화 과정에 미디어 환경이 갖는 함의를 생각해 볼 수 있다.

2. 미디어 환경과 자의식 형성의 조건

미디어 환경은 자아 경험이 이루어지는 사회적 상호 작용을 매개하는 사회적 맥락을 제공함으로써 개인이 행위 주체로서의 자신을 경험하는 데 영향을 미칠 수 있다. 미디어의 편향은 개인이 타자나 사회적 실재 혹은 공동체를 지각하고 이해하며 상호 작용하는 방식의 보이지 않는 조건을 형성한다. 정보에 대한 접근성은 서로 다른 커뮤니케이션 경제를 가진 미디어의 상징적, 물질적 형식과 그에 따른 시공간적 편향의 차이에 따라 달라질 수 있다. 이니스(Innis, 1951/2018)는 미디어 형식에 따라 서로 다른 시공간적 편향을 가지고 정보의 이동성, 휴대성, 유포 범위, 접근성 등이 달라질 수 있다고 말한다. 예를 들어, 가볍고 이동하기가 쉬운 종이 문서와 같은 미디어는 무거워서 이동성이 떨어지는 양피지 문서 같은 시간 편향적 미디어보다 광범위하게 정보를 유포할 수 있고 정보 접근의 가능성을 높인다고 본다. 아이젠슈타인(Eisenstein, 1980)은 인쇄술이 발달하면서 종이 문서가 공간 편향적이면서도 시간의 흐름에 별로 영향을 받지 않는 시간 편향성을 가질 수 있게 되었다고 보았다. 인쇄술의 발달은 표준화된 포맷을 가진 원서의 대량 생산을 가능하게 하면서 정보의 '보존성permanency'과 전달의 정확성을 높일 수 있었다. 인쇄술은 쓰여진 글을 기계적으로 복제하며 불변하게 재생할 수 있게 해 줌으로써, 세월이 흐르고 서로 다른 장소에 있더라도 똑같은 정보에 접근할 수 있게 해 준다. 미디어의 정보 이동성과 보존성 외에 정보의 접근성에 영향을 미치는 또 하나의 요소는 정보 전달 속도다. 정보가 제공되어 전달되기까지의 속도가 빠를수록, 정보원으로부터의 시간적, 공간적 틈이 적게 느껴질수록 정보의 현재/현장의 세계에 더 즉각적으로 다가갈 수 있다. 이와 함께, 미디어에 의해 매개된 정보 또는 세계에 대한 성찰적 거리를 갖거나 의미를 만들어 갈 시간적 지속성을 갖기 어려울 수 있다. 미디어의 형식적 특성과 편향을 통해 우리는 사람들이 타자 또는 사회를 인식하고 상호 작용하는 과정에 미디어가 어떻게 관계하는지를 탐구할 단서를 찾을 수 있다.

정보 전달의 효율성, 이동성, 보존성, 속도 등에 따라 타자에의 접근 정도나 일반화된 타자를 형성하는 공동체의 구성이 달라지고, 미디어의 상징적 형식에 따라 타자를 지각하고 인식하는 방식이 달라질 수 있다. 소리로 매개되는 구어 문화에서는 화자와 청자가 물리적으로 현존하며 실재의 감각을 공유할 수 있다. 소리의 물리적 형식이 사람들이 자기 주변을 둘러싼 소리 세계에서 지금-여기의 감각을 함께 느끼며 내면의 감정과 생각을 나눌 수 있도록 돕기에, 구어 문화의 개인은 집단 정체성과 동일시하는 자기 정체성을 갖기 쉽다. 또한 구어 문화의 공동체는 사람의 말과 발이 닿을 수 있는 범위의 규모로 형성되고 사회적 분화가 덜 이루어진 만큼, 비교적 동질적인 타자와의 만남을 갖게 되고, 해당 공동체의 특성, 가치 규범, 신앙 등이 개인의 자기 정체성 형성에 결정적인 역할을 하게 된다.

이에 반해, 문자와 인쇄 미디어 환경은 화자와 청자, 또는 입에서 나온 말과 실존 맥락을 분리하고 말을 시각적 객체로 만들며 타자를 글의 형식으로 접할 수 있게 한다. 글을 통해 다양한 담화 공동체를 만나고 다양한 타자를 내재화하며 자의식을 키우는 조건을 갖출 수 있다. 특히 인쇄술은 개인이 눈으로 선형적으로 쓰인 글을 읽으며 추상적 문자로 구성된 화자의 메시지를 추론하게 하는 시각주의를 지향하면서, 개인이 집단과 구분된 개별 커뮤니케이션 공간을 가지며 "개인성에 대한 감각a sense of individuality"을 가질 수 있게 된다(Ong, 1982/1996; McLuhan, 1962/2001). 중세 서구 유럽의 교회는 사회의 중심축으로 절대적인 일반화된 타자 역할을 하면서 개인의 자의식에 영향을 미쳤다. 개인은 성경을 스스로 읽기보다는 교회의 목소리를 들으며 안정적인 정체성을 유지하였다. 하지만 인쇄술의 발달과 함께 개인이 직접 성경을 읽고 다른 고전을 접할 수 있는 조건이 마련되면서, 기존의 지배적 일반화된 타자였던 구교舊敎의 세계관이나 태도와 갈등을 겪을 수 있고 텍스트로 매개된 다양한 타자와의 만남이 가능해졌다. 활자로 만나는 타자는 구체적인 정황과 함께 직접적인 목소리로 전달되는 구어 문화의 타자에 비해 거리를 두고 좀 더 객관적으로 볼 수 있다. 미디어의 선형적 구조에 따라 일관성 있게 추론하는 과정에 타자와의 상호 작용이 이루어지고, 내적 자아에 대한 관심과 의식이 강화될 수 있다. 추상적 문자를 통해 상호 작용을 하기에 읽는 사람은 쓰는 사람을 상징적 타자로 만나게 되고, 쓰는 사람도 읽는 사람을 상징적 타자로 간주하며 글을 쓰게 된다. 따라서 자기 자신과 타자 모두를 추상화, 객관화하는 의식 패턴이 형성될 수 있게 되었다. 이와 함께 물리적으로 부재해 사회적 맥락을 확인할 수 없는 상대를 허구적으로 상상하며 글을 쓰거나 읽게 되면서, "발화자와 수신자를 최대한 허구화"하며 "일종의 유아론唯我論적인 몽상"을 하는 글쓰기 형식도 나타나게 된다(Ong, 1982/1996: 157~158). 말과 생각의 주체인 자신을 성찰하고 가시화시키는 사적인 일기가 인쇄 문화의 발달과 함께 등장했다.

한편, 베네딕트 앤더슨Benedict Anderson(1983)은 인쇄술이 국가 공동체의 개념을 만드는 데 중요한 역할을 하였다고 본다. 인쇄술의 발달로 해당 나라말을 쓰고 읽는 공중이 등장할 수 있었고 국민은 국가 공동체의 구성원으로 서로 공통점을 가진 것처럼 상상할 수 있게 된다. 공동체의 구성원은 서로 잘 모르고 한 번도 만난 적이 없지만, 국경을 중심으로 자신의 나라를 다른 나라와 구분하고 다른 나라에 방해받지 않는 통치 주권을 가졌다고 상상한다. "상상의 공동체imaginary community"로서의 국가가 개인의 자아 정체성 구성 과정에 투사되고, 개인은 국민으로서 규범을 따르게 된다. 인쇄 미디어 환경은 상징적인 타자와의 만남을 확장했고 실존적인 상황에 근거한 자기 정체성 규정의 범위를 확대했으며 기존과 다른 상상의 공동체를 자기 정체성을 파악하는 토대로 삼을 수 있게 해 주었다.

전자 미디어인 텔레비전은 신체적인 이동 없이 물리적 주변 공간과 전통적 사회관계를 넘어 직접 만날 수 없었던 사람들을 소리와 영상 언어로 만날 수 있게 해 준다. 전파의 즉각적이고 광범위한 정보 접근성과 인지적 노력이 필요 없는 영상 형식으로 인해, 시청자들은 서로 떨어져 있는 개인 시청자가 아니라 '시청 공동체'의 일원으로서, 집단적으로 이미지 상징을 공유하고 감정적으로 반응하며 그것의 사회적 가치관과 세계관에 참여하게 된다. 텔레비전이 대통령에서 서민에 이르기까지, 혹은 부자에서 빈자에 이르기까지, 다양한 사회적 역할과 그들의 '무대 뒤backstage' 삶을 생생하게 전달하게 되자 기존에 접할 수 없었던 타자의 모습들을 볼 수 있게 되고 전통적으로 구분되었던 사회적 경계(공적인 것과 사적인 것, 어른의 세계와 어린이의 세계 등)가 허물어졌다(Postman, 1982; Meyrowitz, 1986/2018).

텔레비전은 즉각적으로 현재의 현장을 전달할 수 있어 구어의 참여적이고 공동체적인 성격을 공유하면서도 공간을 초월해 타자와 상징적으로 접촉할 수 있게 해 준다. 이미지 중심적이고 즉각적인 텔레비전의 표상적 코드는 객관적이고 일관성 있는 이성적 인식을 요구하는 읽기 과정보다 직관적이고 본능적으로 타자에 접근할 수 있게 한다. 포스트먼은 텔레비전의 미디어 편향이 우리가 가진 지식의 한계를 성찰하고 깊은 사유를 해 나가는 담화, 또는 타자를 객관화하고 추론할 기회를 얻기 어렵게 만든다고 주장한다(Postman, 1985/2009). 다시 말해, 텔레비전이 매개한 다양한 타자와의 커뮤니케이션은 즉각적이고 이성적 인지 노력을 별로 요구하지 않고 매개된 타자에 대한 직접적 반응과 감정이입을 일으키기 쉽다. 시청자는 프로그램 속 등장인물과 직접 사회적 상호 작용하는 것은 아니지만 영웅이나 친구 혹은 연인처럼 느끼며 '준사회적para-social' 관계를 맺거나 친밀감 혹은 동일시를 경험한다(Horton & Wohl, 1956).

텔레비전 속 등장인물이나 스타는 의식적 또는 무의식적으로 자기 인식의 거울이 되어 모방, 욕망, 애착의 대상이 되는 경향이 있다. 또한 국내뿐만 아니라 해외에서 일어난 주요 사건이나 인물이 재현되면서 전 세계 차원의 타자들이 나의 실생활과 직접적인 관계를 맺고 있지 않더라도 친숙한 이미지로 다가온다. 텔레비전은 시청자가 집단적으로 이미지를 공유하고 그것의 사회적 가치관과 세계관에 참여할 수 있게 하면서 앤더슨이 말한 '상상의 공동체'의 현대적 제의나 전통을 유지 또는 강화하는 데 일조할 수 있다. 이와 동시에 텔레비전은 시청자가 볼 수 있는 가시적 세계의 범위를 전 지구적으로 넓히고 시장주의적 소비의 세계 속 타자들을 끌어들이면서 소비 대중으로서의 감각을 키운다. 텔레비전 환경에서 시청자는 소수의 제작자가 대중적 관심을 위해 추려 낸 상상의 타자들을 전파를 통해 일상적으로 접하고 감정적이고 친밀한 관계를 갖게 된다. 이로 인해 시청자는 개인이자 대중으로서, 시민이자 소비자로서, 국민이자 전 지구적 공동체의 일원으로서의 자아 감각을 가질 수 있게 된다.

3. 디지털 네트워크 미디어 환경과 자아

신문과 방송이 주도했던 매스 미디어가 송신자와 수신자를 명확히 구분하고 소수 기관이 일방적인 커뮤니케이션을 주도했다면, 디지털 네트워크 미디어 환경은 이러한 비대칭적 커뮤니케이션 방식에서 벗어나 다양한 양상의 상호작용성과 관여를 허용하는 상대적으로 열린 커뮤니케이션 공간을 제공한다. 이 공간에서는 적어도 정보의 흐름에 있어 가장 강력한 근대적 태도 공동체인 국가 공간의 영토적 경계가 허물어지고 영토 개념에서 벗어난 다양한 범위의 소셜 네트워크 공동체가 난립할 수 있게 된다. 전통적으로 공동체 개념은 마을이나 소도시처럼 같은 지역에 사는 사람들이 친숙함과 신뢰 그리고 안정적인 유대를 토대로 유기적으로 구성한 공동 사회를 의미했다(Tönnies, 1957). 이러한 개념은 공동체의 기초로 물리적 거주지에 기반을 둔 사람들의 사회적 유대, 지역성과 근접성, 책임의 공유, 경험에의 동참, 역사의 공통적 이해

등을 강조한다. 하지만 테드 브래드쇼Ted Bradshaw(2008)는 공동체의 본질적 특성이 사람 간의 사회적 유대 관계이므로, 사는 거주지가 같지 않고 장소 정체성을 공유하지 않아도 이른바 '탈장소post-place' 공동체를 형성할 수 있다고 말한다.

디지털 네트워크의 연결성은 물리적 장소에 기반을 두지 않고도 경험을 공유하며 '탈장소'의 사회적 유대 관계를 형성할 수 있는 커뮤니케이션 조건을 제공해 왔다. 하워드 라인골드Howard Rheingold(1993: 5)는 온라인 공간에서도 탈장소적 공동체가 형성될 수 있다는 가능성을 실험하면서, "사이버 공간에서 사람들이 충분히 인간적인 감정을 가지고 공적인 토론을 오랫동안 지속해 나가며 인간적 관계의 망을 형성했을 때" 사이버 공동체가 구축될 수 있다고 주장한다. 공동체 개념을 사회적 유대 관계를 중심으로 정의할 때, 인터넷 공간에서는 네트워크 연결성과 상징을 공유하는 사회적 상호 작용을 기반으로 다양한 범위와 규모의 공동체가 형성될 수 있고, 타자의 형태와 구성 범위 또한 다변화될 수 있다.

1980년대와 1990년대 초기 컴퓨터 네트워크를 통해 전달되는 타자의 재현은 주로 얼굴 없는 텍스트나 그래픽 상징의 형식으로 이루어졌다. 이러한 텍스트는 기존의 문자 문화를 계승하기보다는 옹(Ong, 1982/1996)이 말한 제2 구어 문화의 성격을 보여 줬다. 채팅과 같이 즉각적인 피드백이 가능한 메시지의 텍스트는 종종 구어체적 형태를 띠며 전통적인 문법이나 철자법을 중요시하는 서술적 글보다는 감정을 부각한 대화형 커뮤니케이션을 실시간으로 전달해 줄 수 있다. 온라인 텍스트는 글이 갖는 선형적 구조의 엄격함에서 벗어나 (웹)페이지에 대한 유동적 접근을 가능하게 하고 텔레비전 방송에서 불가능한 피드백을 할 수 있게 해 준다. 초기의 컴퓨터 매개 커뮤니케이션은 동기적, 비동기적 텍스트로 타자와의 상호 작용을 매개하기에, 면 대 면 커뮤니케이션처럼 사회적 단서를 전하지는 못하지만, 실제 만남이 가질 수 있는 불확실성이나 위험성에서 벗어나 타자에 대한 거리감을 유지하며 상호 작용을 조절할 수 있게 해 준다. 사람들은 온라인 페이지를 검색하고 돌아다니며 타인들의 텍스트를 숨어 엿보기도 하고, 적은 비용과 위험 부담을 갖고 새로운 타인을 만나기도 하며, 생각이 비슷한 타인과 연결되어 사회적, 심리적 지지를 얻기도 한다. 이들은 장소에 구속된 관계, 예를 들어, 가족이나 학교 혹은 지역 공동체의 사회관계를 넘어 탈장소의 대안적 공동체를 경험할 수 있다.

셰리 터클Sherry Turkle(Turkle, 1995/2003)은 사람들이 초기 컴퓨터 네트워크 커뮤니케이션의 형식을 기반으로 남장 여자, 여장 남자, 여자인 척하고 남자로 분한 여자, 남자인 척하고 여자로 분한 남자 등 현실 세계에서 실험해 보기에는 어려운 여러 자아상을 시뮬레이션할 수 있었다고 말한다. 이들은 컴퓨터 스크린에 띄운 여러 개의 창을 통해 다양한 사회적 맥락에 '분산적으로 현존'하며 다양한 정체성을 수행할 수 있었고, 이와 함께 유동적인 자아 정체감을 가질 수 있었다. 온라인 커뮤니케이션 환경에서 개인은 현실 세계의 물리적, 사회적 조건에서보다 자유로운 가상 자아를 연출할 수 있고, 자신의 관심사를 중심으로 만남의 대상이나 목적을 선택하며, 사회적 상호 작용에 대해 어느 정도 제어력을 가지고 타자를 만날 수 있다. 온라인 네트워크 커뮤니케이션은 사회적 상호 작용의 기회를 확장하며, 다양한 사회관계를 구축하고, 현실 세계의 사회적 역할과 조건에서 '해방된' 다중적 온라인 정체성과 자아 경험을 가능하게 해 준다. 이러한 해방 가능성은 한편으로는 다양한 타자를 내재화하고 자의식의 기반을 확장하며 실제 삶에서 표현하지 않았거나 이상적으로 꿈꿔 왔던 자아의 모습을 연출하고 새로운 정체성을 추구할 수 있게 해 준다. 하지만 다른 한편으로는 비슷한 생각과 취향을 가진 타자들만 선택하고 상호 작용하면서 타자를 통한 자기 인식과 자아 경험이 더욱 편협해질 수 있다. 또한 물리적 신체와 사회적 단서의 부재로 젠더, 인종, 나이, 외모, 국가 등에 구속받지 않은 정체성을 가질 수 있다고 기대하게 되지만, 오히려 타자를 재현하는 언어와 이미지가 기존의 차별적 사회 규범과 위계질서를 재생산하며 빠르게 유통함으로써 대안적 자아 형성 가능성을 위축시킬 수도 있다. 디지털 인터넷 기술의 발달은 개인이 타자를 만나고 내재화하며 자아 경험을 구성하는 조건을 재구성하면서, 새로운 자아 형성의 가능성을 열어 놓았다.

소셜 미디어는 개인에게 멀티미디어 형식으로 자기를 표현하고 사회적으로 연결할 수 있는 커뮤니케이션 능력을 확장할 수 있게 함으로써 가족, 친구, 지인뿐만 아니라 네트워크로 연결된 여러 사람과 강하거나 약한 유대를 형성할 수 있게 해 준다. 소셜 미디어 플랫폼에서는 공식적, 비공식적, 개인적, 전문적, 상업적 영역 등 다양한 영역이 들어오며 서로 다른 커뮤니케이션 맥락의 경계가 허물어지는 "맥락의 붕괴"가 일어난다(Marwick & boyd, 2011). 이러한 맥락의 붕괴는 메이로위츠가 말한 "사회적 삶의 상황적 지리"(Meyrowitz, 1986/2018)를 재구성하며 개인이 타자와 사회적 상호 작용을 하며 자아 정체성이 형성하는 과정을 유동적이고 성찰적으로 만든다. 개인은 다양한 사회적 영역의 타자들이 함께 공존하는 소셜 미디어 공간에서 자아를 표현하고 사회관계를 추구하는 "네트워크 자아networked self"를 수행하게 된다(Papacharissi, 2010). 소셜 미디어 공간에서 사람들은 "집단에 포함된 구성원이라기보다는 연결된 개인으로 역할"(Rainie & Wellman, 2012: 12)을 하게 된다. 특히 소셜 미디어가 스마트폰과 같은 모바일 미디어와 연동되면서, 네트워크 자아는 다양한 소셜 네트워크를 유연하게 돌아다니며 최신 경험을 실시간으로 공유하고 상호 작용하는 기회를 확장할 수 있게 된다.

스마트폰이 일상의 미디어가 되면서, 이용자는 통화나 문자 메시지에서부터 이메일, 메신저, 소셜 네트워크 사이트까지 다양한 커뮤니케이션 형식을 언제 어디서나 접근할 수 있게 된다. 마릭 판덴 아벨레 Mariek Vanden Abeele 등(2018)은 스마트폰과 같은 모바일 커뮤니케이션 기술이 일상생활의 사회적 조직 방식을 재구조화하는 세 가지 미디어 논리를 갖는다고 말한다. "네트워크 논리"는 네트워크 연결성을 통해 시간과 공간의 구속에서 벗어난 사회적 활동을 조직할 수 있게 해 주고, "사회적 논리"는 지속적인 접속 상태와 상호 연결된 현존성을 가능하게 함으로써 사회적 유대를 유지하거나 강화할 수 있게 해 주며, "개인적 논리"는 휴대하고 다니면서 개인의 필요에 따라 맞춤화된 콘텐츠, 서비스, 시공간을 이용할 수 있게 해 준다. 이러한 모바일 미디어 기술의 논리는 사람들에게 개인적인 방식으로 사회적 네트워크를 구성하고 관리하며 교류 활동을 할 수 있는 자율성을 허용한다. 개인은 자신의 전화번호부에 등록된 사람들뿐만 아니라 소셜 미디어 친구에 이르는 타자들과 '연결된 현존감'을 유지하며 이들과 동기식 혹은 비동기식 커뮤니케이션과 교류를 할 수 있게 된다. 스마트폰의 항시적 연결성은 다양한 범주의 관계망에 속한 네트워크 타인들의 최신 소식과 메시지를 즉각적으로 접할 수 있게 해 주고, 알림 기능은 자신이 관계망에 속해 있다는 것을 끊임없이 상기시켜 준다. 목소리, 문자, 영상 등 다중 미디어 형식이 개인의 감정과 반응을 실시간 매개하고 상대방의 상황과 메시지를 공유할 수 있도록 도우면서, 면 대 면 청각 공간에서와 유사한 공동 감각을 느끼며 타자에 대한 가상적 공존 감각과 정서적 친밀감을 가질 수 있고 사회적 유대 관계를 형성, 유지, 강화할 수 있게 된다(Hjorth & Lim, 2012).

개인은 스마트폰을 통해 자주 사용하는 앱이나 구독 사이트를 중심으로 각자의 일상적인 커뮤니케이션 생태계를 구성할 수 있다. 모바일 네트워크 미디어의 디지털성, 이동성, 다중적이고 유동적인 미디어 구성 등은 개인이 타자와 상호 작용하고 자신에 대한 지각과 정체성을 경험하는 조건을 기존과 다르게 구성하고 있다. 이에 따라 다음과 같은 자아 형성 과정이 용이하게 이루어진다.

첫째, 네트워크 연결성의 확장은 '초연결의 자아' 형성을 돕는다. 모바일 네트워크 미디어 환경에서 전통적인 혈연, 지연, 학연 등 오랜 시간 물리적으로 가깝게 지내고 경험을 공유하면서 만들어졌던 친밀감이나 유대 관계가 '연결된 현존'을 기반으로 유지 혹은 강화될 수 있고, 또한 개인은 네트워크로 연결된 다양한 사회적 맥락의 탈장소적 공동체에 필요와 관심사에 따라 유연하게 관여할 수 있다. 각종 소셜 미디어 앱을 탑재한 모바일 미디어는 기존 휴대 전화의 미시 조정 기능을 '미시 조정2.0' 버전으로 확장하면서 개인 간 양방향 커뮤니케이션 차원을 넘어 다자간 상호 작용과 집단 관리를 가능하게 한다(Ling & Lai, 2016).

개인은 온라인 디지털 세계와 오프라인 물질적 세계를 오가며, 물리적으로 현존하면서도 디지털 세계의 다양한 사회적 맥락을 넘나들 수 있고, 디지털 세계의 사회적 상호 작용을 현장의 경험에 반영할 수도 있다. 또한 친구 추가, 팔로우, 구독과 같이 자신이 교류하는 타자 집단을 선택하며 자신이 소속감을 느끼는 공동체를 편집해서 구성할 수 있다. 스마트폰의 각종 소셜 미디어 앱은 여러 집단과의 상호 작용을 관리하고 유지할 수 있게 해 줄 뿐만 아니라, 자신이 속한 집단의 생성과 소멸도 손쉽게 이루어질 수 있게 한다. 초연결의 자아는 수많은 집단과 교류하고 공동 감각을 느낄 수 있는 네트워크 상태를 유지하면서 어떤 타자들과 연결하고 상호 작용할지를 끊임없이 관리해 간다.

둘째, 모바일 네트워크 미디어를 통해 누구나 콘텐츠를 생산하고 유포할 수 있는 '프로듀저'가 될 수 있게 됨으로써, 일상적으로 자기표현을 실천하며 그 표현물로 자기 정체성을 구성해 가는 '작가로서의 자아' 측면을 가질 수 있다. 소셜 미디어 공간에서 자신의 현존 감각을 갖기 위해 자기를 재현하고 커뮤니케이션하는 실천이 필요하다. 문자 미디어 시대에도 일기나 편지를 쓰면서 텍스트 형식의 자기 재현이 일부 이루어졌다. 하지만 모바일 네트워크 미디어 시대에는 온라인과 오프라인을 오가는 사회적 상호 작용이 언제 어디서나 이루어질 수 있게 되면서 멀티미디어 형식으로 자신을 표현하고 재현하는 일 또한 일상적 실천이 되고 있다.

리 험프리스Lee Humphreys(2018: 18)는 우리가 모바일 기술과 소셜 미디어를 통해 일상을 기록하고 공유하는 미디어 실천을 하면서 스스로를 이해하고 의미를 만들어 가는 "질적 자아"를 추구해 간다고 말한다. 그에 따르면, 과거에도 사진과 일기 등 삶을 연대기적으로 기록하며 과거를 기억하고 이야기하며 되돌아보는 행위가 있었듯이, 현재의 소셜 미디어 실천은 단순히 자기애적 목적을 위해 자기 재현에 집착하는 활동이 아니라 자신을 성찰적으로 해석하려는 뿌리 깊은 욕구를 반영한다. 개인은 텍스트를 만들고 이미지를 찍어 수정과 편집을 하거나 다른 사람이 만든 자료를 전유하거나 링크를 걸면서, 자신이 누구인지 혹은 자신이 어떤 사람이 되고 싶은지를 보여 주고자 한다. 제작과 편집을 통한 자의식적인 자기 재현, 또는 연결된 다른 이들의 도움을 받는 협력적 자기 재현을 통해 소셜 미디어 공간에서의 자아 정체성을 구축할 수 있다. 그리고 이러한 자아 정체성의 작업은 개인이 연결된 다중적인 사회적 맥락과 상황 속에서 유동적으로 이루어지면서 계속해서 만들어지고 있는 '진행 중' 상태에 있게 된다.

셋째, 모바일 네트워크 미디어 환경에서 자신을 재현하며 자아 경험을 형성하는 과정은 자신을 타인의 시선으로 바라보는 '대상화된 자아'에 익숙하게 만든다. 소셜 미디어에 자신을 재현하기 위해 올린 말과 이미지는 네트워크로 연결된 타인을 의식하며 작성된 것으로, 개인의 디지털 재현물은 타자에 대한 의식적 혹은 무의식적 반응과 결합한 자기표현이라고 볼 수 있다. 개인은 자신의 이미지와 글을 네트워크에 올리는 순간, 스크린 위의 대상으로 바라볼 수 있고, 동시에 자신의 텍스트가 타인이 읽고 있는 대상이라는 걸 인지할 수 있다. 모바일 미디어를 통한 일상적인 커뮤니케이션 행위와 사회적 상호 작용은 늘 연결된 타자를 염두에 두면서 자신을 대상화하는 자아 재현을 동반한다.

넷째, 모바일 커뮤니케이션의 연결된 현존감이 구현되는 순간은 네트워크에서 타인이 반응할 때다. 미드가 말한 타자를 내재화하며 자의식을 구성해 나가는 개인의 내적 과정이 모바일 네트워크 미디어 환경에서는 미디어 플랫폼의 형식에 따라 외적 과정으로 매개된다. 이 공간에서 개인의 사회적 정체성은 디지털 재현물로 매개된 '목적격의 나'와 타자의 반응이 공동 구성하는 '반응 의존적 자아'다. 소셜 미디어 플랫폼은 타인의 반응을 가시화하는 읽음 표시, 댓글, 공감, 이모티콘, 좋아요, 구독, 조회 수, 별점, 리트윗 등의 다양한 장치를 제공하면서, 개인이 사회적 존재로서 감각을 느끼고 확인할 수 있게 한다.

특정 형식으로 외화된 타자의 반응이나 인정은 끊임없이 축적되고 수치화되며 삭제하지 않은 이상 영구히 보존되면서, 개인의 정체성을 드러내는 또 다른 지표가 된다. 특히 소셜 미디어 플랫폼이 제공하는 타자의 반응을 측정하는 장치는 이용자들이 타자의 주의를 끌기 위해 경쟁하도록 부추긴다. 소셜 미디어 플랫폼에서는 누구나 자기표현물을 생산하고 수용자를 확장하며 사회적 영향력을 가진 "마이크로 셀러브리티micro-celebrities"가 될 수 있다. 사람들의 시선을 끌 만한 이미지로 "자아 브랜드화self-branding"를 하고, 이러한 이미지를 통해 상업적 이득과 문화적 자본을 얻을 수 있다(Khamis et al., 2017). 얼마나 많은 혹은 광범위한 타인의 반응이 얻을 수 있는가가 소셜 미디어 공간에서의 가시성과 가치에 영향을 미친다. 타인의 외재적 반응은 네트워크 자아를 구성하는 데 필수 요소가 되고 있다.

다섯째, 네트워크에 연결된 모바일 기기가 일상적으로 이용되면서, 개인에 대한 많은 데이터가 기록되고 측정된다. 네트워크에 올린 모든 개인 정보뿐만 아니라, 인터넷 검색과 이용, 앱 이용, 소셜 미디어에서의 모든 상호 작용, 모바일 미디어에 내장된 각종 센서의 기록 등의 데이터가 축적되어 개인이 누구인지를 추정하고 그의 행동 방식을 예측하는 토대가 될 수 있다. 모바일 네트워크 미디어 환경에서 개인에 관한 데이터를 수집하고 측정하며 적용하는 실천이 광범위하게 일어나면서, '수치화된 자아quantified self' 개념이 형성된다.[3] 측정된 디지털 데이터

3 '수치화된 자아'라는 용어는 원래 2007년 미국 잡지 〈와이어드*Wired*〉의 편집자 케빈 켈리Kevin Kelly와 게리 울프Gary Wolf가 자기 추

로 자아를 인식하고 통제하는 현상은 다양한 형태로 나타난다. 우선 개인이 의도적으로 자신의 활동이나 상태에 대한 데이터를 수집하며 스스로 모니터링할 수 있다. 예를 들어, 자신의 상태를 추적하는 각종 앱은 개인의 맥박, 호흡수, 걸음 수, 수면 패턴 등의 생체 측정 데이터, 이동 속도와 거리 등의 행위 데이터, 스크린 타임, 앱 이용, 웹 사이트 방문 등에 관한 미디어 이용 데이터, 음식 섭취, 운동, 생산성, 감정 및 에너지 레벨 등에 관한 자기 데이터를 기록하면서, 개인이 원하는 신체 및 행위 과정이 효율적으로 이루어질 수 있도록 돕는다(Lupton, 2016). 늘 연결된 모바일 기기, 클라우드 컴퓨팅 등으로 자동으로 자료 입력이 이루어질 수 있고, 개인은 언제 어디서나 자신의 데이터를 확인하며 데이터로 자신의 삶을 지각하고 느끼게 하는 감각에 익숙해진다. 이러한 자기 추적 기술은 개인에 관한 양적 데이터를 생산하고 시각화하며 타인과 공유하며 개인에게 사회적 동기를 부여할 수 있다. 자기 추적 기술을 일상적으로 이용하면서, 사람들은 데이터 수치로 자신을 인식하고 활동의 진행 상태를 확인하며, 이용하지 않을 때는 오히려 자신의 삶에 대한 통제력이 떨어졌다는 감정을 느끼기도 한다(Lupton, 2020).

'수치화된 자아'의 형태로 개인을 인식하고 대상화하는 현상은 네

적 기술을 이용해 수집한 데이터 수치를 가지고 자신의 상태를 파악하고 효과적으로 관리할 것을 제안하면서 나왔다(Wolf, 2011). 이들은 "수치를 통한 자기 지식"을 가지고 삶의 질을 개선하려는 사람들을 "수치화된 자아"라고 부른다. 이 개념은 새로운 정보 기술 채택에 적극적인 신기술 애호가들에 의해 캠페인 차원에서 나온 것인데, 모바일 네트워크 미디어 환경에서 개인에 대한 상세한 데이터 수집과 측정이 수월해지면서 개인을 수치화된 자아로 파악하는 현상이 폭넓게 일어나고 있다.

트워크 플랫폼 전반에서 손쉽게 목격할 수 있다. 개인의 계정과 연결된 친구, 이웃, 팔로워, 댓글, 읽기 표시, 공감, 좋아요, 조회, 구독 등은 수치로 표현되고, 이러한 수치는 네트워크 개인의 정체성 일부를 재현하는 수단이 된다. 소셜 미디어 플랫폼은 축적된 개인 관련 상세 데이터를 분석하고 컴퓨터 처리를 하여 개인에게 맞춤화된 추천 엔진을 구축한다. 또한 소셜 미디어 플랫폼은 이용자의 활동 및 선호도와 관련해 축적된 데이터를 기반으로 서로의 유사성에 기초해 이용자가 무엇을 좋아할지를 예측하는 "협업 필터링 알고리즘"이나 개인이 선호했던 특성과 유사한 특성을 가진 아이템을 추천하는 "콘텐츠 공유 알고리즘"을 통해 '개별화'된 서비스를 제공하면서, 개인의 미래 모습과 행위에 영향을 미친다(Lury & Day, 2019). 개인이 좋아했던 콘텐츠를 좋아한 타인의 콘텐츠 취향을 그 개인도 좋아할 것이라고 가정한다거나, 개인이 특정 유형의 콘텐츠를 좋아했다면, 그와 비슷한 유형의 콘텐츠를 소개하는 개인화된 추천 알고리즘은 개인이 선택하고 선호했던 디지털 데이터를 끊임없이 업데이트하며 개인이 보고 경험하고 선택할 수 있는 범위를 대신 정해 주고 맞춤화된 양식으로 반응하도록 유도한다. 수치화된 자아 데이터를 기반으로 개인의 주체적 선택을 알고리즘에 외주화하면서, 알고리즘은 개인의 일상적 지각과 경험의 기준을 제공하는 일반화된 타자 역할을 하게 된다. 이와 같이 상호 연계된 네트워크 자아의 다중적 형식을 정리하면 그림 8과 같다.

모바일 네트워크 미디어 환경에서 개인은 다양한 태도 공동체를 오가며 여러 타인과 효율적인 상호 작용을 전개해 나가고 다중적 형식의 네트워크 자아 재현을 하면서, 과거 어느 때보다 성찰적인 자의식을 경험할 수 있게 된다. 하지만 네트워크 자아의 '초연결의 자아'와 '작

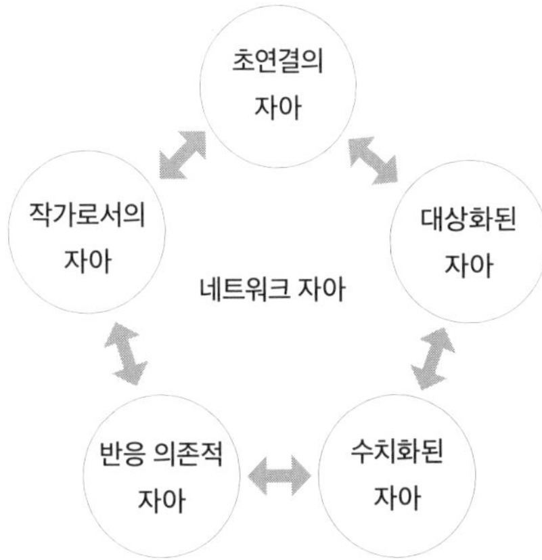

그림 8. **모바일 네트워크 미디어 환경의 네트워크 자아**

가로서의 자아'의 측면을 경험하는 조건은 자신을 대상화하고 타자의 시선을 내면화하며 타자의 반응을 기반으로 자아 정체성을 구성하는 '대상화된 자아'와 '반응 의존적 자아'의 조건과 연계된다. 또한 '초연결의 자아'는 데이터로 재현되고 측정되는 '수치화된 자아'로서, 끊임없이 데이터를 생성하며 알고리즘과 상호 작용하는 대상이 된다. 미디어 플랫폼의 알고리즘은 개인의 데이터를 기초로 개별화된 맞춤 정보나 콘텐츠를 제공하면서, 개인이 외부 세계의 정보를 분별하고 여과해 가는 내적 과정을 효율적으로 대행한다.

모바일 네트워크 미디어는 개인이 자의적인 사회화 과정과 이상적인 자아 표현을 구현하며 자의식을 가진 자아 경험을 가능하게 하지만 자아의 경험과 감각이 기술적 과정과 결합하면서 내면적 성찰의 주체적 과정이 기술에 의해 구조화되는 모순적 상황을 낳고 있다. 매클루언과 파워스는 전자 시대의 인간이 뇌와 신경 체계를 외부에 두며 "데이터 은행의 한 항목"으로 존재한다고 이야기했는데(McLuhan & Powers, 1989: 94), 이는 모바일 네트워크 환경에 사는 우리의 모습일 수 있다.[4] 우리는 네트워크망을 통해 성찰적 자의식을 가질 수 있는 감각과 인지 능력 혹은 자기 확장을 할 수 있는 표현과 연결 능력을 얻게 되지만, 동시에 탈신체적 데이터와 수치로 재현되고 인식된다. 이러한 존재 양식은 자율적인 개인으로서의 자기 정체성의 근거를 약화시킬 수 있다.

4 매클루언과 브루스 파워스Bruce Powers은 전자 미디어 시대의 인간에 대해 다음과 같이 이야기했다.

> 전자 인간은 뇌를 두개골 밖에 두고 신경 체계를 피부 위에 둔다. 그런 생물체는 성마른 기질로 노골적인 폭력을 행사한다. 그는 마치 거미줄에 쪼그리고 앉아 모든 다른 거미줄과 같이 움직이는 거미와 같다. 하지만 그는 육신이 없다. 그는 데이터 은행의 한 항목으로, 순간적이고, 쉽게 잊히며, 그 사실에 분개한다(McLuhan & Powers, 1989: 94).

7

테크노폴리와 기술-이데올로기 체계의 신화

1. 테크노폴리에 이르는 인류 문명사

미디어 생태학자들은 종종 미디어 환경의 변화와 사회문화적 변동을 연결하여 인류 문명의 단계별 발달 과정을 이야기한다. 새로운 기술이 사회의 지배적 미디어 환경을 구성하면서 변화하는 문화의 양식과 특성을 주목하면서, 기술과의 관계를 중심으로 역사를 읽는 작업을 보여주었다. 포스트먼은 미디어가 마치 미생물을 배양하는 페트리 접시의 용액처럼 그 안에서 문화가 커 나가는 기술이라고 보고(Postman, 2006b), 이러한 기술과 함께 인류 문화가 세 단계를 거쳐 발달해 왔다고 주장한다(Postman, 1992/2005). 다시 말해, 인류 문화는 17세기 이전까지 도구 사용 문화를 유지하다가, 17세기 이후 기술주의 문화technocracy가 생겨났으며, 20세기 미국을 중심으로 테크노폴리technopoly가 지배하게 된다.

도구 사용 문화에서 인간은 수력, 풍차, 바퀴가 달린 쟁기 등을 사용해 물리적 환경의 제반 문제를 해결할 수 있는 효율적 수단을 얻었고, 또한 이러한 도구를 이용해 성, 사원, 성당 등을 지으며 당대의 문화적, 종교적 믿음 체계에 봉헌했다. 다시 말해, 도구는 "물리적 삶의 구체적이고 시급한 문제를 해결"하거나 "예술, 신화, 제의, 종교의 상징적 세계에 봉사"하기 위해 사용되었다(Postman, 1992/2005: 37~38). 포스트먼에 따르면, 도구 사용 문화에서 도구의 이용이 문화가 가진 권위에 도전하지 않았고 오히려 종교와 같은 문화적 신념이나 사상 체계가 그것을 제어하는 역할을 했다고 한다. 이때 기술은 당시의 문화적 관습이나 상징적 삶에 맞거나 군림하지 않았다고 한다.

하지만 포스트먼은 중세 유럽이 시계, 인쇄술, 망원경 등을 발명하고 활용하면서 이른바 기술주의 시대를 맞이하게 된다고 말한다. 기계식 시계는 자연의 시간적 흐름에서 분리된 표준화되고 세분화된 시간 개념을 제공했고, 인쇄술은 중세 시대의 교회 중심의 독점적 지식 체계에서 벗어나 정보가 흐를 수 있게 해 주었으며, 망원경은 지구와 인간 중심의 기독교적 세계관을 과학적 증거를 가지고 반박할 수 있게 해 주었다. 또한 프랜시스 베이컨Francis Bacon과 같은 철학자는 이러한 기술주의 문화를 뒷받침하는 사상적 기초를 제공하였다. 이러한 기술이나 사상 체계는 종교적 세계관 중심의 기존 문화 가치를 약화시키며 서구 근대 문화의 토대를 마련했고 기술주의 시대를 여는 데 기여했다. 포스트먼은 도구 사용 문화 이후의 기술 발달이 점점 인간의 전통 규범에 영향받지 않는 방향으로 흘러갔고, 이와 함께 탈규범적 기술 발달을 뒷받침하는 세계관과 시스템도 출현했다고 본다. 기술주의 문화가 시작되면서 "도구가 문화에 통합되지 않고" 오히려 "그들이 문화가 되어" 문화를 공격하기 시작한다(Postman, 1992/2005: 28).

테크노폴리는 기술이 다른 모든 대안을 압도해 버리고 기존의 종교, 예술, 가족, 정치, 역사, 진리, 프라이버시, 지성 등의 의미를 새롭게 규정하거나 해체해 버리는 "전체주의적 기술주의 문화"다(Postman, 1992/2005: 70). 이러한 문화에서는 기술이 신격화되어 모든 권위를 갖게 됨으로써, 모든 문화적 삶의 형태가 기법과 기술에 종속되는 상태가 된다. 기존의 사회적, 정치적, 역사적, 형이상학적, 논리적, 영적 기반이 '안 보이거나' '부적절한' 것으로 느껴지고, 전통적 서사 대신, 기술을 활용하는 삶이나 기술적 전문 지식, 혹은 '소비의 황홀함'이 주로 이야기된다. 사회를 과학적 실험 대상으로 삼는 실증적 사회학을 제시한 오귀스트 콩트Auguste Comte나 효율성을 목표로 한 '과학적 관리법'을 창시한 프레더릭 테일러Frederick Taylor가 테크노폴리의 세계관에 일조했다. 이러한 세계관은 과학적 이론과 방법에 기초한 기술 발전을 통해 더 나은 세계로 나갈 수 있다고 약속했고, "무한한 진보와 책임 없는 권리, 그리고 대가 없는 기술의 기치를" 내세우며 도덕의 자리에 "효율성, 흥미, 그리고 경제 발전"을 채워 넣었다(Postman, 1992/2005: 235). 테크노폴리의 사람들은 정보 부족을 견딜 수 없어 하고 삶의 모든 것을 과학과 기술로 해결할 수 있다는 과학주의를 지향한다.

포스트먼은 기술의 발전과 함께 등장하고 진화하는 세 가지 인류 문화, 즉 도구 사용 문화, 기술주의 문화 및 테크노폴리를 제안하면서, 도구와 문화의 관계를 다소 도식적으로 파악한다. 그에 따르면, 도구 사용 문화에서는 도구가 종교, 예술, 정치 등이 주축을 이루는 문화의 사고 세계 혹은 상징 세계에 봉사했으나, 기술주의 문화가 등장하면서 도구가 문화를 이끄는 중심적 역할을 하게 되고, 문화의 전통적 신념 체계나 이데올로기와 경쟁을 벌이게 된다. 기술주의 문화에서는 전통적 상징 세계에 맞서고, 도덕적 가치와 지적 가치 사이에 균열이 생기긴 하지만 적어도 기술 발전이 인간적 목적을 지향했다. 하지만 테크노폴리에서는 도구가 '신격화'되면서 기존의 문화적 상징 세계를 덜 중요하게 만들 뿐만 아니라 고갈시키고, 더 나아가 문화를 도구에 종속시키며 사회적, 도덕적 문제는 기술로 해결될 수 있다고 믿는다. 테크노폴리는 기술이 지배하는 신념, 정보 체계, 그리고 시대적 맥락이라고 볼 수 있다.

포스트먼은 기술이 신격화된 테크노폴리에서는 인간사의 목표를 정하거나 일을 진행해 나갈 때 무엇보다 효율성이 중요한 잣대가 된다고 본다. "느슨하고 애매하며 불필요하게 복잡하다는 결함을 가진" 인간의 판단보다, 명확하고 측정 가능한 과학적, 기술적 판단을 더 신뢰하고, 그러기에 일반 사람보다는 전문가의 안내와 지도를 받아 모든 일을 해결해 나가는 것이 바람직하다고 생각한다(Postman, 1992/2005: 73). 이러한 테크노폴리는 기술의 승인을 구하고 기술을 통해 만족을 얻으며 기술의 지시를 따르는 문화로서, "기술적 진보가 인간의 능력이 이룩한 탁월한 업적이라고 생각하며, 기술적 진보를 통해 인간이 직면한 가장 심각한 문제들까지 해결할 수 있다고 믿는다"(Postman, 1992/2005: 99). 기술을 통해 더 편리하고 편안하고 풍요로운 사회를 만들어 갈 수 있다는 믿음이 전통적 신념이나 연관된 사회 질서를 밀어내고 사회를 움직이는 지배적 이데올로기를 구성한다.

기술주의 문화에서도 기술의 힘에 대한 믿음이 컸으나 전통적 세계관이 아직 기능적으로 영향력을 가지고 있었다. 반면, 테크노폴리에서는 이러한 믿음이 기존의 신념 체계를 넘어선다. 이는 해당 문화가 가진 정보 체계의 성격과 연관되어 있다. 새로운 기술은 기존 사회를 지탱하던 정보 체계가 소화하지 못하는 새로운 정보 생산과 흐름을 만들어 낸다. 기술주의 문화에 기존의 신념 체계가 기술주의 사상과 공존할 수 있던 이유는 새로운 기술이 생산하는 정보 과부하의 흐름을 제어하는 사회 기구가 있었기 때문이다. 포스트먼에 따르면, 학교나 정부와 같은 사회적 기구가 사회에 통용되는 정보 흐름이나 접근을 통제하고 정보에 관한 차별적 가치와 의미를 부여하는 일종의 정보 제어 메커니즘의 역할을 했다. 하지만 테크노폴리에서는 기존의 정보 제어 메커니즘을 담당했던 사회 기구가 위축되며 영향력을 상실했다. 기술이 신격화되고 한계 없는 기술 발전이 사회문화적 목적 자체가 되면서 정보 과부하를 제어해 왔던 사회적 가치와 도덕규범 그리고 이를 구현하는 사회적 기구의 역할이 사라진다. 포스트먼은 정보가 지향할 더 높은 목표가 사라지고 이론이나 의미 없이 막대한 양과 빠른 속도로 통용되는데, 이러한 정보 과잉에 대응하는 방어 체계가 무너진 상태를 '후천성면역결핍증Acquired Immune Deficiency Syndrome'에 빗대어 "문화적 에이즈" 혹은 "반정보결핍증후군Anti Information Deficiency Syndrome"이라고 부른다.[5] 이른바 문화적 에이즈는 기술을 신격화하며 인류 발

5 1981년 세상에 처음 알려진 에이즈는 인간 면역 결핍 바이러스(HIV)로 인해 신체의 면역력이 저하되는 질병으로서, 조창기에 높은 치명률로 많은 사람에게 고통을 안겨주었던 전지구적 전염병이다. 특히 초기 감염 사례가 남성 동성애자를 중심으로 나타나자 이들에 대한 혐오가 극에 달했고, HIV와 에이즈가 있는 사람들에 대해 차별과 부정적인 낙인으로 이어졌다. 손택(Sontag, 1977)은 질병은 은유가 될 수 없는 현실이고 은유적으로 생각하는 사고방식이 문제라고 지적하기도 하였다, 그 의미는 이를 이해하는 우리의 과학적, 문화적, 정치적 능력을 반영하며 사회적으로 구성된다(Brandt, 1988). 포스트먼이 에이즈를 은유로 가져와 테크노폴리의 상태를 표현하고자 했을 때, 에이즈 자체에 대해 특정한 의미를 부과하거나 사회적 편견이나 차별적 인식에 동조하여 도덕적 공포감을 상기시키려는 의도는 없었다. 포스트먼이 《테크노폴리》를 쓸 당시 에이즈는

전의 목적으로 삼으면서 나타나는 의미 없는 정보나 통제 장치가 없는 정보가 넘쳐나는 현상을 가리킨다.

매클루언이나 옹 같은 미디어 생태학자가 커뮤니케이션 기술을 중심으로 인류 문화의 역사를 구분했다면, 포스트먼은 기술과 문화의 역사적 관계에 관한 보다 포괄적인 인식 틀을 제공하며 현대 사회의 기술 지배 현상을 짚어 낸다. 예를 들어, 매클루언과 옹이 중세 시대의 문화 변동을 일으킨 주요 행위자로 인쇄술을 주목하는 데 반해, 포스트먼은 망원경을 가장 영향력이 컸던 기술로 본다. 망원경이 이전까지 가능하지 않았던 방법으로 천체를 관찰하고 지각하게 함으로써, 서구 사회에서 지적 가치와 도덕적 가치를 분리하는 데 일조했고, 이에 따라 도덕적 중심이 무너지기 시작했다고 본 것이다. 매클루언과 옹이 인쇄술이 뿌리를 내리면서 가져왔던 새로운 경험의 세계와 그것에 따른 문화의 역사적 변동에 주목했다면, 포스트먼은 좀 더 넓은 의미의 기술 편향과 영향력 그리고 근대 사상가들의 인식론적 틀을 주목하면서 기술 발전에 대한 문명사적 비판을 시도했다. 그는 인류의 문명사가 기술이나 사상이 정보를 통제하는 정도, 기술 숭배를 지향하는 정도, 그리고 전통적 가치에 영향을 미치는 정도에 따라 다른 단계를 거쳐왔다고 본다. 이러한 시각은 원기술, 구기술, 신기술 등으로 인류 역사를 구

우리의 건강을 지켜 줄 것이라고 믿었던 현대 의학의 자신감에 균열을 가져왔고, 사회는 이처럼 치료법을 알 수 없는 전지구적 전염병의 불확실성에 두려움과 무기력감을 경험했다. 포스트먼은 복잡하고 비극적인 에이즈의 치명성이 면역력 부족 상태에 있다는 점에 착안해, 정보과부하에 대응하는 우리의 빈약한 방어력이 그와 유사하다는 점을 지적하였다.

분한 루이스 멈포드(1934/2013)의 역사적 시각과 기술 사회에 자크 엘륄이 《기술의 역사*La Technique*》(1964/2011)에서 제기했던 문제의식을 이어간다. 특히 엘륄이 제기했던 질문, 즉 우리가 세상을 통제하기 위해 발명한 기술이 어떻게 우리를 통제하게 되었는지, 기술이 어떻게 의도한 사용 목적이나 기능과 다른 영향력을 갖는지, 기술 진보를 추구하는 인간의 노력이 어떻게 기술주의적 세계관을 만들어 내는지 등을 현대 사회의 맥락에서 재조명하고 있다.

2. 기술-이데올로기 체계

포스트먼의 기술 개념은 엘륄의 '테크닉la technique' 개념과 유사하다. 엘륄은 테크닉이 단순히 기계나 기술 혹은 목적을 달성하기 위한 과정이 아니라, "모든 인간 활동 영역에서 절대 효율성에 합리적으로 도달하거나 이를 얻고자 하는 방법의 총체"로서, 기술적 결정을 지향하는 체계, 세계관, 삶의 방식을 포괄한다(Ellul, 1964/1996: xxv). 포스트먼은 《죽도록 즐기기*Amusing Ourselves to Death*》를 쓸 때까지만 해도 기술을 미디어와 구분되는 이용의 대상이나 물리적 실체로 언급했으나, 《테크노폴리》에서 기술은 기기, 인공물, 특정 기술(인터넷이나 컴퓨터) 등 구체적인 실체 개념을 넘어 시대적 사상이나 정보 체계, 혹은 문화 구성의 원리와 긴밀하게 연관된 것으로 서술한다. 포스트먼은 기술 자체보다는 기술과 문화의 관계 속에 특정 시대의 기술과 신념 체계가 어떻게 결합되어 문화적 영향력을 갖는지 논의한다. 특히 기술주의가 절정에 다다른 테크노폴리에서 기술은 효율성, 속도, 수리력, 측정, 객관성, 표준화, 전문성, 시장

경제 및 진보 등에 대한 믿음과 긴밀하게 연결되어 사회 현실을 구성해 가는 기술-이데올로기 체계를 구성한다. 테크노폴리의 기술은 단순한 물리적, 절차적 도구로서의 기술이 아니라, 효율성의 극대화를 지향하는 자본주의 사회 체제의 기술 이데올로기와 결합한 기술-이데올로기 체계인 것이다. 이러한 기술-이데올로기 체계는 기술을 불가피하고 필수적인 것으로 보며 사회의 이익과 진보를 위해 개발되고 수용되어야 한다는 "기술적 명령technological imperative"에 의해 움직인다(Postman, 1992/2005). 테크노폴리의 기술적 명령에 따라 기술주의가 문화적, 도덕적 가치를 압도하며 삶의 모든 측면에 영향을 미친다.

포스트먼은 테크노폴리의 기술-이데올로기 체계에 대해 비판적 태도를 보인다. 기존의 미디어 정치경제학이 자본주의 체제와 결합한 미디어 산업의 구조적 특성을 파헤치며 미디어 산업의 소유 구조와 미디어 제작 및 수용 문화에 영향을 미치는 시장주의를 비판했다면, 포스트먼은 이러한 시장주의와 결합한 미디어 형식의 편향을 비판한다. 예를 들어, 텔레비전의 미디어 편향은 오락 지향적이고 시장 친화적인 내용이 양산되고 '죽도록 즐기는' 문화가 만들어지는 데 기여했다고 본다. 포스트먼은 《죽도록 즐기기》에서 모든 사회적 담론을 재미 위주의 탈맥락적이고 자극적인 콘텐츠로 만드는 텔레비전과 이를 즐기는 수용자 문화가 현대 미국 문화를 지배하는 과정을 다룬 바 있다. 《테크노폴리》에서는 텔레비전과 같은 전자 미디어가 어떻게 기존 문화적 전통과 질서를 와해시키며 테크노폴리의 기술-이데올로기 체계에 일조하는지를 설명한다. 특히 그는 미국이 테크노폴리의 기술적 명령에 따라 전자 미디어가 별다른 문화적 통제를 받지 않고 결정적 효과를 가질 수 있었다고 보았다.

텔레비전에서 컴퓨터로 이어지는 전자 미디어 형식은 원거리에서 정보를 즉시 전송할 수 있는 능력으로 인해 정보의 도달 범위와 주어진 시간에 전달하는 정보량을 늘리며 정보의 접근성을 높인다. 물리적 맥락에서 분리된 탈맥락적인 정보가 일관성이 없는 방식으로 다량 제시되면서, 기존의 사회적 경계가 허물어지고 정보를 선별하는 게이트키핑이나 의미를 부여하는 해석 과정이 힘을 잃게 된다. 특히 논리적 순서나 심층적인 분석 및 설명을 요구하는 문자 텍스트보다는 이미지 중심의 감각적인 정보가 주의를 분산시키면서 사람들이 의미 없는 정보의 과잉 상태에 빠지게 된다. 테크노폴리의 사람들은 정보가 일종의 "순수한 축복"이고, 이를 "통제하지 않고 끊임없이 생산하고 보급함으로써 자유, 창의력, 그리고 마음의 평화"를 얻을 수 있다고 믿는다(Postman, 1992/2005: 99). 정보가 "인간 창의력의 수단인 동시에 목표"(Postman, 1992/2005: 87)가 되면서 일종의 형이상학적 지위를 갖게 된다. 테크노폴리에서는 정보를 더 편리하고 빠르게 생산하고 저장하고 유포하며 정보를 추구하는 것 자체가 목표가 되고, 사람들은 왜 이렇게 정보를 추구해야 하는가, 혹은 이에 따라 어떠한 문제가 생길 수 있는가에 대해서는 묻지 않는다. 정보가 인간의 목적과 맥락에서 분리되어 자기 충족적인 실체이자 상품으로 대상화되기 때문이다. 포스트먼은 테크노폴리의 기술-이데올로기 체계가 정보 과잉으로 문화적 일관성이나 의미를 잃게 만들고 문화를 기술적 명령에 종속하게 만든다고 비판한다.

3. 미디어 생태학적 기술 비판

포스트먼의 기술-이데올로기 체계 비판은 얼핏 기술결정론적 시각에서 기술을 반대하고 문화 전통을 고수하는 반동적 보수주의의 입장을 드러낸다고 생각할 수 있다. 그는 과연 기술결정론자이자 기술반대론자이고 문화적 보수주의자일까? 그의 기술 문화 비판은 새로운 기술 문화를 두려워하는 전통주의자의 항변에 불과한 것일까? 그의 비판적 시각은 어떠한 입장을 지향하는가?

기술결정론 대 환경으로서의 미디어

기술결정론은 기술 또는 기술 발전을 사회 변동의 중심 원인이라고 본다. 이러한 시각은 역사적 변화의 복잡한 과정이 오로지 기술에 의해 발생한다는 기술 '환원주의적' 가정을 갖고, 기술의 효과가 예측 가능한 '기계적' 방식으로 일어난다고 본다. 또한 기술을 '의도와 욕구, 원하는 것을 가진 개체'로 간주하고, 기술이 '자율적'으로 진화한다고 믿으며, '기술적 명령'에 따라 기술 이용이 불가피하게 이루어진다고 본다(Chandler, 1995). 다시 말해, 기술이 모든 사회 변화의 원인이고, 기술 이용이 동일한 결과를 가져오며, 기술 자체가 자율적 행위자이고, 기술 스스로 자기 발전의 궤도를 결정하며, 새로운 기술 이용이 필연적이라는 것이다.

《테크노폴리》에 나타난 기술에 관한 시각은 기술결정론으로 보일 수 있다. 포스트먼은 "기술 이용이 기술 자체의 구조에 의해 결정"되고 "그것의 기능이 그것의 형식을 따른다"는 입장에 동조한다(Postman, 1992/2005: 7). 기술의 구조와 가치가 우리의 행위, 언어, 사고 등을 지배하고 조절한다는 그의 시각은 기술결정론의 환원주의적 가정이나 기술 효과에 관한 기계적 인과론과 유사하다. 또한 "알파벳은 상형 문자를, 인쇄기는 채색한 원고를, 사진은 회화 예술을, 텔레비전은 인쇄어를 공격한다"라는 글에서처럼(p.16), 미디어와 기술이 서로 싸우고 경쟁하며 적자생존해 가는 자율적 개체로 묘사되기도 한다. 또한 테크노폴리에 관한 설명에서 기술 발전을 불가피하고 되돌릴 수 없는 사회적 진보로 받아들이는 기술적 명령의 문제를 이야기하기도 한다.

그러나 그의 시각은 기술 발전과 사회 변동의 관계를 단선적인 인과론으로 바라보는 기술결정론과는 좀 다른 결을 가지고 있다. 포스트먼은 기술 발달이 문화적 상황과 맺는 상호 관계를 주목하면서 기술적 조건이 어떻게 당대의 신념 체계나 사회적 조건과 만나 어떠한 기술-문화적 질서를 만들어 가는지를 살펴본다. 그는 기술과 문화의 관계를 도식적인 단계로 묘사하고 있지만, 이는 다분히 자신의 주장을 명료하고 간결한 방식으로 표현하고자 하는 그의 글쓰기 스타일과 연관되어 있다. 그는 스스로를 "엄청난 생략자great abbreviator"(Postman, 1985/2009: 6)라고 부르며 알기 쉬운 일화와 간결한 문장으로 미디어 생태학적 문제의식을 전달하고자 했다. 예를 들어, 그는 '인간이 도구를 만들고, 도구가 인간을 만든다'는 미디어 생태학적 명제를 논의하기 위해 의술의 사례를 들면서 환경이 인간과 문화를 규정하는 일방적 결정자가 아니라 상호 관계 속에서 그것의 영향력을 발휘한다는 시각을 보여 주고자 했다. 그는 "의사가 단지 기술을 사용하는 것이 아니라 그것에 의해 사용되고," 의사가 누구인지, 이들이 무엇을 집중하고 환자와 질병을 어떻게 바라봐야 하는지가 기술에 의해 재정의되고 있다고 설명한다(Postman, 1992/2005: 105).

포스트먼은 인간이 기술을 이용한다고 생각하지만, 사실은 그러한 이용에 의해 자신의 경험, 지각, 행동 등이 재구성되고 있음을 환기시킨다. 다시 말해, 우리가 특정 미디어를 이용하면서 자신을 행위자로 인식하지만, 사실은 이러한 이용 과정 가운데 미디어가 행위자가 되고 있음을 강조한다. 또한 기술적 명령은 미디어 환경의 편향과 당대 신념체계나 사회적 조건이 만나면서 형성되고, 동시에 그 자체가 사회 변동의 조건을 형성한다. 기술적 명령이 지배하는 테크노폴리는 기술, 과학주의, 자본주의 체제 등과 영향을 주고받으며 형성되었고, 이러한 테크노폴리는 기존 문화의 토대를 허물고 있다.

기술반대론 대 기술회의론

19세기 초 영국 노동자들이 공장에 기계가 들어오면서 자신들의 일자리와 임금을 빼앗기자, 이에 분노하며 기계를 부수고 공장을 방화하는 기계 파괴 운동을 벌였다. 이후 시대에 적응하지 못하고 자신의 불운을 새로운 기계 탓으로 돌리는 사람들을 '러다이트luddite'라고 불렀다. 이 용어는 20세기 중반 이후 빠르게 발전하는 기술에 불안감을 느끼며 저항하는 사람들을 지칭하기 위해 다시 소환되었다. 이른바 '네오러다이트neo-luddite'라고 불리는 사람들은 기술낙관주의를 비판적으로 바라보며 기술의 영향력이 전통의 파괴와 인간성의 약화를 가져올 것이라고 우려한다. 포스트먼은 1990년대 첨단 기술에 불안과 의심의 시선을 보내는 대표적인 네오러다이트 중 한 명으로 거론되었다(Jones, 2013). 그러나 포스트먼은 "나는 기술을 반대하는 러다이트의 입장을 취하고 있지 않다"라고 주장한다. "우리가 기계를 금지하거나 부숴서 얻는 것은 혼란뿐"이고 러다이트처럼 기술에 반대하는 것은 "어리석은" 일이라는 것이다(Postman, 1979: 101).

> 기술에 반대하는 것은 우리가 살면서 필요한 음식에 반대하는 것과 같다. 살면서 음식이 필요하듯이 기술이 필요하다. 하지만 과식하면, 혹은 영양가가 없는 음식을 먹으면, 혹은 병든 음식을 먹으면 우리의 생존 수단은 그 반대가 된다. 기술에 대해서도 마찬가지다. 기술이 삶을 향상시키거나 약화시킬 수 있을 수 있다는 것에 어느 철학자도 반박하지 않을 것이다. 상식적으로 물을 수 있다. 어떤 것이냐고. 오직 바보만이 그 질문을 심각하게 생각하지 않고 태평하게 모든 기술을 환영할 것이다. (Postman, 1999: 44)

포스트먼은 기술을 무조건 반대하거나 무조건 환영하는 것을 모두 피해야 한다고 말한다. 그러면서 자신의 견해를 기술반대론자가 아닌 기술회의론자라고 이야기한다. 그가 사례로 들고 있는 대표적인 기술회의론자는 플라톤의 《향연*Symposion*》에 나오는 이집트의 타무스왕이다. 타무스왕은 소크라테스가 자신의 친구 파이드로스에게 들려주는 일화에 나오는 인물이다. 그는 수, 계산, 기하학, 천문학 등 많은 것을 발명한 테우스신이 자신의 발명품인 문자의 용도에 관해 설명할 때 이의를 제기했다. 테우스신이 문자가 "이집트인들의 지혜와 기억력을 늘려 줄 것"이라고 말하자, 타무스왕은 "기술의 발명가가 그 기술이 장차 이익이 될지 해가 될지 판정할 수 있는 최선의 재판관이 될 수 없다"고 말한다(Postman, 1992/2005: 11~13). 타무스왕은 자신의 발명품인 문자를 자랑하는 테우스신에게 문자 사용으로 많은 정보를 접할 순 있지만, 문자의 기능 뒤에 가려진 보이지 않는 효과를 놓치고 있다고 지적한다. 문자 사용이 자기 내면의 기억 대신 외부의 기호에 의존하기 때문에, 오히려 내적으로 아는 게 별로 없는 결과를 낳을 수 있다고 충고한다. 포스트먼이 보기에 기술은 "짐인 동시에 축복"이고, "이것 아니면 저것"이 아니라 "이것인 동시에 저것"이다(Postman, 1992/2005: 13). 기술은 혜택뿐만 아니라 폐해도 '동시에' 가져올 수 있다고 본다. 포스트먼은 우리가 타무스왕처럼 기술이 가질 수 있는 양가적 위치를 잘 이해하고 해석할 수 있는 기술회의론자가 될 필요가 있다고 제안한다.

타무스왕의 이야기는 기술 발명가가 기술의 효과를 가장 잘 이해하고 판단하는 사람이 아닐 수 있다는 점을 지적한다. 발명가가 기술 이용이 갖는 혜택에 열광하다 보니 기술을 다면적으로 이해할 분별력을 갖기 어려울 수 있다. 타무스왕은 새로운 기술을 사용함으로써 오래된 기술과 그것의 혜택을 잃어버릴 수 있다는 점을 우려했고, 혜택 뒤에는 조명받지 못한 폐해가 뒤따른다는 점을 지적했다. 그는 새로운 기술을 우려한다는 점에서 러다이트에 속할 수 있지만, 새로운 기술이 가져올 수 있는 양가적 효과, 다시 말해, 그것의 기능적 효과와 함께 의도하지 않았던 영향력에 대해 생각해 보려고 했다는 점에서는 기술 반대자가 아닐 수 있다. 포스트먼은 타무스왕의 이야기를 통해 새로운 기술의 긍정적 혹은 부정적 결과를 잘 보지 못하는 발명가나 기술 열광자의 시각보다는, 기술 변화의 과정을 총체적으로 보는 생태학적 시각을 가질 필요가 있다고 주장한다. 그는 변화하는 기술을 부정하고 피하는 게 아니라 그것이 가져올 변화를 다각도로 이해해 보라고 한다.

포스트먼은 기술의 편의를 맹목적으로 받아들이는 태도를 지양하고, 기술의 이득을 위해 치르는 보이지 않은 거래를 의식하며, 기술의 양가적 효과를 살펴볼 것을 제안한다. 현대 사회에서 기술이 가져온 혜택이나 편의성을 부인하기 어렵고 새로운 기술을 무시하거나 절대 반대하는 것도 비현실적일 것이다. 포스트먼의 기술회의론은 기술의 필요성을 부정하지 않지만, 기술이 무조건 불가피하다고 보지 않는다. 더 나아가, 기술이 인간에게 도덕적, 사회적, 심리적 진보를 가져다주는 축복이라는 믿음을 버린다. 기술의 발명 의도나 사용 의지와 관계없이 기술 자체의 편향이 사회 변화의 조건을 만들고 있다는 점에서, 포스트먼은 기술의 기능적 혜택에 집중하기보다는 이것의 편향을 이해하는 것이 무엇보다 중요하다고 보았다. 기술회의론자는 기술에 대한 지나친 낙관론과 비관론에 치우치지 않으면서, 기술을 이해하고 기술과 문화의 관계를 비판적으로 살펴본다. 다시 말해, 기술에 대한 긍정 혹은 부정이라는 '반쪽짜리' 시각을 취하는 것이 아니라, 기술로부터 인식론적 그리고 심리적 거리를 두려고 한다.

4. 테크노폴리에 대항하기

포스트먼에 따르면, 테크노폴리는 편리함, 효율성 및 진보라는 이름으로 문화를 지배한다. 기술 발전이 가져올 혜택에 대한 믿음이 지배하기 때문에, 기술적 명령을 따르는 것이 숙명적인 것처럼 보인다. 하지만 포스트먼은 균형적 시각과 '사랑으로 무장한 저항 투사the loving resistance fighter(이하 저항 투사)' 개념을 통해 대안을 제시하고자 했다.

균형적 시각

포스트먼은 모든 기술이 '파우스트의 거래,' 즉 무언가를 가져오면서 무언가를 가져가는 거래를 한다고 본다(Postman, 1995/1999). 그리고 그는 어떤 기술이 가져오는 것보다 더 많은 것을 잃게 하고, 어떤 기술은 해악보다 이로운 점을 더 많이 가져온다고 주장한다. 예를 들어, 텔레비전이 나이 든 사람, 병약자, 혼자 있는 사람에게 편안함과 즐거움을 주고 전쟁이나 인종차별주의에 대항하는 정서적 힘을 갖게 해 줄 수 있지만, 논리적이고 일관성을 가진 정보 체계나 공적 담론을 훼손함으로써 사회에 미치는 부정적 효과는 좀 더 심각할 수 있다. 미디어 기술은 경험과 인식을 특정한 방식으로 구조화하는 편향성을 갖기에, 인간성을 고양하고 인류가 축적해 온 문화유산을 계승 발전하는 정도나 사회적으로 통제할 수 있는 정도가 다를 수 있다. 포스트먼은 미디어 환경과 인류 문화의 지속 가능성이 서로 연관되어 있다고 보고, 미디어 기술이 가져오는 혜택과 폐해의 균형 문제를 생각해 보라고 한다.

균형적 시각은 기술 효과에 대한 중립적이거나 양비론적 태도를 보이는 것이 아니라, 기술 효과에 관해 성찰하고 인류의 생존을 위해 이러한 효과가 갖는 의미를 저울질하는 것이다. 기술이 가져오는 혜택과 대가의 정도가 똑같지 않기 때문에, 기술 효과는 때로는 파괴하는 것보다 더 많은 것을 창조하고, 때로는 그 반대가 되기도 한다고 한다. 포스트먼은 인쇄술을 옹호하는 이유는 그것이 가져오는 손실보다 이득이 많다고 생각하기 때문이고, 반면에 텔레비전에 대해 좀 더 비판적인 이유는 그것이 가져오는 이득에 비해 치러야 할 대가가 크다고 보기 때문이다. 포스트먼의 미디어 생태학적 기술회의론은 기술이 문화에 미치는 효과를 고려하며 미디어 기술 환경의 균형을 지향하고자 한다. 그에 따르면, 미국은 새로운 전자 미디어 환경에 적응해 가는 1960년대 미국의 학교는 새로운 미디어에 대한 이해를 돕는 "전복적" 교육을 제공했어야 했고, 전자 미디어가 문화를 지배하게 되는 1970~

1980년대의 학교는 사라져 가는 인쇄 문화를 "보존"하는 역할을 담당했어야 했다(Postman, 1969; 1979). 포스트먼은 기술이 어떠한 편향성을 가지며 문화와 어떤 관계를 갖는가, 또한 우리의 생존에 어떠한 영향을 미치는가를 살펴보면서 기술에 대한 전향적 혹은 반동적 태도를 조절해 나가라고 제안한다. 이러한 태도는 고정된 것이 아니라 기술 발전이 인간 문화에 어떠한 의미가 있는가를 해석해 나가면서 조정된다. 그런 의미에서 테크노폴리는 기존의 문화적 전통을 무효화하고 인간 지각과 의식을 구조화하는 기술의 힘에 절대적인 가치를 부여한다는 점에서 비판과 통제가 필요하다.

저항 투사

포스트먼은 테크노폴리의 위험을 알고 이에 대항하는 사람을 "저항 투사"라고 부른다. 이러한 저항 투사는 모든 기술이 "특정한 경제적, 정치적 배경의 산물로서, 삶의 질을 높여 줄지 혹은 낮출지 알 수 없는 프로그램, 의제, 그리고 철학을 동반"해야 하고, 이에 대한 "정밀한 조사와 비판, 그리고 통제의 과정이 필요"하다고 본다(Postman, 1992/2005: 241). 다시 말해, 이들은 기술-이데올로기 체계의 편향을 인식하고 비판적으로 살펴보며 그것의 균형을 잡으려는 사람들이라고 할 수 있다. 저항 투사가 테크노폴리에 대항하는 방식은 여론 조사의 맥락에 대해 질문하고, 인간관계의 가장 큰 목표가 효율성에 있다고 보지 않는다. 또한 이들은 언어, 상식적 사고, 나이 듦, 가족, 물리적 현존, 종교 등 공동체적 삶과 기존 문화를 존중하며, 현대성을 위해 전통을 무시하지 않고, 기술의 독창성을 존중하면서도 그것만이 인간이 성취할 수 있는 최고의 형태라고 생각하지 않는다(Postman, 1992/2005: 240~241). 이들은 계량적 조사, 수치, 정확성, 효율성, 과학주의, 기술 발전과 진보 등을 무조건 추구하기보다는, 의미, 언어, 전통, 종교, 인본주의 등을 생각할 줄 알고, 그것의 가치를 계승하기 위해 노력한다. 이들은 기술을 싫어하는 것이 아니라 그것이 중립적이지 않다는 점을 이해하고 비판적으로 성찰하며 기술주의에 휩쓸리지 않으려고 한다.

특히 테크노폴리에 대항하는 저항 투사는 인간의 지적, 문화적 유산을 매개하는 언어 상징 및 서사를 중요하게 생각한다. 포스트먼에 따르면, 커뮤니케이션 기술의 발달에 따라 언어 상징이 차지하는 위상과 이것이 전하는 의미의 세계가 달라져 왔다. 인쇄 문화에서는 구술성과 문자성이 공존하며 균형 상태를 유지하는 가운데, 인간의 언어가 여전히 대표적인 상징 형식이었으나, 20세기에 들어오면서 이미지가 지배적인 상징 형식이 되고 언어 커뮤니케이션과 분리된 숫자가 현실을 재현하기 시작했다. 포스트먼은 오락과 감각적 선정주의에 편향된 이미지, 그리고 효율성과 계량화에 편향된 수치 중심의 정보가 미디어 환경을 지배하면서, 의미를 만들고 의식을 고양하는 언어의 상징 세계가 위협을 받고, 탈맥락적이고 반역사적인 정보가 넘쳐 난다고 주장한다. 텔레비전과 컴퓨터와 전자 미디어 환경은 기존 인쇄 문자 미디어 환경에서 논리적이고 분석적인 추상화 과정을 거쳐 정립된 진리, 지성, 사실, 기억, 역사 등 개념의 근간을 흔들고 있다. 전자 미디어의 형식은 탈진실, 반지성, 조작된 사실, 기억과 역사의 상대성 등이 가능한 환경을 만들면서, 기존 개념의 의미를 바꾸고 있다.

저항 투사는 변화를 두려워하며 과거로 돌아가고자 하는 사람들이 아니다. 오히려 저항 투사는 기술이 문화를 독점하고 도구적 효율성이 지배적 가치로 군림하는 지금의 시대에 기술 발전을 외면하거나 싸잡아서 혐오하기보다는 기술의 혜택과 대가를 살펴보고 비인간적 기술화의 경향에 문제를 제기하며 대안을 찾는 사람이다. 이들은 한계와 경계가 없는 기술 발전에 놀라워하며 매료되기보다는, 이것에 의해 변화하는 과정에 거리를 두며 검토해 보고자 한다. 더 나아가, 비일관적이고 파편적인 정보나 허튼소리를 분별하고 걸러내며, 엄밀한 언어를 지향한다. 이들은 깊은 지적 사고를 하며 의미를 생산하고 해석하는 과정을 중요하게 여긴다. 포스트먼은 학교가 테크노폴리를 제어하는 데 도움이 되는 저항 투사를 훈련하는 지적, 사회적, 도덕적 중심 역할을 할 수 있다고 본다. 그가 염두에 둔 학교는 지식의 역사적 전통을 접하고, 깊은 사고와 지성을 경험하며, 언어 활용과 의미 형성의 메커니즘을 학습할 수 있는 장소다.

포스트먼은 저항 투사와 학교에서 테크노폴리에 굴복한 문화의 궤적을 바꿔 나갈 희망을 찾는다. 그는 우리가 초월적 서사와 언어 상징을 사랑하는 저항 투사가 되기를, 그리고 학교가 언어와 기술에 대한 전체론적 시각에서 가르치는 교육 과정을 제공하기를 제안한다. 하지만 그의 제안은 주로 개인의 자각과 의식적 활동에 초점을 맞추고 학교를 전통 계승의 구심점이나 문제 해결의 장소로 낭만화시켜 바라보는 한계를 갖는다(Grosswiler, 2014). 테크노폴리에 흡수된 사회에서 개인의 성찰이나 교육을 통해 기술과의 관계를 전향적으로 바꾸려는 노력은 소극적이고 방어적인 방편에 불과할 수 있다. 그럼에도 이러한 제안은 테크노폴리에 대한 현실적인 대응을 모색해 나가는 출발점이 될 수 있다. 우리가 기술-이데올로기 체제를 낯설게 보고 그러한 체제 바깥에서 거리를 두며 사고하는 능력을 갖출 때, 비로소 테크노폴리의 경로 변경을 상상해 보고, 기술과의 관계를 재편하는 새로운 사회

운동을 기획할 수 있다. 기술-이데올로기 체계에 대한 질문은 테크노폴리에 대해 저항을 시작할 수 있는 급진적인 잠재력을 갖는다.

5. 기술-이데올로기 체계의 탈신화화

포스트먼은 인류가 기술을 발전시키면서 기술에 대해서는 기술이 답할 수 있는 범위 내의 질문만 던져 왔다고 말한다. 사람들은 기술이 풀 수 있는 문제를 던지고 기술로부터 그 해답을 얻으면서 기술이 인류의 문제를 해결해 줄 것이라는 믿음을 갖게 되었다. 테크노폴리 문화에서는 이러한 믿음이 기존의 전통적 믿음 체계나 의식을 앞서게 된다. 시장 자본주의와 결합한 테크노폴리에서 사람들은 새롭고, 빠르고, 많고, 편한 것이 오래되고, 느리고, 적고, 불편한 것보다 낫다고 생각하게 된다. 포스트먼은 기술과의 관계에 관한 제대로 된 질문을 던지기 위해 기술 혁신이 불가피하고 필연적이라는 믿음 체계이나 기술의 기능적 효과 중심의 이해 방식에서 벗어날 필요가 있고, 기술이 '할 수 있는 것' 중심의 질문 방식을 바꿔야 한다고 주장한다. 왜냐하면 그는 잘 만들어진 질문이 새로운 사실, 새로운 시각, 새로운 생각을 이끌 수 있다고 보았기 때문이다.

포스트먼은 '미디어가 무엇을 수월하게 만들고 향상시키는가'라는 도구적 효율성에 관한 질문은 테크노폴리의 기술-이데올로기 체계에 동조하는 것이기에, 테크노폴리가 작동하는 원리와 효과를 제대로 보지 못하게 하고, 오히려 이들 지배에 종속되도록 돕는다고 본다. 그는 '기술을 통해 무엇을 할 수 있을 것인가'라는 질문을 던지기에 앞서, '왜 이러한 기술을 받아들이고 이용해야 하는가'라는 목적에 대한 질문, 혹은 '기술 발전에 따라 종교, 정치, 교육 등 기존 전통의 의미가 어떻게 위협을 받고 있는지'와 같은 의미론적 질문을 던질 필요가 있다고 주장한다. 이러한 질문에는 '이 기술이 답이 되는 문제는 무엇인가,' '누구의 문제인가,' '이러한 기술적 해법 때문에 어떤 사람이 가장 심각하게 피해를 받을 수 있는가,' '어떤 유형의 사람과 기관이 경제적, 정치적 힘을 얻을 수 있는가,' '새로운 기술에 의해 언어상에 어떤 변화가 이루어지는가,' '이러한 변화에 의해 무엇을 얻고 무엇을 잃을 수 있는가' 등이 포함된다(Postman, 1999: 42~53). 이런 질문은 기술의 가시적 기능보다는 우리 삶에 비가시적으로 작동하는 기술-이데올로기 체계를 반성하게 한다. 포스트먼은 "정보가 조직되는 체계와 그 영향에 대한 깊이 있고 확실한 자각으로 미디어를 탈신화화demystification해야만, 텔레비전이나 컴퓨터를 어느 정도 통제할 희망이 있다"고 주장한다(Postman, 1985/2009: 246).

오늘날 우리는 새로운 기술에 더욱 매료되고 우리의 생존과 번영이 그것의 발전에 달려 있다고 생각하는 경향이 있다. 포스트먼이 논의한 기술-이데올로기 체계의 징후가 더욱 심화되었다고 볼 수 있다. 그런 점에서 기술이 작동하는 방식이나 영향력에 관해 다양한 질문을 던지고 미디어를 탈신화화해 보자는 포스트먼의 제안은 현재 더 유효하다. 지금 우리가 경험하는 기술-이데올로기 체계의 신화는 무엇이 있을까?

우선 기술 진보주의를 들 수 있다. 기술 혁신 자체가 목적이 되고 정보가 빠르고 많을수록 최신 기술일수록 더 효율적이라는 믿음, 혹은 새로운 기술의 수용은 불가피하며 기술 혁신이 진보를 가져올 것이라는 신념이 우리 사회에 자연스럽게 자리 잡고 있다. 1990년대 이후 ICT(Information and Communications Technology 정보 커뮤니케이션 기술)가 빠르고 광범위한 정보 접근을 가능하게 해 주면서 전 지구적 정보 교류와 생산성 향상에 기반이 되어 왔다. 이른바 '네트워크 경제'의 기반을 구축하는 가운데, 우리는 ICT 혁신에 열광하는 담론을 쉽게 접할 수 있다. 이러한 담론은 새로운 하드웨어, 새로운 소프트웨어, 차세대 통신 네트워크 등이 생활의 편의성을 높이며 새로운 미래를 연다고 이야기한다. 여기서 기술 혁신은 시대의 요청에 부응하는 것이고 이러한 변화를 따라가지 못하는 사람 혹은 사회는 시대에 뒤처지고 도태될 수밖에 없는 운명을 맞이한다.

한국 사회는 세계 어느 나라보다 빠르게 디지털화, 초고속 네트워크화를 진행해 왔고, 기술 혁신과 활용이 국가 발전의 원동력이라고 생각해 왔다. 4차 산업 혁명의 도래를 기정사실로 받아들이며 5세대 이동통신에 기반을 둔 가상 현실, 자율 주행, 사물 인터넷, 인공 지능 등을 활발히 개발하고 있다. 더욱이 초연결성과 초저지연성을 가진 통신 네트워크와 관련 기술들의 활용이 '코로나19 대유행'에 따른 사회적 거리 두기와 비대면 접촉이 불가피하게 요구되는 사회적 상황과 맞물리면서 더욱 긴급하고 중요한 사안으로 다뤄지고 있다. 서점에는 새로운 기술들과 이들이 가져올 변화를 소개하는 책들이 쏟아져 나오고, 언론도 이러한 변화를 좇는 데 열심이다. 대부분의 새로운 기술에 관한 담론은 기술 혁신이 가능하게 하는 것과 그것의 효과에 주목한다. 예를 들어, 새로운 기술은 물리적인 활동의 가상화와 자동화, 모든 것의 데이터화와 계량화, 그리고 사물과 기기의 지능화 등을 가져오고, 이것은 물리적 수고를 덜 수 있는 편리함, 필요와 상황에 맞춤화된 서비스, 모든 활동과 업무 관리의 최적화와 효율성을 높인다고 이야기된다. 이러한 담론에서 기술 혁신은 모든 것을 획기적으로 바꾸는 국가의 신성장 동력으로 이야기되고, 혁명적 변화는 이미 도래하고 있다. 이들 논의는 대부분 새로운 기술과 관련된 "기술적, 도덕적, 정치적 선택에 대한 논쟁은 이미 끝났고" 그래서 시대적 흐름에 따라 받아들일 수밖에 없는 것으로 바라본다(Van Den Eede, 2013: 259).

둘째, 현재 우리 사회에 기술이 문제를 해결해 줄 것이라는 테크노폴리의 '기술 해법주의'가 심화하고 있다. 요즘의 기술 해법주의는 우리가 가진 문제가 기존 기술이 해결해 주지 못해서 혹은 필요한 기술이 부재하기 때문에 생겨났다고 보면서, 기술 혁신을 통해 문제를 해결하고자 한다(Morozov, 2013). 다양한 미디어 기기의 사용으로 주의가 산만해지고 집중력이 떨어지는 문제가 생기자 이를 해결하기 위해 화면 이용 시간을 관리하는 애플리케이션이 개발되고, 기존의 생산성을 뛰어넘기 위해 더욱 지능화된 생산 관리 시스템을 구축하는 식이다. 이때 새로운 기술은 이전 기술의 한계와 부족한 부분을 처리해 줄 뿐만 아니라, 기술에 대한 새로운 수요를 만들며 스스로 해결책이 된다. 자율 주행 자동차가 운전자의 실수에 따른 사고를 최소화하고 가장 최적화된 경로로 안전하게 이동할 뿐만 아니라, 운전자가 운전이 아닌 다른 활동을 할 수 있게 해 주는 것처럼 말이다. 또한 기술은 위기의 상황에서 우리를 구해 줄 만병통치약과 같은 역할을 하기도 한다. 예를 들어, 코로나19로 비대면 접촉이 불가피한 선택으로 요구되는 시기에 화상 회의 기술이나 각종 관리 시스템은 학업과 업무를 중단없이 이어 갈 수 있게 해 주는 대책이 되었다. 또 각종 배송·배달 앱이나 가상현실 플랫폼은 이동이 제한되고 외출을 하지 못함으로써 겪는 생활의 불편함을 해결하고 물리적 장소에 구애받지 않는 활동을 해 나갈 수 있게 해 주는 대세 미디어가 되었다. 기술이 어느덧 모든 분야의 문제 해결을 위해 가장 먼저 떠올리는 해결책이 되었다.

세 번째, 최근 디지털 기술 발달과 함께 모든 것을 수치화, 정량화하며 통제의 대상으로 만드는 테크노폴리의 측면이 더욱 강화되고 있다. 포스트먼은 컴퓨터의 등장으로 "개인적 삶이 강력한 힘을 가진 기관들에 쉽게 노출"되고, "빈번한 조사의 대상"이 되며, "추적하고 통제하기"가 쉬워졌음을 지적한 바 있다(Postman, 1992/2005: 21). 테크노폴리에서 효율성의 원칙에 따라 모든 것을 대상으로 정량화가 이루어지고, 수치가 객관적이고 진정한 지식으로 여겨지며, '지능'이 정보의 패턴 인식 및 통계적 계산과 연관된다. 오늘날 각종 온라인 플랫폼이나 디지털 기기들은 그것을 이용하는 개인들의 데이터를 추적하고 축적한다. 이들은 개인들의 '행동 데이터'를 분석해 이들의 성격적 특성을 알아내고, 개별 성향을 정확하게 겨냥한 "행동 기반 마이크로 타깃" 서비스를 제공한다(Kaiser, 2019).

개인 기기의 센서에서부터 개인이 올린 콘텐츠, 페이지 뷰나 '좋아요' 버튼 누르기, 혹은 소비나 일상생활의 미시적 기록에 이르기까지 기술로 매개되는 모든 활동이 데이터로 정량화되고, 이러한 데이터는 개인들의 성격이나 관심을 중심으로 이들에게 적합한 메시지를 전달하고 특정 행동의 동기를 갖게 만드는 데 활용된다. 수많은 경로에서 축적된 데이터는 말 그대로 '빅 데이터'로서의 가치를 가지게 되면서, 사람들은 이것이 사회를 투명하게 만들고 관리할 수 있게 하는 힘 있는 도구이고 인간 행동을 이해할 수 있게 해 주는 '진정한 지식'이라는 믿음을 갖게 된다. 그리고 데이터를 분석하고 패턴을 찾아내는 주체인 알고리즘은 사람들의 행위를 예측하고 개인별 취향에 맞는 정보를 추천하면서 실제를 경험하는 방식을 형성해 간다(Krasmann, 2020). 우리가 각종 감각적, 경험적 데이터를 자발적으로 혹은 자동으로 올리는 데이터 제공자라면, 알고리즘은 그것의 패턴을 발견하여 우리의 행위와 선호도를 예측하고 우리가 무엇을 해야 할지를 알려준다. 기술이 우리보다 우리를 더 잘 아는 것처럼 보인다.

넷째, 포스트먼은 테크노폴리의 기술-이데올로기 체제에서 도덕적 토대를 제공해 왔던 초월적 서사와 전통적 세계관이 힘을 잃고 그 자리를 시장 자본주의 논리가 차지하게 되었고 지적한다(Postman, 1992/2005, 224~225). 현재 이러한 테크노폴리의 현상은 이른바 '감시 자본주의' 형태로 나타나게 된다. 감시 자본주의는 "편재적이고, 감각적이며, 네트워크화된 컴퓨팅 인프라"가 시장 자본주의의 이해관계와 결합하면서 형성된 기술-이데올로기 체계의 논리로서, 개인 데이터를 상품화하여 이윤을 창출한다(Zuboff, 2019). 그것의 논리는 "예측 가능성, 자동적 규칙성, 투명성, 융합, 설득, 및 평정" 등을 위해 "혼돈, 불확실성, 갈등, 이상 및 불일치" 등을 제거하고, 시장 목표를 위해 사람들의 행동을 수정하고 인간의 신체뿐만 아니라 인간의 내면을 기술의 힘으로 대체하려 한다(Zuboff, 2019: 515). 감시 자본주의는 시장 자본주의를 토대로 테크노폴리의 기술주의가 지향하는 더 많은 정보, 효율성, 계량화와 측정, 자동화, 인공성 등을 추구해 간다. 또한 이른바 FAANG[6]과 테슬라 같은 소수의 기술 대기업이 이를 선도해 가는 모습은 '기술

6 페이스북, 아마존, 애플, 넷플릭스, 구글의 약자다.

선지자'나 '기술 전문가'에 의존하며 이들의 판단과 결정에 미래를 맡기는 테크노폴리의 특징을 보여 준다.

감시 자본주의는 '인간성의 근본적인 부분'을 와해하고 '도덕적 기반'이나 '우리의 삶을 가치 있게 만드는 정신적 과정 및 사회관계'의 기반을 흔드는 테크노폴리의 문제를 심화시킨다. 이러한 기술주의 세계는 인간 본성에 중요하다고 여겨졌던 것들, 예를 들어, "하려는 의지, 개인의 존엄성, 친밀함이 갖는 유대, 우리를 화합하게 하는 사회성, 그리고 이것이 만들어 가는 신뢰" 등을 희생할 수 있다(Zuboff, 2019: 516). 일찍이 매클루언은 "우리 눈과 귀와 신경들을 빌려서 그것에서 이익을 얻고자 하는 개인 사업자들에게 우리의 감각과 신경 체계를 일단 넘겨주고 나면 우리에게는 아무런 권리도 남지 않게 된다"고 말한 바 있다(McLuhan, 1964/2011: 147).[7] 개인의 일상적 삶이 데이터로 외화되고 이러한 데이터를 상업주의적 제삼자가 관리할 때, 개인의 자율적 주체성의 기반이 취약해질 수 있다. 닉 쿨드리Nick Couldry와 율리시스 메지아스Ulises Mejias(2019)는 네트워크 연결성을 통해 개인 데이터가 기업의 상업

7 매클루언은 인간을 확장하는 미디어 기반에 영리를 취하는 상업주의 체계가 독점적으로 개입할 때 인간의 주체적 권리가 취약해질 수 있다고 말한다.

> 우리 눈과 귀와 신경들을 빌려서 그것에서 이익을 얻고자 하는 개인 사업자들에게 우리의 감각과 신경 체계를 일단 넘겨주고 나면 우리에게는 아무런 권리도 남지 않게 된다. 상업적인 이득을 꾀하는 사람들에게 우리 눈과 귀와 신경을 빌려주는 것은, 일상적 말하기의 권리를 개인 회사에 넘겨주는 것 혹은 지구 대기를 한 회사가 독점하게 하는 경우와 마찬가지다. (McLuhan, 1964/2011: 147)

적 이익을 위한 자원으로 이용되는 데이터 식민주의가 전개되고 있다고 본다. 데이터 식민주의는 감시자본주의의 한 측면으로서 기존에 생산 과정에 투입되지 않았던 일상적 삶의 측면을 데이터로 변환시키고 잠재적 상품으로 바라보게 한다. 데이터를 기반으로 우리의 행동을 분석하고 예측해 주는 기술은 우리가 스스로 인식하고 숙고하며 결정하는 주체적 과정을 대신해 주면서, 인간의 자율성을 위협하고, 알고리즘의 데이터나 수치로 재현되기 어려운 도덕성과 의미의 세계를 더욱 배제할 수 있다.

이와 함께, 온라인 공간에서 표현의 자유를 엄수하려는 '사이버 자유주의'가 시장 자본주의와 손을 잡고 온갖 정보와 콘텐츠를 양산하고 있다. 상대적으로 이러한 기술 환경의 정보나 알고리즘의 질서를 제어하는 사회적 제도의 구축은 등한시되고 있다. 온라인 공간에 온갖 정보들이 넘쳐 나는 데 반해, 이들 가운데 가짜 정보와 탈진실의 '허튼소리'를 걸러내는 제도는 제대로 마련되지 않은 상태다. 포스트먼은 학교와 같은 사회 제도가 정보 환경을 제어하는 역할을 해왔고 앞으로도 그러길 희망했지만, 현재의 미디어 환경의 정보량과 속도 그리고 범위는 기존의 제도가 감당할 수준을 넘어섰다. 기술-이데올로기 체제의 논리가 거침없이 모든 삶의 영역을 지배하면서, 기존의 초월적 서사나 인간적 가치, 의미의 세계를 위한 균형적 시각이나 이를 지원하는 사회 제도가 힘을 잃어 가고 있다.

테크노폴리의 징후가 손쉽게 발견되는 가운데, 우리는 포스트먼이 말하는 '기술회의론'적 질문을 던지는 것에 익숙하지 않다. 오늘날 테크노폴리의 새로운 기술의 필연성에 대한 믿음, 기술 발전을 사회적 진보로 보는 시각, 효율성과 편의성이 최고의 가치와 목적으로 삼는 태도, 첨단 기술을 기반으로 더 나은 사회를 만들 수 있다는 생각 등이 우리 사회에 자연스럽게 자리 잡았고, 이에 따라 테크노폴리의 기술적 명령에 대해 거리를 두고 생각하기가 더욱 어려워졌다. 하지만 포스트먼이 제안한 대로, 테크노폴리의 기술 혁신에 관한 요구가 어떠한 사회적, 역사적 맥락에서 만들어졌는지, 이러한 기술은 어떠한 편향을 가지는지, 이것은 어떤 문제의 해결책이고 누구의 필요에 응답하는 것인지, 기술은 누구에게 힘을 부여하고 누구에게 피해를 줄 수 있는지, 기술로 매개되는 변화로 얻거나 잃는 것은 무엇인지 등을 조금이라고 질문해 본다면, 우리는 우리의 기술주의 믿음 체계를 되돌아볼 수밖에 없다. 현실 세계에서 기술은 편리함과 효율성을 가져왔지만, 우리가 경험하는 기본적인 문제나 불평등에 답변하지 못하고 있고, 더 많은 정보를 소비하는 여건이 만들어졌지만, 편견과 무지가 사라지는 게 아니라 오히려 부추겨지며, 정보 활용이 우리의 의지보다는 기술의 요구나 추천 때문에 이루어지고 있다. 따라서 기술 발전이 어떻게 자본주의 생산과 분배 경제와 소비주의의 맥락과 연결되어 추동되는지, 기술적 조건과 변화가 어떻게 세상을 가시화하고 우리의 삶을 구조화하는지, 이것이 가져오는 양가적 결과는 무엇인지, 그리고 이러한 변화를 어떻게 인간적 목적과 도덕성과 연결할 것인지를 질문하고 살펴보는 작업이 그 어느 때보다 요구되고 있다.

테크노폴리에 관한 질문과 논의는 성찰의 과정이기도 하다. 엘렌 로즈Ellen Rose(2013: 102)는 성찰이 "도구나 과정이 아니고, 문제를 풀기 위한 접근이나 한 가지만 지나치게 생각하는 전문적인 형식도 아니라고" 말한다. 그것은 단순한 사고의 방식이 아닌 존재의 방식으로서, 고독과 느림 속에서 이루어지는 깊은 사고, 마음 챙김, 주의 기울임에서 나오는 열린 사고를 의미한다.[8] 따라서 미디어 생태학적 시각에서 테크노폴리를 성찰한다는 것은 우리를 압도하는 기술 환경을 총체적으로 관조하고 사유할 시간을 확보하는 것이다. 다시 말해, 현재 이루어지는 기술 혁신에 신속한 대응이나 적응을 모색하는 대신, 한 걸음 물러나 이것의 기술-이데올로기 체계를 주의 깊게 살펴보고 그것의 존재론적 의미를 질문하며 우리 자신을 되돌아보는 '열린' 사려의 과정을 갖는 것이다.

8 성찰reflection은 라틴어 리플렉데레reflectere에서 유래된 말로, 뒤로re와 굽힌다flectere란 의미를 갖고 있다. 이 단어는 17세기 이전만 해도 물이나 유리에 반사되는 이미지를 의미했으나, 인쇄 문화가 확장되면서 "주제를 돌이켜보고 생각해 보는 것," "아이디어에 관한 깊고 진지한 숙고"라는 뜻을 포함하게 된다(Rose, 2013: 1~2). 성찰의 의미가 고독, 자기 마음의 프라이버시 공간에서 일어나는 것, 고요함, 생각에 잠기기, 사려, 물러나기, 느림 등과 연관되기 시작했다.

3부

미디어 편향성 탐구

8장 연결 기술과 시공간 경험의 재구성: 인터넷

9장 기록 미디어의 커뮤니케이션 편향: 사진

10장 지도는 영토가 아니다, 영토를 만든다

8

연결 기술과 시공간 경험의 재구성 : 인터넷

1. 인터넷의 등장

인터넷은 컴퓨터 간의 정보 교류를 원활하게 하는 통신 프로토콜 TCP/IP(Transfer Control Protocol/Internet Protocol)를 기반으로 전 세계 컴퓨터를 상호 연결한 네트워크 체계다. 통신과 컴퓨팅을 결합시킨 인터넷은 1969년 미국 국방부가 유사시에도 안정적으로 정보 교환을 할 수 있는 네트워크 프로젝트를 착수하면서 탄생한 ARPANET(Advanced Research Project Agency Network)에서 시작되었다. 처음에는 군사적인 목적에서 개발되었고 주로 연구소, 대학, 정부 기관 등의 일부 사람들이 실험적으로 활용했다. 그러다가 1980년대 개인용 컴퓨터나 업무용 단말기가 도입되고, 이들 컴퓨터를 연결하는 근거리 통신망이나 전자 우편과 같은 서비스가 출현하면서 개인적, 상업적 용도의 인터넷에 수요가 커졌다. 1989년 유럽입자물리연구소(CERN: the European Laboratory for Particle Physics)의 공학자 팀 버너스리Tim Berners-Lee가 여러 곳에 흩어져 있는 각종 연구 자료와 문서를 효율적으로 공유할 수 있는 월드 와이드 웹World Wide Web을 개발하면서 보편적 인터넷 이용이 활성화되기 시작했다. 월드 와이드 웹은 인터넷을 통해 접근 가능한 상호 연결된 하이퍼텍스트들의 체계로서, 이용자는 'http(hypertext transfer protocol)'를 따르는 웹 브라우저를 통해 손쉽게 텍스트, 이미지, 영상 등 각종 멀티미디어 텍스트를 담은 웹 페이지를 찾아보며 마우스 클릭만으로 이들 사이를 '항해'할 수 있게 된다.

월드 와이드 웹의 초기 목적은 전 세계 대학 및 연구소들이 상호 정보를 신속하게 교류하기 위한 것이었으나, 이후 연구 목적뿐만 아니라 일반인이 각종 커뮤니케이션에서부터 여가 및 소비 활동에 이르는 일상생활의 다양한 목적을 위해 활용되었다. 1990년대 중반에는 사용자 인터페이스를 갖춘 개인용 컴퓨터 운영 체계와 함께 넷스케이프의 내비게이터와 같은 브라우저가 널리 활용되면서 일반인의 인터넷 접근이 수월해졌다. 1990년대 중후반에는 '야후!'와 같은 포털 사이트가 선별한 링크 디렉터리와 인덱스를 제공하면서 이용자들의 인터넷 '항해'를 도왔고, 점차 구글과 같은 자동화된 웹 검색 서비스가 인기를 끌게 된다. 2000년대로 들어오면서 인터넷을 통해 교류되는 텍스트, 그래픽, 오디오, 비디오 등의 정보가 폭발적으로 증가했고, 자신의 콘텐츠를 만들고 다른 사람들과 공유하며 사회적 상호 작용을 하는 개방형 콘텐츠 공유 플랫폼이 출현하게 된다.

개방, 참여, 공유 등의 특징을 가진 인터넷 환경을 지칭하는 '웹2.0'이라는 용어는 2004년 팀 오라일리Tim O'Reilly를 처음 공식적으로 사용했지만, 이미 2000년대 초반부터 사용자가 직접 콘텐츠를 생산하여 쌍방향으로 소통하는 인터넷 활용이 나타났었다. 예를 들어, 냅스터와 같은 P2P 파일 공유 사이트나 다른 사람 집단 지성으로 백과사전을 만들어 가는 위키피디아, 혹은 자신의 콘텐츠를 일기처럼 올리며 다른 사람들의 반응에 개방적인 블로그 등의 사례는 사용자가 콘텐츠의 소비와 제작에 능동적으로 참여하고 사회적 상호 작용을 하는 모습을 보여 주었다. 초기의 웹이 일방적으로 정보를 보여 주는 단순한 웹 사이트의 집합체였다면, 웹2.0은 정보의 소비자이자 생산자가 되는 인터넷 환경으로서 참여 구조를 가진 웹이 사용자 경험을 연결하는 플랫폼 역할을 한다. 사용자 간의 상호 작용이나 정보 공유, 사용자가 직접 생산하고 유포하는 콘텐츠, 사용자 경험과 관계망 등을 지원하는 웹 2.0 기술이 광범위하게 채택되면서 참여 문화가 부상했고 소셜 미디어 네트워크 서비스가 큰 인기를 끌게 된다.

2007년 아이폰이 출시되고 안드로이드 운영 체제가 나오면서 인터넷을 무선으로 접속하는 모바일 인터넷 이용자가 증가했다. 이전에도 모바일 인터넷을 이용할 수 있었으나 이동통신사의 자체 브라우저라는 폐쇄적인 서비스 경로를 통해 접속할 수 있었고, 와이파이를 통한 무선 인터넷은 접속할 수 있는 범위가 지리적으로 제한되는 한계를 가졌다. 개방형 운영 체제 기반한 스마트폰과 태블릿은 통신사의 브라우저를 거치지 않고도, 그리고 유선 네트워크 인프라가 취약한 지역에서도, 모바일 인터넷에 접속할 수 있게 해 주었다. 2005년 인터넷 이용 인구는 전 세계 약 6분의 1 정도였으나 2020년에는 전 세계 인구의 절반 이상으로 급증했다. 모바일 인터넷은 2010년대 말 이후 일상생활을 바꾸는 대표적 미디어 기술이 되었다.

인터넷은 라디오와 텔레비전 중심의 전자 미디어 환경의 특성을 포괄하면서도 1990년대 이후 생태적으로 다른 디지털 미디어 환경을 구성하는 기반 기술이라고 볼 수 있다. 인터넷에 기반한 디지털 미디어 환경은 아날로그 방식의 전자 미디어 환경이 가졌던 커뮤니케이션 양식을 가져가면서도, 계산 능력을 가진 디지털 컴퓨터를 상호 연결하고 사람들이 어디서나 손쉽게 정보를 공유하고 커뮤니케이션할 수 있게 해 주는 새로운 커뮤니케이션 양식을 제공한다.

인터넷 관련 컴퓨터 기술이 발달하기 전의 전자 미디어는 개인 간 실시간 동시적 커뮤니케이션 능력(전신과 전화), 다수의 사람에게 거의 즉각 메시지를 전송할 수 있는 능력(라디오와 텔레비전), 아날로그 형태의 기록, 복사, 재생, 제작 능력(녹음기, 카메라, VCR 등) 등을 향상시켰다. 이러한 전자 미디어는 음성이나 시각 정보를 전자적으로 매개하면서, 기존 문자 미디어가 제공하지 못했던 현존 감각이 동시적인 교류의 경험을 가능하게 했다. 하지만 전파에 기반한 라디오와 텔레비전 같은 전자 미디어는 소수의 제작자가 일방적으로 정보를 송출하는 독백과 같은 커뮤니케이션의 성격을 가졌고 송신자와 수신자의 구분도 뚜렷했다.

인터넷 기반 디지털 미디어 기술의 발달은 이러한 전자 미디어 환경의 정보 형식, 정보 저장이나 유통 방식, 커뮤니케이션 경험의 조건에 생태적 변화를 가져왔다. 인터넷을 통해 개인 대 개인 혹은 소수의 집단이나 불특정 다수의 사람들이 상호 연결하고 동시적 혹은 비동시적 교류를 하는 다차원적 커뮤니케이션 양식이 가능해졌다. 이용자는 정보를 쉽게 검색, 저장, 복제, 제작, 전유, 유포 등을 할 수 있게 되었고, 자신의 현존을 다양한 형식으로 재현하고 가상적으로 매개할 수 있게 된다. 기존의 전자 미디어가 제공한 정보 흐름이나 송·수신자 관계의 일방적이고 고정적인 한계를 넘어, 대화와 같은 일대일 대인 커뮤니케이션에서부터 일대다, 다대다 등의 대중 커뮤니케이션에 이르기까지, 혹은 즉각적인 반응을 구하는 실시간 커뮤니케이션에서 개인이 편한 시간에 정보를 송수신하는 비동시적 커뮤니케이션에 이르기까지, 다양한 커뮤니케이션 실천이 가능하게 된다. 이전의 전자 미디어에서 수용자는 콘텐츠의 수신자에 불과하였으나, 인터넷 미디어 환경에서는 수동적 소비자가 아닌 능동적인 콘텐츠 제작자나 유포자가 될 수 있다. 또한 인터넷의 연결성은 지역성과 근접성에 국한되지 않는 전 지구적 정보 교류가 이루어질 수 있게 된다.

인터넷 기반 디지털 미디어는 기존의 문자, 음성, 영상 미디어 등의 단일 미디어 형식을 '재매개'하면서, 개별 미디어 형식을 자유롭게 오가며 때에 따라서는 이들 형식을 결합한 멀티미디어 형식으로 개별 형식들의 한계를 '교정'한다. 인터넷에서는 별개로 취급되던 문자, 음성, 영상을 다양하고 혼합적인 방식으로 활용할 수 있게 함으로써 인쇄 미디어 환경을 교정한 초기 전자 미디어가 부활시킨 청각적이고 다중적 감각을 더욱 확장해 간다. 이메일이나 채팅과 같은 문자 기반 인터넷 텍스트에는 인쇄 문자 미디어의 '성찰성'과 구술 미디어의 '상황 중심성'이 공생 관계를 형성했고(Barnes, 2001/2003), 미디어 형식은 문자지만 구어와 같은 촉각적이면서도 상황에 즉각 반응하는 구술 커뮤니케이션의 성격이 나타난다. 또한 하이퍼텍스트성은 문자 텍스트가 선형적 구조의 엄격함에서 벗어날 수 있게 해 주고, 기존의 문자 미디어에서 불가능했던 피드백과 사회적 상호 작용을 허용한다. 신문, 잡지, 책, 영화, 라디오, 텔레비전 등 기존 매스 미디어 콘텐츠는 인터넷 미디어에 디지털 형식으로 재매개화되면서 확장된 유통 경로를 갖게 되지만, 이들의 유통과 수용은 플랫폼화된 웹의 양식에 따라 기존과 다른 방식으로 유통되고 수용된다. 인터넷은 모든 미디어를 매개하는 "미디어들의 미디어medium of media"(Levinson, 2004: xiv)로, 인터넷의 기술적 편향이 이들 미디어를 특정한 방식으로 구성 또는 재구성한다.

2. 월드 와이드 웹의 시공간적 편향

공간 편향적 미디어

사이버스페이스cyberspace란 용어는 1984년 SF 작가 윌리엄 깁슨William Gibson이 사이버펑크 소설 《뉴로맨서*Neuromancer*》에서 처음 사용했다. 여기서 사이버스페이스는 인간이 자신의 뇌에 이식된 소켓에 전극을 꽂으면 들어가는, 다시 말해 육체에서 이탈된 의식만이 들어갈 수 있는 실재하지 않은 데이터베이스 공간을 의미했다. SF 소설에서 사람의 뇌와 컴퓨터 통신망을 연결해 형성되는 허구적 공간으로 상상되었던 사이버 공간은 점차 인터넷 기술이 발달하면서 실제 커뮤니케이션이 일어나는 사회적 공간 혹은 사람들이 추구하는 다양한 양식의 정보가 교류되는 데이터 공간으로 실체적 의미를 얻게 된다.

매클루언(1964/2011)은 전자 미디어가 청각적 혹은 촉각적인 미디어로서 기존 구술 문화의 청각적 공간이 가진 동시적인 상황성simultaneity과 구술 상황에서의 현존 감각을 회복한다고 본다. 인쇄 미디어 환경에서 눈으로 문자를 읽으며 커뮤니케이션의 동시성과 역동성을 잃었던 미디어 수용자가 소리에 둘러싸여 듣기 활동의 주체가 되고 즉각적으로 커뮤니케이션 상황을 경험할 수 있게 됨으로써 청각적, 촉각적 공간이 부활한다는 것이다. 옹도 마찬가지로 전자 미디어의 경험이 공동체 감각을 키우고 현재의 순간에 집중한다는 점에서 구술 경험과 유사하다고 본다. 문자 텍스트가 언어를 시각적으로 고정시키며 '아는

자'의 커뮤니케이션 상황에서 '아는 것'을 분리시키고, 저자는 독자가 부재한 상황에서 허구적 독자를 상상하며 글을 쓰는 데 반해(Ong, 1977, 1982), 전자 미디어는 커뮤니케이션의 상황성, 그리고 화자와 청자가 함께하는 공동의 감각을 회복한다. 레빈슨은 텔레비전이 아닌 인터넷이 매클루언이 이야기한 청각적 공간을 좀 더 구현시키고 있다고 설명한다(Levinson, 1999). 인터넷의 전 지구적 미디어 네트워크가 청각적 공간의 역동적인 '동시적 관계의 세계,' 동시 다발성all-at-once-ness, 모든 곳에 커뮤니케이션의 중심이 만들어지고 경계가 사라지는 '공명의resonant' 장 등을 가능하게 한다는 것이다. 전자 미디어가 청각적 공간을 회복시킨다는 매클루언의 주장이 인터넷 시대가 도래하면서 더 설득력을 얻게 된다. 특히 인터넷을 통해 지리적 장소나 국가적 경계를 뛰어넘는 다양한 네트워크 공동체가 형성되면서 그의 '지구촌'이나 재부족화 개념이 다시 조명받았다. 인터넷 기술의 연결성은 다수의 중심이 존재하고 다중 감각적인 상호 작용을 통해 지금-여기의 현존성을 가질 수 있게 함으로써, 청각적 공간을 회복하는 효과를 기대할 수 있다. 지구촌은 세계가 하나의 '마을' 공동체를 이루었다는 의미라기보다는, 일종의 은유로서 전 지구적 차원에서 이루어지고 있는 역동적, 동시적, 수평적, 다방향의 커뮤니케이션 경험을 상징적으로 시사한다.

인터넷 공간은 물리적 거리와 장소의 제약에서 벗어나 동시적, 비동시적 커뮤니케이션 경험을 허용하고, 기존 미디어를 일종의 내부 미디어intra-medium로 재편되고 다양한 형태의 상호 작용을 가질 수 있게 해 준다는 점에서 구술 문화의 청각적 공간과 차이를 갖는다고 볼 수 있다. 책, 신문, 방송, 라디오, TV와 같은 비대칭적이고 일방향적인 미디어 콘텐츠가 인터넷으로 재매개될 때, 댓글이나 채팅과 상호 작용적 커뮤니케이션의 능력을 갖추면서 보다 복합적인 커뮤니케이션 공간을 구성할 수 있다. 텍스트의 전달 또한 면 대 면 대화와 유사한 정도의 상호작용성이 일어날 수 있다. 온라인 안으로 들어온 문자 텍스트는 효율적으로 상호 작용을 매개하며 문자 텍스트의 엄격함에서 벗어나게 되고(Barnes, 2001/2003; Bolter & Grusin, 1999/2006), 구어 커뮤니케이션의 상황적인 성격을 부분적으로 복원하고 있다. 영화, 방송 프로그램, 사진, 음악 등의 단일 미디어의 콘텐츠는 좀 더 상호 작용적인 혹은 관계적인 맥락에서 재편되고 있고, 좀 더 역동적인 수용자-텍스트의 관계가 형성되게 된다. 인터넷의 디지털 텍스트는 다른 모든 커뮤니케이션 형태의 정보를 통합적으로 그리고 하이퍼링크hyperlink된 형태로 다룸으로써, 각 미디어 콘텐츠들이 인터넷의 서브 텍스트로 '내부적intra-' 혹은 '내외적hyper-' 텍스트 관계를 맺을 수 있다. 즉 서로 다른 미디어 형식이 하나의 웹 페이지 내에 공존하거나, 페이지를 넘나들며 다른 텍스트와 상호 관계를 맺을 수 있다. 텍스트의 구조가 좀 더 유연해지고, 수용자의 선택권을 강화하거나 수용자 스스로 수용 과정을 구성할 수 있도록 해 준다. 인터넷의 네트워크를 통해 거의 모든 것의 상호작용과 관계, 즉 사람과 사람, 사람과 사물, 기계와 기계 간 연결망이 형성되고, 물리적 공간의 맥락이나 단일 미디어의 물리적 한계에서 벗어난 다양한 차원과 범위의 커뮤니케이션 경험이 형성될 수 있다.

인터넷 이용자가 상호 작용적 커뮤니케이션을 하며 매스 미디어의 콘텐츠를 전유할 수 있게 되면서 기존 매스 미디어의 생산자와 소비자 간의 경계를 허물어 갔다(Jenkins, 2006). 물론 일방적으로 주어진 콘텐츠나 정보를 소비하는 수준에 머무는 기존 매스 미디어의 수용 관행이 그대로 답습될 수는 있으나, 이러한 경우조차 이용자는 콘텐츠를 검색하고 선택하거나 구독 서비스에 가입하는 등 수용 과정의 제어력을 갖게 된다. 인쇄 문화가 언어를 실상황과 떨어진 하나의 사물로 고정하고 선형적인 구조로 조직화하며 시각적으로만 인지하게 하였다면, 청각적 공간으로의 인터넷은 텍스트를 활자 공간에서 벗어나 쉽게 수정할 수 있고 좀 더 공감각적으로 소통할 수 있게 해 준다. 종이책에 활자로 고정되었던 지식이 유동적인 아이디어의 집합체로 변환되고, 수용자의 관심과 필요에 따라 '기회적'이고 일시적으로 구조화될 수 있다(Bolter, 1991/2010: 90~91). 인터넷에서의 글쓰기는 느슨한 문법, 속어나 축어, 혹은 감정이나 톤을 담아낸 이모티콘과 같은 상징 등을 사용하고, 참여자가 있는 한, 끝이 없이 이어진다. 집단 쓰기 과정을 통해 끊임없이 구성되고 재구성되는 지식 공간의 형태를 보여 주는 위키백과와 같은 사례는 인터넷의 전자적 쓰기 공간의 역동성, 비선형성, 그리고 협력적 성격을 잘 보여 준다. 네트워크화된 텍스트는 인쇄 문화의 시각적 공간에서 억제되었던 구술 문화의 다중감각성, 동시성, 역동성, 무정형성 등을 회복시키며, 문자로 커뮤니케이션하더라도 시각 위주에서 벗어난 탈시각적post-visual 공간을 경험하게 한다.

스트레이트는 초기 사이버 공간의 다양한 경험을 실재와의 존재론적 관계, 공간의 구성 요소, 구성된 공간의 성격 등의 세 가지 차원으로 분류한다(Strate, 1999). 첫 번째는 존재론적 차원에서 사이버 공간을 초공간paraspace이나 비공간nonspace같이 실재하지 않은 허구적 공간으로 생각하거나 반대로 물리학적 법칙에 따르는 인간과 컴퓨터의 관계에 의해 형성된 공간시간spacetime으로 접근하는 것이다. 두 번째는 사이버스페이스의 기본적인 요소를 기반으로 물리적, 개념적, 지각적 공간으로 나눠 이해하는 것이다. 세 번째는 인터넷 이용을 통해 형성되는 사이버 미

표 4 **스트레이트의 사이버 공간의 분류**

<table>
<tr><td>2차 사이버 공간
종합</td><td colspan="6">사이버 미디어 공간
미학적 공간, 정보/데이터 공간, 상호 작용적/관계적 공간</td></tr>
<tr><td>1차 사이버 공간
기본 요소</td><td colspan="2">물리적 공간</td><td colspan="2">개념적 공간</td><td colspan="2">지각적 공간</td></tr>
<tr><td>0차 사이버 공간
존재론</td><td colspan="3">초공간, 비공간</td><td colspan="3">공간시간</td></tr>
</table>

출처: Strate, 1999: 384.

디어 공간으로서, 스트레이트는 표현 방식이나 디자인을 통해 경험되는 미학적 공간, 정보 콘텐츠와 관련된 데이터 공간, 컴퓨터 매개 커뮤니케이션을 통해 형성된 관계의 공간 등을 포함시킨다(표 4).

이러한 분류는 일반인이 인터넷을 널리 사용하기 시작한 1990년대 말에 제안된 것이지만, 네트워크를 이용하며 형성된 사이버 공간이 물질적·기술적 차원부터 담론적·지각적 차원에 이르기까지 다양한 차원의 경험이 결합하여 구성된다는 개념은 여전히 유효하다. 인터넷 관련 기술의 발달과 상용화 양식의 변화에 따라 인터넷으로 매개된 공간이 계속해서 진화하고 있지만, 기본적으로 이러한 공간은 디지털 컴퓨터와 네트워크 기술과의 관계라는 존재론적 기반을 토대로 형성된 경험적 공간이다. 이러한 공간의 감각과 경험을 이해하고자 할 때, 우리는 우선 이러한 경험을 가능하게 하는 물질적 토대와의 관계를 생각할 수 있다. 인터넷 사용을 가능하게 하는 물질적 기반에는 눈에 보이지 않는 네트워크 및 기술 인프라에서부터 컴퓨터, 스크린, 저장 장치, 네트워크 기기, 단말기 등에 이르기까지 인터넷 사용에 필요한 각종 하드웨어적 조건이 있다.

또한 인터넷의 연결성을 통해 특정한 방식의 커뮤니케이션 활동 및 상호 작용을 허용하는 소프트웨어적 조건이 있다. 예를 들어, 블로그, 위키백과, 게시판, SNS, 동영상 공유 사이트 등의 소셜 미디어 서비스는 이용자들이 텍스트, 이미지, 오디오, 비디오 등의 다양한 형식의 정보나 콘텐츠를 공유하며 사회관계의 생성, 유지, 강화, 확장 등을 가능하게 해 주는 소프트웨어적 조건이라고 할 수 있다. 이러한 기술적 조건은 탈중심적이고 분산적인 네트워크망을 기반으로 전 지구적으로 접속 가능한 다양한 플랫폼을 출현시키면서 인터넷을 이용하는 사용자 인터페이스를 구성한다. 이용자들은 인터넷과 연결된 컴퓨터 화면 앞에서 마우스나 키보드를 누르며 응용 프로그램이나 웹 사이트가 이용자와의 효과적 의사소통을 위해 제공하는 각종 도구를 활용한다. 사용자 인터페이스는 특정한 방식의 신체적, 감각적 상호 작용을 허용하며 인터넷을 접하는 지각 공간을 구성한다. 이러한 지각 공간에서 인터넷 이용자들은 인터넷이 연결된 컴퓨터 스크린에 반응하며 웹 서핑, 메시지 게시, 댓글 읽기와 달기, 구독과 알림 신청, 게임 이용과 영상 시청 등을 위한 마우스 클릭과 키보드 두드리기를 이어 간다.

이러한 기술적, 물질적 조건을 기반으로 인터넷에 접속하는 지각 활동이 이루어지면서, 인터넷이 매개하는 경험의 공간이 형성된다. 기본적으로 인터넷 공간은 모든 것을 0과 1로 구성된 디지털 데이터가 끊임없이 생성·기록되고 흐르는 데이터의 공간이자 이러한 데이터가 특정한 목적과 의미를 가진 정보로 전환되어 유통되는 정보의 공간이고, 기존 미디어를 비롯한 각종 미디어가 (재)매개되는 미디어 공간이기도 하다. 데이터와 정보의 형태로 사람과 사람 혹은 사람과 사물이 연결되어 상호 작용을 하고, 뉴스, 오디오, 영상, 게임 등 다양한 미디어 콘텐츠의 이용이 이루어진다. 특히 웹 기술은 개인 이용자들이 정보나 미디어 제작 및 공유에 관여할 수 있도록 하면서, 참여적 특성을 가진 역동적인 미디어 공간이 구축된다. 또한 개인 이용자들은 인터넷을 매개로 자신의 필요와 관심사에 따라 커뮤니케이션하고 사회적 네트워크를 유지하거나 만들 수 있으며, 이러한 네트워크를 통해 정보를 공유하거나 추구할 수 있다. 인터넷을 통해 개인, 집단, 불특정 다수와 다양한 방식으로 상호 작용하며 커뮤니케이션 및 사회관계의 공간을 경험하게 된다. 개인은 사적이거나 좀 더 집단적이고 공적인 커뮤니케이션 공간을 경험할 수 있고 공개적 혹은 비공개적으로 자신의 신상 정보를 드러내며 자신을 표현하고 연출하는 공간을 가질 수 있다. 커뮤니케이션과 관계의 공간은 서로 배타적이기보다는 유기적으로 연결되어 있고 개인 이용자에 따라 다양하게 조합되어 경험될 수 있다.

인터넷이 매개하는 공간에는 네트워크를 통해 일시적으로 모이고 흩어지는 무정형의 사회관계가 형성되기도 하지만 동시에 시공간의 구속에 유연할 수 있는 새로운 부족주의 경험도 가능하다.[9] 주기적

9 매클루언(McLuhan, 1969)은 전자 미디어의 등장으로 문자 문화의 서구인이 인류와 "새롭고 강렬한 깊은 참여"를 하는 동시에 "다수의 부족적 존재 상태"로 분산된다고 말한다. 그는 전지구적인 정보 흐름의 세계를 즉각적으로 만드는 전자 미디어를 통해, 지리적 거리에 상관없이 가까움을 느끼는 '지구촌'이 만들어지고, 오감을 통해 실제를 지각하고 자신이 속한 집단에 관여하는 구술 문화의 '부족주의'가 부활한다고 보았다. 인터넷의 연결성은 이러한 감각적이고 참여적인 부족주의의 부활을 돕는다고 볼 수 있다. 사람들은 자신의 관심사와 필요에 따라 사회적 유대 관계를 맺고 다양한 공동체에 참가할 수 있어, 매클루언이 말한 다수의 분산된 '부족적 존재 상태'를 형성하고 경험할 수 있게 된다.

으로 들리고 관여하는 커뮤니티 게시판이나 채팅방, 팔로우하는 SNS, 실시간 라이브 방송, 온라인 게임 등에서 이용자는 전자적으로 현존하며 사회적 정서적 교류를 공동의 감각을 공유할 수 있다. 인터넷 공간에 이용자들의 경험과 의미가 누적되면서 이들이 친밀과 편안함의 감정 혹은 공동의 감각을 느끼는 장소가 될 수 있다. 기술적 기능이 작동하고 데이터가 흐르는 탈물질의 비공간이 아니라, 디지털로 매개된 '삶의 경험lived experience'이 이루어지고 의미와 애착이 쌓이면서 장소의 감각을 갖게 되는 '디지털 장소'로서의 역할을 하게 된다.

또한 인터넷 공간의 데이터나 정보가 일생 생활의 실제 경험이나 감각에 영향을 미치면서 인터넷 세계와 혼성화된 현실 감각이 만들어진다. 예를 들어, 사람들은 인터넷에 검색해 상위에 올라온 맛집 정보나 인터넷 방송의 '먹방'(음식을 먹는 방송)을 주목하고, 해당 데이터나 정보가 추천하는 특정 음식점을 방문해 음식을 먹어 본다. 디지털 정보가 음식을 먹는 실제 경험에 직접적인 영향을 미치며 경험의 본질을 구성하고 이러한 경험들은 다시 디지털 정보로 만들어져 인터넷에 유통된다. 인터넷 공간이 매개하는 정보가 일상생활에 깊숙이 침투하고 결합하면서, 온라인과 오프라인 경험의 경계가 허물어졌을 뿐만 아니라, 이들 경험 간 상호 작용이 더욱 심화되었다. 요컨대, 물질적, 기술적 기반을 토대로 형성된 인터넷 공간의 경험은 지각 공간, 매개된 공간, 혼성화된 현실 세계의 상호 관계 속에 형성된다고 볼 수 있다(그림 9)

이니스는 미디어를 시간 편향과 공간 편향 유형으로 구분한다(Innis, 1950/2008; 1951/2018). 시간 편향적 미디어는 여러 세대에 걸쳐 지속적인 정보를 전달하며 영속성, 공동체, 전통 및 종교 등을 뒷받침하고, 공간 편향 미디어는 넓은 지역에 정보를 빠르게 효율적으로 전달

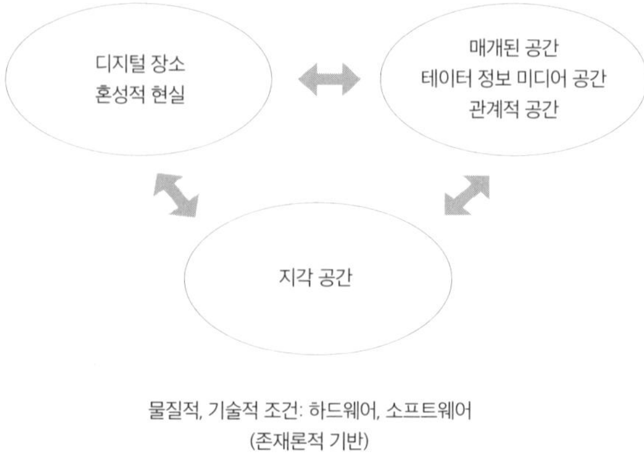

그림 9. **인터넷 공간의 경험**

할 수 있어 빠른 변화나 세속주의 및 제국의 팽창을 돕는다. 또한 새로운 미디어의 등장은 기존 미디어의 정보 시스템에 기반을 둔 사회 권력의 '지식 독점'에 도전한다. 예를 들어, 로마 제국의 몰락 이후 유럽 전역에 퍼진 수도원이 시간 편향적 미디어인 양피지에 일반인이 접근하기 어려운 라틴어로 쓴 성경 필사본으로 지식을 독점했다. 반면, 공간 편향적 종이의 이용과 인쇄기 발명은 수도원의 통제를 넘어서 세속적 정보 교류, 모국어 사용과 민족주의 성장, 개신교 개혁, 유럽 제국주의, 과학주의 등이 등장하는 배경이 된다. 인터넷은 전 지구적 규모의 네트워크를 통해 지리적 장소나 거리에 상관없이 정보를 빠르고 효율적으로 유통할 수 있게 하는 미디어 기술이라는 점에서 공간 편향적이라고 볼 수 있다. 기존 전자 미디어가 소수에 의한 독점적 사용과 통제 그리고 이들의 일방향적인 정보 유통을 허용했다면, 인터넷은 컴퓨팅과 연결을 통해 정보가 자유롭게 흐르는 개방형 커뮤니케이션 체계를 구축하며 일반인도 정보 제작 및 유포 채널을 가지면서 다방향의 교류를 할 수 있게 해 준다. 인터넷이 분산된 네트워크를 통해 새로운 공동체를 만들고 청각적 공간의 경계 없는 다성성multi-vocality이 형성될 수 있게 해 준다는 점에서 기존의 미디어 엘리트들이 통제하던 지식 독점 체계에 도전할 수 있는 잠재력을 갖는다.

인터넷의 참여적 특성은 지식 독점의 일부 형태를 약화시키고 있지만, 그것의 전 지구적 연결망은 역설적으로 광범위한 통제를 허용하기도 한다. 알렉산더 갤러웨이Alexander Galloway(2004)는 인터넷이 자유롭게 정보가 교환되는 개방적인 커뮤니케이션 공간이라기보다는 고도로 구조화된 '가장 통제된 매스 미디어'라고 주장한다. 인터넷의 연결이 선형적이거나 위계적이거나 중앙 집중화되어 있지 않지만, 그렇다고 정보 교류가 자유롭게 이루어지고 지식의 독점이 사라지고 분산된 것도 아니다. 이용자는 정보 교류와 커뮤니케이션을 위해 표준화된 기술적인 통신 규약에서부터 소수의 기업이 소유한 인터넷 플랫폼에 이르기까지 인터넷에 내장된 표준 또는 인프라 시스템에 의존해야 하는데, 이들 구조는 또 다른 독점의 형태를 만들어 간다. 웹 플랫폼이 자동화된 콘텐츠 관리 및 검색 시스템을 제공하며 우리가 관심 가질 만한 콘텐츠를 손쉽게 접할 수 있는 편의성을 가져다주지만, 우리가 이용하는 동안 생성된 우리에 관한 정보 및 데이터를 수집하고 통제하는 권력을 갖게 된다. 구글이나 페이스북과 같은 소수의 플랫폼은 이용자가 다른 사이트를 찾지 않더라도 다양한 콘텐츠를 공유하거나 소셜 네트워킹을 할 수 있게 하고 이들의 검색 및 활동 기록을 개인의 계정과 동기화시키며 개인에게 맞춤화된 서비스를 제공한다. 이러한 대가로 이용자 정보에 관한 독점적 통제력을 얻게 된다. 인터넷의 공간적 구조는 누구에게나 개방된 커뮤니케이션 공간이지만, 역설적으로 네트워크의 연결 구조를 통해 개인에 대한 모니터링을 강화하고, 수많은 데이터와 정보에 대한 통제나 추적을 가능하게 하며, 기술과 결합한 시장주의나 정치권력에 의해 착취되기도 쉽다. 이용자들은 전 지구적 연결성으로 참여적 지식 공간의 등장, 호혜적인 정보 공유, 네트워킹을 통한 새로운 사회관계의 형성 등을 경험할 수 있다. 하지만 이러한 공간에는 공간 지향적 편향이 지니는 통제의 역학이 동시에 내재해 있어, 개인을 표적화한 이익 창출이나 행동 규제에 취약해질 수 있는 양가성이 공존한다.

현재 중심의 편향

미디어의 시간적 편향은 우리의 시간 경험에 영향을 미쳐 왔다. 멈포드는 인간 활동을 제어하고 조정하는 기계식 시계가 현대 산업 시대를 여는 데 기여했다고 말한다(Mumford, 1934/2013). 중세 수도원은 로마 제국의 몰락 이후 세계의 규칙과 질서를 유지하기 위해 하루에 일곱 번 울리는 종소리에 맞춰 기도를 드렸고, 이러한 기도를 보다 충실하게 이행하기 위해 기계식 시계를 발명했다. 13세기에 발명된 시계는 하루를 24시간으로 나누고 '기계의 규칙적인 집단 리듬과 박자'에 따라 인간의 활동을 통제하고 동기화하는 기준을 제공하게 된다. 처음에는 교회탑에서 설치되었던 시계가 이후 시청이나 공적 장소에, 집 안 거실에, 그리고 개인의 주머니 안에 들어오게 되면서 일상의 시간 체계를 지배하게 된다. 16세기에는 분을 표시하는 방식, 그리고 17세기에는 초를 표시하는 방식이 개발되면서, 시간은 측정 가능한 숫자 단위로 더욱 세분화되고, 유기적인 삶의 순환 주기에서 벗어나 '탈자연적'인 추상적 시간의 세계가 구축된다.

> 에너지양의 결정, 표준화, 기계적인 행위, 정확한 시간 조절 등과 관련하여, 시계는 근대적 기술 중 선두적인 기계였다. 각 시기마다 시계는 선두에 있으면서 다른 기계가 열망하는 모범이 되었다. (Mumford, 1934/2013: 15)

기계식 시계는 필사의 과정을 반복 가능한 일련의 단위로 나누어 처리하는 인쇄기의 기술적 어포던스 특성을 공유한다. 기계적 반복을 통해 행위를 동시화하고 표준화를 가능하게 한 시계는 시간을 지키는 것 외에 '시간에 따라 일하기,' '시간 계산하기,' '시간 할당하기' 등 인간 세계의 행동이나 노동을 규율하는 시간 체계를 만들었고, 근대 산업자본주의 도시의 생활 양식이나 노동의 리듬을 구축하는 기반 기술 역할을 했다. 서구 근대 사회에서 자연의 유기적인 리듬에 맞추어 이루어졌던 노동의 흐름은 기계적 시간에 의해 표준화, 조직화되고, 노동의 대가는 시간 단위로 정산되기 시작했다. 자연의 순환적인 리듬에서 벗어나 양적으로 잴 수 있고 목적에 따라 구분을 하고 평가될 수 있는 시간 개념이 생겨났고, 노동과 여가의 시간이 명료하게 구분되었다. 한편, 전자식 기술의 신호탄이었던 전신의 등장은 정보가 이동할 수 있는 속도를 변화시키며 널리 떨어져 있는 구역region 간 신속한 정보 교류를 가능하게 하면서 표준화된 시간대time-zone를 도입하는 기술적 배경이 되었다 (Carey, 1989). 자오선을 중심으로 경도 7도 30분씩을 구분하고 이 구역에 동일한 표준시를 사용하는 시간대 개념이 생기면서 활동하고 조정할 수 있는 전 세계의 기준이 마련되었다. 이렇게 구축된 기계적 시계 체계는 오늘날까지도 우리의 모든 활동과 과정을 조정하고 제어하는 기준을 제공하며, 우리의 일상적 삶을 조직하고 경험하는 과정에 깊이 개입하고 있다. 기계적 시계의 선형적 시간 순서에 따라 출퇴근이 이루어지고 일하는 시간과 쉬는 시간의 리듬이 만들어진다. 그리고 이러한 시간의 리듬은 노동하는 공간과 휴식이나 여가를 보내는 공간과 같은 공간의 분화와 맞물려 근대적 삶의 양식을 구성하게 된다.

인터넷은 24시간 언제나 즉각적으로 정보를 교류하고 커뮤니케이션을 가능하게 하면서, 기존 기계적 시계의 순차적, 선형적 시간 경험의 관행에 변화를 가져온다. 인터넷 공간의 상호작용성과 멀티미디어성은 구어적 상황의 경험, 즉 주변 분위기와 함께 여기, 현재의 느낌을 전달하며 지금 일어나는 일의 중심에 있다는 느낌을 주는 공간감을 가상적으로 복원할 수 있게 한다. 메시지를 즉각적으로, 그리고 보다 다중 감각적으로 전달할 수 있게 됨에 따라, 청각 공간의 동시성이나 역동성을 살릴 수 있게 된다. 인터넷의 연결성은 지리적, 물리적 거리뿐만 아니라 시간적 제약 혹은 기계적 시간 관습에 따라 구축된 삶의 양식의 틀로부터 좀 더 유연하게 시간 경험을 할 수 있게 해 준다. 미셸 라게르Michel Laguerre(2004)는 인터넷 공간을 통하여 "사이버타이밍cybertiming"과 "유연한 타이밍flexitiming"을 경험한다고 말한다. 가상적 시간은 노동하는 주중과 주말의 경계 혹은 낮과 밤의 경계를 허물며 전통적인 노동의 주기 개념을 약화시키고, 더 나아가 선형적인 시간을 유연하게 재구성하고 있다는 것이다.

마누엘 카스텔스Manuel Castells(2000)는 인터넷 공간이 공유된 장소보다 공유된 정보로 사람들을 연결하는 "흐름의 공간space of flows"과 이러한 정보가 순간적으로 수월하게 흐르는 "초월적 시간timeless time"의 특성을 갖는다고 말한다. 원격 정보 교류와 상호 작용을 허용하는 흐름의 공간은 기계적 시계 시간에 의한 일과 상황에 종속적인 선형적 시간 경험에서 벗어나 그때그때 상황에 적절한 비동기적, 동기적 시간 경험을 선택할 수 있고, 온라인 세계에 순간적으로 접속할 수 있게 해 준다. 기계적 시계 기반의 기존 시간 경험에 영향을 미치는 인터넷의 시간 편향의 특성을 살펴보면 다음과 같다.

첫째, 인터넷은 자연의 유기적 시간 패턴이나 기계적 시계의 선형적 시간 패턴에서 벗어나, '24/7,' 즉 하루 24시간, 일주일 내내 언제나 온라인 활동을 가능하게 한다. 실시간 동시적 커뮤니케이션이나 자기 편의 위주의 비동시적인 커뮤니케이션이 지리적 위치에 상관없이 이루어질 수 있게 되면서, 시간 경험이 자연의 순환적인 시간의 주기나 지속성에서 더욱 멀어지고, 장소나 지역에 귀속된 시간의 맥락에서 쉽게 벗어날 수 있게 된다. 연결만 된다면 표준 시간대에 구애받지 않고 지구 건너편의 사람과 메시지를 주고받을 수 있고, 기계적 시간과 장소 경험이 결합하면서 고착된 일과의 리듬에 벗어난 활동이 이루어질 수 있으며, 일상생활에 정례화된 일정이나 정시성에서 벗어난 시간 경험이 만들어질 수도 있다. 예를 들어, 미국에 있는 사람이 올린 게시글을 시차 없이 받아볼 수 있고, 학교 수업 시간에 맞춰 통학하지 않고도 원격으로 원하는 시간에 수업을 들으며 학점을 이수할 수 있으며, 본방송 시간을 놓쳐도 자기가 보고 싶을 때 다시 보기를 할 수도 있다. 기계적 시계를 기반으로 구축된 삶의 양식이 가정 안에서 보내는 시간과 밖에서 보내는 시간, 혹은 쉬는 시간과 일하는 시간을 구분했다면, 인터넷의 연결성은 이러한 시간 간 혹은 공간 간 상호 침투를 수월하게 만든다. 기계적 시계가 시간을 분절시키고 각 시간 단위에 따라 활동을 표준화하고 동기화시키는 기반 기술이었다면, 인터넷은 이러한 표준화된 생활 리듬에 균열을 내며 각자의 필요에 따르는 탈동기화de-synchronization된 시간 경험을 가능하게 한다. 조너선 크래리Jonathan Crary(2013: 30)는 온라인을 기반으로 언제나 손쉽게 소비와 유희가 가능해지면서 기존 기계적 시계의 24/7 시간 체제, 즉 개별 요일과 일주일, 주말과 휴일 등의 시간을 구분하는 분절적 시간 감각이 약해지고 '잠의 종말'을 가져오는 끝없는 '비시간non-time'을 경험하게 된다고 주장한다. 비시간의 온라인 공간은 모든 것을 디지털 정보로 기록하고 보관하며 "끄는 스위치가 존재하지 않는 켜진 스위치의 세계"이기에 시간의 흐름이 삶의 리듬과 관련 없이 전개될 수 있다(Crary, 2013: 30). 기존의 기계적 시간 체제가 물리적 장소에서의 활동과 결합해 분절적 시간 감각을 만들었다면, 인터넷은 이러한 감각을 장소의 구속력에서 분리하고, 끊임없이 뭔가가 일어나고 뭔가를 할 수 있다는 연속적 시간 감각을 만들고 있다. 이것은 기존의 시간 체제를 폐기하기보다는, 오히려 시간의 흐름을 추상적이고 균질한 '수열의 독립 세계'로 구성하는 기계적 시계의 인식론적 편향을 극대화해 간다.

둘째, 인터넷은 전 지구적 차원의 즉각적 상호연결성을 통해 시공간을 압축하면서 이용자가 효율적 커뮤니케이션을 추구하며 시간의 가속화를 경험할 조건을 제공한다. 시간 단위 안에서 처리할 수 있는 활동의 처리 속도를 높이는 네트워크 연결성이 즉각적 반응을 기대하며 시간 지연 상황이나 지속 시간에 대해 인내하지 못하는 시간 감각을 형성한다. 즉각적이고 효율적인 커뮤니케이션과 정보 교류가 이루어지면서 언제나 즉각적인 '반응'이나 '대답'을 얻을 수 있을 거라는 기대를 하게 만든다. 소셜 미디어 서비스 이용이 일상적으로 이루어지고 마우스 클릭 한 번만으로 상호 작용이 가능해지면서, 일상생활의 실존적 경험과 온라인 커뮤니케이션 공간의 가상적 경험 사이의 경계가 허물어지고, 시간적 처리 속도에 대한 압력이 일상생활에도 영향을 미치게 된다. 존 톰린슨John Tomlinson(2007)은 인터넷 환경에서 자신의 욕구에 대한 즉각적인 만족에 익숙해지는 '속도의 문화'가 형성되었다고 말한다. 미디어의 즉각적 연결성은 지금과 나중, 이곳과 다른 곳, 욕망과 충족 사이의 시간적 격차를 줄이게 해 준다. 이와 함께, 시간적 지연이나 지속성을 문제로 여기게 하고, 긴급성의 감각이나 빠른 몰두에 대한 강박감이 생기게 된다. 인터넷 속도 및 컴퓨팅 처리 능력이 빨라지면서, 즉시성에 대한 시간적 편향이 더욱 강화되고 있다.

셋째, 인터넷 연결성은 공간 편향적이면서 지속적으로 이어지는 '현재'를 경험하게 해 준다. 인터넷 공간의 즉시성과 동시성이 끊임없이 최근의 정보를 제공하고, 현재 중심의 커뮤니케이션 경험을 만들며, 과거의 정보를 현재 맥락으로 불러와 되살릴 수 있다. 한편으로는 최신 정보가 끊임없이 업데이트되면서, 현재 중심적 사고와 최근 것에 대한 욕구를 부추긴다. 새로 올리는 글이 맨 위로 올라가는 블로그나 최신 메일이 제일 상단에 위치하는 웹 메일, 네트워크에 속한 회원들의 활동, 메시지, 추천 목록 등을 계속해서 업데이트해 주며 최신 소식을 알리는 페이스북의 뉴스피드 등이 현재 혹은 최신 중심의 시간 편향을 강화한다. 이용자는 로그인할 때마다 가장 최근 소식과 정보를 접할 수 있고 새로운 버전의 '현재'를 경험하게 된다. 직전의 현재는 곧바로 목록의 뒤로 밀린다. 최신 목록에서 멀어진 메시지는 화면을 아래로 이동시키는 스크롤 다운으로 볼 수 있고 이것마저 순서에 따라 곧 화면에서 사라진다. 다른 한편으로는, 과거의 데이터나 기록을 현재의 관심사에 따라 선택적으로 재생하며 지금의 순간으로 경험할 수 있다. 매클루언은 인쇄 문화의 시각적 공간에서의 커뮤니케이션 과정이나 삶의 경험이 순서에 따라 차례대로 그리고 단계적으로 이루어지는 데 반해, 전자 미디어 문화의 청각적 공간에서는 비순차적이고, 즉각적이며, 동시다발적으로 이루어진다고 말한다. 인터넷에서는 과거, 현재, 미래로 이어지는 직선 경로의 선형적 시간성이 최신성이나 즉시성이 강조되는 현재 중심의 '초시간성timelessness'으로 재편되고 있다. 이러한 현재 중심의 시간은 한병철이 말한 '원자화된 시간'의 성격을 갖는다. 그는 정보를 '원자화된 시간,' 혹은 순간순간 휘발되어 버리는 '점-시간'의 현상이라고 본다(한병철, 2014: 21). 원자화된 시간은 끊임없이 현재가 순간적으로 존재하고 사라지는 휘발성을 갖기 때문에, '시간적 중력'을 갖지 못하고 사람들의 주의를 지속적으로 묶어 두지도 못한다. 인터넷은 초시간적 원자화된 시간에 의해 움직이는 정보의 흐름을 끊임없이 전달하고, 이러한 흐름이 매개한 서사는 종결이나 완결이 되지 않은 채 이어진다. 인터넷의 시간 편향은 오랜 역사적 전통을 전수한다든가 현재의 의미를 과거와 미래의 맥락에서 읽기 위해 머무는 여유를 갖기 어렵게 만든다.

마지막으로, 인터넷의 연결성은 즉각적인 정보의 흐름을 만들 뿐만 아니라 이용자 자신만의 시간적 규범과 표준을 갖는 디지털 환경을 만들 수 있다. 로버트 해산Robert Hassan(2007)은 인터넷이 시계의 시간을 디지털적으로 압축하면서 비동기적 연결성을 가능하게 하는 "네트워크 시간"을 갖게 한다고 말한다. 인터넷 공간에서는 여러 개의 창을 띄어 놓고 여러 종류의 정보를 찾아보거나 다양한 사람들과 네트워킹할 수 있다. 정보나 커뮤니케이션 대상을 옮겨 다니면서 연속성이 떨어지는 커뮤니케이션 상황이나 정보 검색의 맥락을 가질 수 있다. 선형적인 시간의 흐름에 따라 순차적으로 행동하고 시간의 구분을 하기보다는, 한 시점에서 경험될 수 있는 커뮤니케이션 상황이 다양하게 존재할 수 있다. 물리적으로 떨어져 있으면서도 '실시간' 대화 혹은 구어적 성격을 띤 텍스트 교류를 통해 지금, 여기의 정서를 공유할 수 있다. 인터넷 이용자는 커뮤니케이션의 조건을 스스로 선택하며 현실의 선형적인 시간의 흐름에서 벗어난 '시간의 탈구'를 경험할 수 있다. 채팅하며 비디오 게임을 하고 또 다른 창으로는 소셜 미디어에 올라온 게시글을 훑어보며 동기적, 비동기적 커뮤니케이션을 오가면서 복수의 현재와 시간적 리듬을 경험할 수 있다.

또한 전 지구적 차원의 네트워크를 통해 기존의 시간대 구분을 뛰어넘는 커뮤니케이션이 가능해지면서 보다 유연한 시간을 경험할 수 있다. 하지만 이러한 유연한 시간 경험은 현실 세계의 정치 경제적 맥락에 따라 불균등하게 재구성될 수 있다. 전 지구적 네트워크 구조 자체에 중심과 주변의 위계질서는 없지만, 네트워크를 통해 특정 시간대의 '현재'가 다른 시간대의 '현재'보다 우위를 점하며 생활 리듬의 중심을 이룰 수도 있다. 라카 숌Raka Shome(2006)은 인도의 콜센터에 일하는 직원이 컴퓨터 단말기 앞에 앉아 늦은 밤부터 아침까지 미국에 있는 고객을 응대하면서 물리적으로 인도 밖에 나가지 않았지만 '가상적으로' 이산diaspora을 경험한다고 말한다. 인도인 직원들은 자신이 물리적으로 위치한 현실의 인도보다 멀리 있는 미국의 시간에 동기화되고, 지역의 삶 리듬과 정반대의 시간을 살게 된다. 개인의 사회적 조건 혹은 이용의 맥락에 따라 경험되는 '현재'의 내용이 달라질 수 있고, 이용자는 서로 다른 시간 패턴, 리듬 및 지속 시간을 갖는 다층적 시간적 환경에 거주할 수 있다. 근대적 시간 체계 속에서는 비교적 단일하게 경험되었던 현재에 대한 감각이 인터넷을 통해 더욱 다층적이고 복합적인 성격을 띠게 된다.

3. 모바일 인터넷의 시공간적 편향

더 빠른 속도로 더 많은 데이터를 전송하는 무선 기술 인프라가 구축되고, 스마트폰, 태블릿 PC와 같이 GPS(Global Positioning System 글로벌 위치 확인 시스템) 기능을 갖춘 모바일 기기가 상용화되면서, 언제 어디서나 모바일 인터넷을 이용할 수 있는 인터넷 환경이 만들어진다. 유선 인터넷이 인터넷을 사용할 수 있는 장소를 제한하는 데 반해, 모바일 인터넷은 장소에 제약 없이 '이중적 이동성,' 즉 실제 공간에서의 물리적 이동성과 온라인 공간에서의 가상적 이동성을 허용한다. 모바일 인터넷은 고정된 위치에 자유로운 인터넷 이용을 가능하게 하고 인터넷 이용자의 참여나 상호 작용 방식을 재편한다. 기존 인터넷이 이용자의 접속을 기다리는 디지털 정보 공간이었다면, 모바일 인터넷은 편재적 연결성과 자동화된 인식 기능을 통해 일상생활 속에 깊이 침투한다. 모바일 인터넷을 이용할 수 있는 스마트폰이 일상생활의 필수품이 되면서, 모바일 인터넷이 개인의 상황과 필요에 따라 정보를 제공하고 조언하는 삶의 파트너가 된다.

모바일 인터넷의 시공간적 편향을 살펴보기 위해, 모바일 인터넷을 접하기 위해 사용하는 스마트폰과 같은 모바일 기기의 무선 연결성과 이동성이라는 형식적 조건을 살펴볼 필요가 있다. 스마트폰의 전신이라고 할 수 있는 휴대 전화는 처음 이러한 미디어 형식의 효과를 일상적 삶 속에 구체화시키며 모바일 커뮤니케이션을 실현했다. 매클루언은 휴대 전화 이전의 유선 전화가 사람들 간의 대화를 향상시키고, 사용자에 대한 즉각적 접근을 회복하는 반면, 보편적 유선 접근으로 프라이버시가 약화되고, "보내는 사람이 보내지는the sender is sent" 것으로 역전된다고 말한 바 있다(McLuhan & McLuhan, 1988: 153). 그는 유선 전화의 연결성이 물리적 공간의 장벽을 넘어 대인 커뮤니케이션을 가능하게 하고 목소리의 즉각적 전달을 통해 구술 문화의 청각적 공간을 회복하는 측면을 보여 준다고 하면서, 흥미롭게도 유선 전화가 "당신이 두 장소에 동시에 있게 되는 것," "가공의 무형적, 탈육체적 정보 세계"에 의해 역전된다고 보았다. 그의 테트라드 분석은 무선 기술로 유선 전화의 한계를 극복한 휴대 전화의 효과를 이해하는 통찰력을 제시한다. 휴대 전화의 이동성과 무선 연결성은 우리가 위치에 상관없이 연락 가능한 상태를 유지하는 '연결된 현존'을 가능하게 한다. 물리적으로 여기 있으면서도 무선 연결이 될 수 있는 다른 곳에 탈육체적으로 현존할 수 있는 '두 장소에 동시에 있게 되는 것'을 허용하고, 이렇게 매개된 '무형의 탈육체적 세계'가 우리의 일상 세계와 공존하며 확장되는 것을 돕는다. 또한 물리적 공간의 장벽을 넘어선 연결성이 이동성과 결합되면서, 전화가 가졌던 물리적 장소의 칸막이를 허무는 효과를 더욱 강화할 뿐만 아니라 장소나 시간대에 따라 성격을 달리했던 일과의 칸막이를 허물고 지금-여기의 물리적 제약에서 벗어나 자신의 활동을 재구성할 수 있게 해 준다. 예를 들어, 휴대 전화의 이동성은 만나는 장소와 시간 정하기와 같은 일상 활동을 보다 실시간 상황에 맞게 유연하게 정하는 '미시적 조정'을 가능하게 한다(Ling & Yttri, 1999).

스마트폰은 기존 휴대 전화의 휴대성, 편재성, 즉시성, 연결성 등의 성격을 유지하면서 인터넷의 접근성과 애플리케이션의 편리성을 이동 중에도 활용할 수 있게 해 준다. 모바일 인터넷과 앱(응용 프로그램) 기능을 갖추고 있어, 네트워크의 사회적 공간뿐만 아니라 다양한 데이터 공간에 실시간 접근할 수 있게 해 준다. 휴대 전화가 이동 중 항시적 연결성을 유지할 수 있게 해 줌으로써 원거리 타인과의 사회적 교류를 가능하게 했다면, 스마트폰은 모바일 인터넷과 앱의 다중적 커뮤니케이션 양식과 멀티미디어 형식을 매개하면서 인간뿐만 아니라 정보, 데이터, 사물 등과 상호 작용하는 모바일 커뮤니케이션을 확장한다. 스마트폰은 무선 인터넷에 연결된 휴대 가능한 모바일 스크린을 통해 각종 미디어 기능을 앱의 형식으로 매개하면서, 이용자들은 미디어 기능을 개별적으로 혹은 조합하여 이용할 수 있다. 예를 들어, '카카오톡' 앱을 통해 사람들과 문자로 대화를 나누고, 자신이 카메라 앱을 통해 찍고 편집한 사진이나 유튜브 영상의 링크를 공유하기도 한다. 문자, 카메라, 사진 편집 프로그램, 동영상 공유 웹 사이트 등 각종 미디어 형식이나 콘텐츠를 조합해 이용하는 것이 자연스럽게 이루어질 수 있다. 스마트폰은 "개인적이고 상호 작용적이며 인터넷 이용과 이용자 통제가 가능한 휴대용 플랫폼" 역할을 하는 융합 미디어로서(Wei, 2013), 그것의 미디어 능력은 무엇보다 모바일 인터넷에 기반을 두고 있다.

이동 중에도 손쉽게 인터넷의 연결성을 갖게 하는 모바일 인터넷의 공간적 편향을 살펴보면, 우선 인터넷이 매개하는 디지털 세계와 물리적 공간의 현실 세계가 더욱 긴밀한 관계를 갖게 되면서 "혼합 현실mixed reality"(Hansen, 2006)을 확장시킨다. 과거에는 인터넷으로 연결된 디지털 커뮤니케이션 공간에 들어가기 위해 컴퓨터 모니터 앞에 앉아야만 했지만, 지금은 모바일 인터넷을 통해 이동 중에도 손쉽게 이들 공간의 소셜 네트워크에 참여할 수 있고 원하는 정보를 이용할 수 있다. 이용자가 자신의 지리적 위치에 상관없이 원하는 순간에 정보 교류의 공간이나 대화 및 관계의 사회적 공간에 접속할 수 있게 된다. 모바일 인터넷의 연결성을 통해 지금-이곳의 맥락과 비가시적인 다른 곳의 맥락 혹은 디지털 정보 및 커뮤니케이션 공간의 맥락 간 경계가 허물어질 수 있다. 예를 들어, 지하철이라는 물리적 공간에서 어젯밤 놓쳤던 텔레비전 드라마를 시청하면서 소셜 미디어 앱에 올라온 친구들의 메시지에 답하며 대화를 나눌 수 있다. 모바일 인터넷은 시공간의 제약 없이 연결된 상태를 유지할 수 있게 함으로써 물리적 공간과 디지털 공간의 장벽을 허물고 공간적 융합을 더욱 가속화시킨다.

이와 함께, 모바일 인터넷은 개인의 위치 정보를 기반으로 개인이 지금 있는 물리적 공간에서의 실시간 경험을 지원하고 확장할 수 있다. 이용자들은 자신의 지금 위치에서 가고자 하는 목적지에 도착하는 최적화된 이동 경로를 찾아보고, 주변 시설에 대한 생활 정보를 검색해 보며, 소셜 미디어 앱을 통해 근처에 있는 사람과 사회적 교류를 할 수 있고, '포켓몬 고'와 같은 위치 기반 게임을 즐길 수도 있다. GPS와 결합한 모바일 인터넷은 실제 세계에 디지털 정보 및 커뮤니케이션 세계를 더함으로써 '지금-여기'의 경험을 보완하고 현실 세계를 확장하는 증강 현실augmented reality을 제공할 수 있게 해 준다. 특히 늘 가지고 다니는 일상생활 미디어로 자리 잡은 스마트폰의 기반 기술로서, 물리적 공간에서 몸의 경험 방식과 장소 감각을 구성하는 데 일조하고 있다(Farman, 2013). 모바일 인터넷의 연결성과 이동성이 언제 어디서나 현실 세계에 디지털 공간이 중첩될 수 있도록 하면서, 이용자들은 물리적 공간과 디지털 공간이 변증법적으로 연결되고 혼성화된 공간에 살게 되고 자신이 지각하고 경험하는 현실 또한 디지털 정보와 데이터의 영향을 받게 된다.

또한 기존 유선 인터넷을 이용할 때는 이용자가 웹 정보를 얻기 위해 직접 적절한 단어를 입력해 검색해야 했다면, 모바일 인터넷은 소셜 네트워킹 및 미디어 서비스에서 수집한 빅 데이터와 위치 데이터를 조합해 준비한 정보를 사용 맥락에 맞게 제시한다. 모바일 인터넷이 상용화되는 시기에 디지털 환경에서 생성된 빅 데이터를 수집하고 분석하는 알고리즘 또한 정교해졌다. 이용자가 스마트폰 앱을 이용하기 위해 서비스 약관에 동의하면, 이들 앱은 이용자의 연락처와 위치 정보에서부터 사진, 주고받은 미디어 메시지, 캘린더 일정, 검색 기록 등에 이르기까지 각종 데이터에 광범위하게 접근할 수 있게 된다. 모바일 인터넷을 통해 수많은 이용자로부터 수집된 데이터는 데이터베이스에 저장되고 날로 발전하는 인공 지능 기술이 이를 분석해 사용자의 상황과 요구에 맞는 정보를 생성해 낸다(Kelly, 2016/2017). 웹2.0의 커뮤니케이션 공간은 이용자가 콘텐츠를 소비하는 것 이외에 직접 제작하고, 전유하고, 공유할 수 있도록 허용하는 반면, 모바일 인터넷은 이용자로부터 생성된 데이터를 전송하고 빅 데이터 기반 알고리즘이 자동으로 추출하는 정보나 추천을 매개하며 이용자를 각종 데이터의 생성자이자 소비자로 만든다. 모바일 인터넷은 끊임없이 확장되는 데이터 공간을 형성해 가고, 이러한 데이터를 저장하고 관리하는 소수의 플랫폼의 데이터 독점을 강화하고 있다.

모바일 인터넷은 전 지구적 커뮤니케이션 공간을 구성하는 공간 편향적 미디어이면서도 언제 어디서나 끊김 없는 네트워크 상태를 유지하며 주변 세계와 거리를 두는 나만의 개인화된 공간을 만들 수 있다. 가족들이 모여 텔레비전을 시청하면서도 각자의 스마트폰을 보며 다른 공간에 있는 사람들과 대화를 나누거나 세상에 지금 무슨 일이 일어나는지를 찾아볼 수 있다. 바깥 세계와의 연결성을 추구하면서도 직접적인 외부 세계의 자극으로부터 거리를 두고자 하는 역설적 현상이 가능해진다. 모바일 인터넷의 연결성은 세계에 대한 거리를 좁히기도 하지만 주변 세계로부터 감각적으로 사회적으로 '거리'를 갖는 현상을 심화시킨다. 이용자가 경험하는 세계는 개인이 마주하는 상황과 어떠한 네트워크 세계에 어떻게 관여하느냐에 따라 가변적이고 혼성적으로 구성될 수 있다. 더욱이 사람들이 스마트폰을 손에서 놓지 않고 모바일 인터넷에 더 많이 의존하면서, 디지털 공간의 정보나 데이터가 현실 세계의 경험에 광범위하게 침투하게 된다. 이용자가 늘 가지고 다니는 모바일 기기를 통해 얻은 정보를 더 높이 신뢰하면서, 디지털 공간은 더욱 물리적 장소에 대한 사전 인식을 만들어 가고 일상생활에서 취하는 행동이나 선택에 영향을 미치게 된다. 모바일 인터넷은 혼성적 공간의 무게 중심을 디지털 정보와 데이터 공간 쪽으로 옮기는 데 기여하고 있다.

한편 모바일 인터넷의 시간적 편향은 인터넷의 초시간적 시간 감각을 더욱 확장한다. 모바일 미디어의 등장은 시공간의 효율성을 극대화시키기 위해 특정한 활동을 특정 시간이나 장소에 할당시키는 근대적 방식의 '공간화된 시간'에 도전해 왔다(Dholakia & Zwick, 2003). 다시 말해, 근대적 시공간의 조직 방식은 아침에 출근해서 일정 시간을 직장에서 일하고 일이 끝나면 퇴근해 집에 돌아와 휴식을 취하는 공간 전환 및 일과 시간을 동기화하여 일의 효율성과 성과를 높이고자 했는데, 모바일 연결성은 전통적인 시간적 리듬이나 공간적 구속으로부터 좀 더 자유로운 시공간 경험을 가능하게 한다. 모바일 인터넷은 근대의 선형적 시계 시간이나 노동 시간, 가족 시간, 개인적 시간, 휴식 시간 등 순차적으로 구성된 전통적 시간대의 구조를 약화시키며 인터넷의 초시간적 편향을 강화한다. 사람들이 장소에 구애받지 않고 지금-여기의 '그때그때' 상황에 맞춤화된 정보나 사회적 교류를 손쉽게 구할 수 있게 되면서 점-시간의 경험이 확대된다. 이와 함께, 모바일 인터넷의 데이터 공간이 '임박한 미래'를 예측해 주면서, 지금-여기의 점-시간에 다가올 미래 시간까지 수렴하게 된다. 예를 들어, 우리는 데이터 공간이 수집한 정보가 예측한 버스 도착 정보나 목적지까지의 시간 정보를 받아 보고, 3분 뒤에 도착할 버스를 타기 위해 열심히 버스 정거장을 향해 뛰어가는 지금-여기에서의 행동을 선택한다. 현재의 시간은 앞으로 다가올 시간에 일어날 일을 예측하고 거기에 대응하는 행동을 준비하는 시간으로서, 과거-현재-미래 순으로 이어지는 기존의 선형적 시간 인식에 도전한다.

또한 모바일 인터넷을 일상적으로 이용하면서, 사람들은 언제나 네트워크에 연결될 수 있다고 인식한다. 물리적 시간은 24시간으로 제한되었지만, 모든 시간이 네트워크 연결을 통해 다양한 정보 교류와 커뮤니케이션 활동을 다중적으로 관여할 수 있는 잠재력을 갖게 된다. 사람들은 네트워크의 가용성과 잠재력에 이끌려 모바일 기기를 계속해서 꺼내 보고 실시간 알림 서비스를 받기도 한다. 모바일 인터넷과 지속적인 연결 상태를 유지하면서, 네트워크 세계의 정보나 커뮤니케이션 흐름에 지속적인 주의를 기울이고, 모바일 기기와도 '항시적' 접촉 상태를 유지한다. 다양한 앱을 오가며 다중적 네트워크 활동에 관여하는 리듬과 모바일 기기와 끊임없는 상호 작용하는 리듬이 복합적 '네트워크 시간 감각'을 형성한다(Burchell, 2015). 개인들은 모바일 인터넷이 매개한 다양한 커뮤니케이션 공간에 다중적으로 전개되는 시간 경험을 미시적으로 조정하면서 개인화된 네트워크 시간을 유연하게 구성해 간다. 또한 끊임없이 흘러들어오는 각종 메시지나 게시물, 알림, 업데이트, 뉴스피드 등을 처리하고 반응하는 속도를 조절하며 자신의 네트워크 시간에 대한 통제력을 갖기도 한다. 예를 들어, 실시간 스트리밍 방송에 동시적으로 참여하면서 화면에 올라온 또 다른 앱들의 메시지나 알림에 즉각적인 반응을 보이기도 하고 천천히 비동기적으로 응하기도 한다. 다중적 시간 경험이나 반응 속도 혹은 (비)동기성을 미시적으로 조정할 수 있는 개인의 네트워크 시간은 맥락에 따라 유동적으로 구성되는 상황적이고 주관적인 시간의 성격을 띤다.

모바일 기기로 매개된 모바일 인터넷은 우리의 시공간 경험 과정을 특정한 방식으로 구조화하면서 일상 경험을 변화시키고 있다. 지금까지 논의한 모바일 인터넷의 시공간 편향을 매클루언의 테트라드를 적용하면 정리될 수 있다(그림 10). 모바일 인터넷은 인터넷의 연결성과 이동성을 향상하면서, 디지털 세계와 혼융된 혼합 혹은 증강 현실 경험을 강화하고, 데이터 공간을 확장하며, 전 지구적으로 연결되었으면서도 주변과 사회적, 심리적 거리를 갖는 복합적 성격을 가진 개인화된 네트워크 공간의 탄력적 구축 능력을 가질 수 있다. 또한 현재 중심의 초시간적 점-시간의 경험을 확대하고, 유연한 네트워크 시간 감각을 강화한다(향상). 하지만 모바일 인터넷의 상용화는 이용 장소가 제한적인 유선 인터넷에 대한 의존도를 낮추고, 전통적 공간 장벽이나 기계시계의 시간 논리를 약화시키며, 지속적 시간이나 지연 시간을 불필요하다고 여기게 만든다(퇴화). 반면, 모바일 인터넷은 기존 매스 미디어의 경험을 재매개하며 되살리고 구술 청각 공간의 즉시성과 현존 감각을

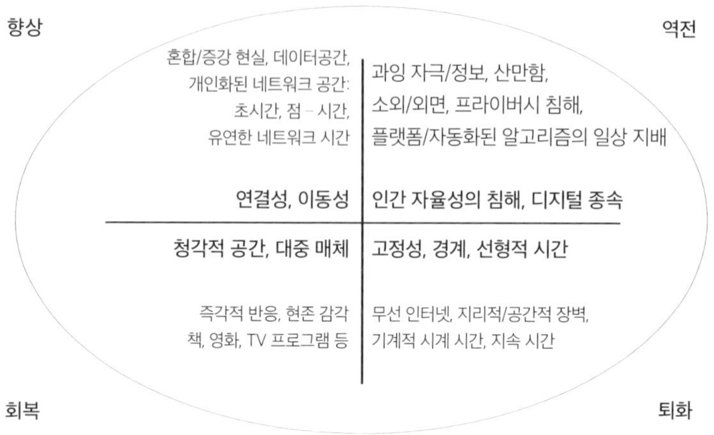

그림 10. 인터넷의 테트라드

가질 수 있게 한다(회복). 또한 모바일 인터넷을 통해 디지털 세계가 일상적 삶에 침투하는 것이 가속화되면서, 개인은 정보와 데이터의 홍수 속에 끝없이 자극받고 산만해지기 쉽다. 네트워크 공간과 시간의 개인화가 사회적, 심리적 거리를 내면화시키며 소외와 외면의 문제를 낳을 수 있고, 편재적 연결성이 개인 프라이버시를 약화시키며 개인 데이터에 대한 소유권이나 행동에 대한 자기 결정권을 플랫폼이나 자동화된 알고리즘에 종속시킬 수 있다. 이러한 문제로 모바일 인터넷은 한계에 도달할 수 있다(역전).

모바일 인터넷은 일상생활 속에 늘 이용 가능한 상태로 존재하며 이용자의 상황과 필요에 따라 정보를 제공하고 원하는 서비스를 전달한다. 모바일 인터넷 이용이 자연스러워지면서 우리의 일상적 경험과 감각이 모바일 인터넷을 기반으로 형성되고, 인터넷과의 상호 작용 경험과 일상적 삶의 경험을 분리하기가 어렵게 되었다. 인터넷의 연결성이 기존의 공간적, 지리적 장벽을 허물었다면, 모바일 인터넷의 이동성은 이러한 경계 허물기를 더욱 심화시킨다. 메이로위츠는 무선 기술의 이동성 편향이 우리를 서로 다른 유형의 사회활동이 겹쳐졌던 과거의 사냥꾼과 채집가 시절과 유사한 '글로벌 유목민' 시대를 출현시킨다고 말한다(Meyrowitz, 2008). 그에 따르면, 전자 시대는 신체적, 사회적, 문화적, 정치적, 경제적 경계가 투과성을 갖게 되어, 여기와 저기, 지금과 그때, 공개와 비공개, 남성과 여성 영역, 아동과 성인의 경험 영역, 지도자와 일반 시민, 사무실과 집, 일과 여가, 기업과 고객, 사용자와 생산자, 뉴스와 엔터테인먼트, 한 분야와 다른 분야, 서로 다른 미디어 장르, 시뮬레이션과 실제, 사본과 원본, 직접 및 간접 경험, 생물과 기술, 비주류와 주류 등의 구분이 허물어지고 있다. 모바일 인터넷은 이러한 구분 허물기를 더욱 심화시킨다.

현재 모바일 인터넷을 기반으로 한 스마트폰과 태블릿 PC뿐만 아니라 음성 인식 AI 스피커(예를 들면 아마존의 알렉사), 웨어러블 기기, 특수 디스플레이 안경, VR 헤드셋 등이 이용되고 있고, 모든 기계와 장치를 연결하는 '사물 인터넷' 또한 광범위하게 사용되기 시작했다. 모바일 인터넷은 인간뿐만 아니라 사물과 기기들을 연결하고 이들 간의 상호 작용을 가능하게 한다. 이와 함께, 가상 세계와의 다양한 융합 경험을 가능하게 하는 인터페이스 기술과 플랫폼이 발달하면서 가상의 정도가 다양한 혼합 현실을 경험하고 공유할 수 있게 된다. 물리적 공간의 현실 세계 표면에 디지털 세계가 겹쳐지거나 합성되는 증강 현실부터 컴퓨터 시뮬레이션을 통해 가상적 몰입 경험을 제공하는 가상 현실까지, 다양한 '확장 현실Extended Reality'이 언제 어디서나 구현될 수 있게 됨에 따라, 이른바 '메타버스Metaverse'라는 가상적 공유 세계의 경험이 확장된다. 사람들은 각종 휴대·착용 기기를 통해 가상적으로 확장된 물리적 세계나 인공적 가상 현실의 세계에 현존하며 직접적 경험을 한다는 감각을 가질 수 있다.

가상적으로 확장된 현실 공간은 지금-이곳의 맥락과 디지털 정보 및 가상 공간의 맥락 간 경계 허물기를 심화할 뿐만 아니라 가상적 상상 공간의 시뮬레이션을 가능하게 해 주면서 디지털 세계와 물리적 현실 세계의 변증법적 관계를 더욱 긴밀하게 만들 수 있다. 또한 초시간적 원자화된 시간 경험이나 실시간성의 감각이 확대되고 가상 시뮬레이션을 통해 미래 예측 경험까지 가능해지면서 과거, 현재, 미래가 공존하는 복합적 시간 감각을 강화할 수 있다. 언제 어디서나 자신의 현 위치에서 현실 세계에 디지털 공간이 중첩되거나 몰입할 수 있는 가상 현실이 생성 가능해지면서, 디지털적으로 매개된 복수의 확장 현실이 실제 현실로 인식되고, 우리의 경험은 이러한 현실을 토대로 재구성된다. 그리고 이렇게 우리의 신체 감각이나 인지 과정이 확장되고 더 나아가 기술적으로(가상적으로) 구성되는 과정은 데이터와 알고리즘 기반 기술에 의해 구조화된다. 네트워크 연결성은 기존의 경계를 허물며, 특히 우리 삶이 디지털 네트워크 세계와 더욱 긴밀하게 결합하고 있다. 일상적 삶과 디지털 네트워크 세계가 더이상 분리되기 어렵고 우리의 경험은 이러한 기술을 토대로 구성되고 있다.

9

기록 미디어의 커뮤니케이션 편향 : 사진

1. 아날로그 사진의 미디어 형식

사진photography은 그리스어로 빛을 뜻하는 '포스phos'와 그리기 혹은 쓰기를 뜻하는 '그라페graphê'가 결합된 말로, '빛으로 그리기'라는 의미를 내포하고 있다. 사진은 1839년 프랑스의 루이 다게르Louis Daguerre가 '다게레오타입daguerréotype'이라는 사진술을 소개하면서 처음 공식적으로 시작하지만 1880년대 초 이를 개발하려는 다양한 시도가 있었다. 조제프 니엡스Joseph Niépce는 특정 화합물이 빛에 반응하는 것을 발견하고 화학적 원리로 상을 고정하는 음화 방식의 사진술을 실험했다. 하지만 이미지를 얻기 위해 최소 8시간에서 수일간에 이르는 노출이 필요했고 그 결과도 조악했다. 다게레오타입의 은판 사진은 대중적으로 널리 사용된 최초의 사진술로서 새로운 미디어로서의 사진을 널리 알린다. 사진술은 특정인이 우연히 발명한 것이라기보다는 당대의 사회적, 문화적, 기술적 움직임에 의해 등장했다. 피터 갈라시Peter Galassi(1981: 25)는 당대의 이미지 재현 방식이 새롭게 출현한 사진의 문법이 되었다고 말한다. 르네상스 시대에 선형 원근법이 발명된 이후, 시각을 좇아 "보편적이고 안정적인 이미지보다는 단 하나의 우연히 발생하는 이미지"를 즉각적으로 포착해 그리는 회화법이 개발되었는데, 이러한 재현 전략이 새로운 시각 미디어에 투사된 것이다. 제프리 배천Geoffrey Batchen(1999/2006)은 18세기 말과 19세기 초 서구 유럽의 역사적, 문화적 특이성 속에 사진을 찍고자 하는 욕망이 형성되었다고 말한다. 당시 두 가지 대조적인 시각, 즉 자연을 숭배하는 낭만주의와 객관적이고 상세한 기록을 원하는 실증주의가 교차했고, 이러한 시대적 맥락 속에 사진에 대한 기대감이 싹텄다. 사진은 '능숙한 그림 실력에 의존하지 않으면서 사실에 가까운 이미지를 얻을 수 있다는 점에서 사람들의 주목을 받았다. '자연이 스스로 자신을 재현하는 그림'이라고 인식된 사진은 객관적이고 사실적인 기록의 미디어로 부상하게 된다.

역사적으로 실제 세계를 영상으로 재현하는 행위는 동굴 벽화 때부터 이루어졌다. 문자가 발명되기 전까지 영상은 오랜 기간 지식 보전 및 전수를 위한 커뮤니케이션 미디어 역할을 담당했다. 문자가 등장하면서 영상 이미지는 예술적인 표현의 도구나 신에게 봉헌하는 종교적인 상징으로 활용된다(Levinson, 1998). 추상적인 문자는 정보를 반복적으로 복기할 수 있는 믿을 만한 커뮤니케이션 도구로, 그리고 영상은 유일하고 개성적이며 주관적인 표현의 도구 혹은 초월적인 대상을 전달하는 도구로 자리 잡게 된 것이다. 이후 인쇄술은 문자 정보를 텍스트에 고정하고 이를 반복적으로 복제하며 대량 생산하는 기계적 복제 기술로, 그리고 사진은 빛과 화학적 과정을 통해 실재의 이미지를 포착하고 재현하는 기술로 개발되었다. 사람들은 기계적으로 이미지를 복제할 수 있는 사진의 능력을 주목했고 사진이 실재를 직접적으로 보여 주는 객관적 미디어로 받아들이게 된다. "사진 이미지는 대상을 지배하는 시간과 공간의 조건에 자유로운 대상, 그 자체"로서 진정한 사실주의를 구현한다고 여겨졌다(Bazin & Gray, 1960: 8).

사진은 피사체를 정확하게 복제하는 시각 이미지를 생산하면서 기록 미디어로서의 정체성을 획득하게 된다. 이미지 복제 능력으로 인해 사진은 회화와 같은 기존 시각 미디어와 다르다고 인식되었고 이들의 문화적 위상에도 영향을 미치게 된다. 발터 벤야민(1969)은 사진과 같이 대량 복제를 허용하는 미디어가 기술 재생산 시대를 주도하면서 원본성, 진품성, 일회성에 기반을 둔 전통적 예술의 아우라가 약화되었다고 말한다. 사진술의 표준화된 복제 능력은 이미지 생산의 효율성을 높이고 이미지의 신뢰성이나 객관성에 대한 믿음을 갖게 하지만, 복제된 원본의 다수성이 기존 예술의 권위에 도전하고 있다.

사진은 피사체의 특정 순간을 기계적으로 포착해 시각적 이미지로 재현한다. 사진은 우리가 보는 실재를 유사한 이미지를 보여 주는 도상적 커뮤니케이션 형식일 뿐만 아니라, 사진을 찍을 당시 피사체의 실존과 연결된 일종의 지표적 커뮤니케이션 형식이 된다. 랭어(Langer, 1942)는 인간의 경험을 상징으로 만드는 두 가지 서로 다른 형식이 존재한다고 말한다. 하나는 추론적 형식discursive form으로 분석적이고 추론적 사고와 관념을 추구하는 진리나 명제 혹은 수학 등이 포함되고, 다른 하나는 표상적 형식prensentational form으로 인간의 감성이나 감각에 호소하는 예술 표현, 예를 들어, 회화, 사진, 음악, 무용, 조각, 건축, 문화, 드라마, 영화 등으로 구성된다. 이들의 차이점은 전자가 추상적인 단위로 관념을 서술하는 반면, 후자는 재현하는 대상과 구조적인 유사성을 가지며 그것을 유추할 수 있게 해 준다는 것이다. 사진은 대상을 유추할 수 있는 이미지를 담아 우리의 감각적, 정서적 경험을 불러일으키는 표상적 형식이라고 할 수 있다.

사진의 표상적 형식은 피사체를 도상적으로 재현하지만, 그것에 대해 어떠한 논리적 진술을 명료하게 제시하지 않는다. 대신 사진 찍는 사람의 경험과 피사체의 존재를 이미지 형태로 전달한다. 이러한 사진의 형식에 관해 매클루어언은 "문장 구성법 혹은 언어화가 없는 진술"이라고 말한다(McLuhan, 1964/2011: 356). 포스트먼은 사진의 상징적 형식이 개념, 아이디어, 명명, 범주, 추상적인 것을 다루지 못하고 세계와의 논쟁이나 추론을 할 수 없다고 주장한다(Postman, 1985/2009). 이들은 문자 언어와 같이 문장을 구성하지 못하는 사진의 상징적 형식이 새로운 가능성, 즉 기존에 비가시적이었던 세계를 포착하고 가시화시키는 잠재력을 갖지만, 논리적으로 추론하고 스스로 참과 거짓을 논증하며 명제를 만들지 못하는 한계를 가졌다고 본다.

사진의 상징적 형식은 또한 그것의 의미를 형성하는 과정을 조건 짓는다. 롤랑 바르트Roland Barthes는 사진이 피사체로부터 나오는 빛의 흔적을 순간적으로 고정하는 "코드 없는 메시지"로, 피사체의 "그때 거기 있었음having-been-there"과 그것이 "지금-여기에 없음"을 의식하게 만든다고 말한다(Barthes, 1977; 1981). 다시 말해, 사진은 과거에 존재했던 실재를 확인하고 그것을 의식하게 만드는 힘을 가질 뿐만 아니라, 사진을 찍는 순간과 보는 순간 사이에 시간적 차이로 인해 사진에 담긴 피사체에 대해 아는 사람은 향수를 느끼고 그것을 잘 모르는 사람은 다양한 해석을 하게 된다. 빅터 버긴Victor Burgin(1982) 역시 사람들이 사진을 볼 때 재현된 대상의 부재를 느끼면서, 과거와 현재라는 두 시간 차원이 변증법적으로 공존하게 된다고 말한다. 사진은 과거 실존의 흔적을 보여 주는 동시에 실시간으로 현존하게 된다. 이러한 사진의 시간적 차원으로 인해, 존 버거John Berger와 장 모르Jean Mohr는 '번역'이 필요하다고 말한다(Berger & Mohr, 1982/2007: 95~96). 사진이 피사체의 특정 순간을 분리해 담아내며 피사체의 당시 상태나 그것을 바라보는 주체의 경험을 '인용quote'하고 있기에, 사진을 보는 사람은 기억과 경험을 떠올리며 그것을 현재로 옮기는 작업을 하게 된다. 다시 말해, 사진의 의미는 그것을 보거나 이야기하는 과정 속에 형성된다.

사진의 상징적 형식과 시간성으로 인해, 사진의 의미는 사진 자체에 내재된 것이 아니라 그것을 읽는 사람이나 맥락에 따라 형성된다. 사진이 놓인 커뮤니케이션의 맥락에서 사진과 피사체 사이의 지표적 관계를 살펴보고 해석하게 된다. 따라서 사진과 함께하는 구술의 맥락이나 글은 사진의 의미를 파악하고 이해하는 데 도움을 준다. 리처드 샬펜Richard Chalfen(1987)은 가정에 필름 카메라가 보급되면서 찍은 사진들은 보통 "사진 커뮤니케이션의 가정 양식home mode"에 따라 이루어졌다고 말한다. 사진을 찍고 앨범으로 만드는 행위는 주로 가족, 친구, 친지 등 제한된 범위의 사람들에게 가족에서 일어난 일을 기록하고 기억하기 위한 것이고, 가족사진은 가족사와 가족의 유대감을 전하는 매개체 역할을 한다는 것이다. 사람들은 가족 앨범을 보면서 과거의 경험을 추억하고 이야기하며 그 의미를 해석해 간다. 과거의 실재에 대한 흔적을 보며 대화하고 의미를 공유하면서 사회적 상호 작용이 일어나고 유대 관계가 재확인된다.

사진과 이를 매개하는 커뮤니케이션 기술의 진화는 사진에 대한 인식과 사진과 관련된 실천 양식을 재구성하게 된다. 특히 디지털 사진술과 이것을 유통하는 인터넷과 모바일 기기의 발전은 전통적 사진 형식의 기반을 해체하며 미디어로서의 사진의 의미를 바꾼다.

2. 디지털 사진의 미디어 형식

1975년 미국의 코닥에서 빛을 전하로 변환시켜 화상을 얻어내는 센서 CCD를 이용한 최초의 전자식 카메라가 발명되었다. 상업용 디지털카메라는 1980년대 말부터 선보이기 시작해 점차 대중화되었고 2000년대에는 필름 카메라를 추월하게 된다. 필름 사진이 촬영, 현상, 인화라는 물리적 과정을 거쳐 만들어졌다면, 디지털 사진은 이러한 과정을 디지털 코드로 전환한다. 컴퓨터로 처리된 사진 이미지가 처음 상용화되기 시작했을 때 사람들은 디지털 사진이 사실주의 미디어로서의 사진의 기반을 흔들 수 있다고 우려했다. 처음 사진이 등장했을 때 프랑스 화가 폴 들라로슈Paul Delaroche와 같이 사진이 회화의 죽음을 가져온다고 회의적으로 바라보는 이들이 있었다. 디지털 사진이 등장했을 때도 마찬가지로 디지털 사진이 사진에 내재된 사실성과 확실성을 훼손할 수 있다고 우려하는 이들이 있었다(예를 들면, Ritchin 1990). 디지털 사진은 사진의 본질에 대한 관행적 시각, 즉 사진이 사실적 실재를 기록하는 '증거'로서 객관성과 종결성을 가진다는 '획일적 시각'에 도전했다(Lister, 1995: 9~10).

디지털 사진은 아날로그 필름 사진과 존재론적 기반이 다르고, 따라서 미디어로서의 사진의 어포던스를 바꾸고 있다. 디지털 사진의 형식적 특성을 살펴보면, 우선 디지털화에 따라 임의의 숫자 코드를 통해 빛의 양과 같은 물리적 특성을 정보로 변환하고 이미지로 구성해 간다. 아날로그 사진 이미지가 특정한 물질적 재료에 대한 일련의 연속적 과정을 통해 얻어지는 것이라면, 디지털 이미지는 컴퓨팅이 가능한 비물질적 개별 화소로 분리하고 조합해 얻어지는 것이다. 이러한 디지털화는 원본과 복제본의 차이를 없앤다. 필름 사진도 기계적 복제가 가능하지만 현상과 인화의 물질적 조건에 따라 영향을 받을 수 있고, 인화된 사진은 시간의 흐름에 따라 빛이 바래기도 한다. 하지만 디지털 이미지는 영구적으로 똑같은 원본을 반복 복사할 수 있다.

디지털 사진 형식의 또 다른 특징은 변경 가능성과 가역성이다. 디지털카메라의 전자 회로와 소프트웨어를 통해 데이터로 처리되는 디지털 사진은 쉽게 조작할 수 있다. 필름 사진에 조작을 가할 경우, 그 흔적을 지울 수 없지만, 디지털 사진은 화소를 제거하거나 추가하며 이미지의 모든 부분을 손쉽게 조작할 수 있고, 변경된 사진은 조작의 흔적 없이 그 자체가 또 다른 버전의 원본이 될 수 있다. 아날로그 사진은 변경이 어렵고 한번 만들어진 이미지를 되돌릴 수 없지만, 디지털 사진은 이미지의 처리 과정을 되돌리며 변경할 수 있다.

더 나아가 디지털 사진의 이미지 처리 과정이 디지털 코드로 이루어짐으로써 실재가 근거하지 않는 재현이 이루어질 수 있다. 컴퓨터 그래픽 소프트웨어가 사진의 이미지 요소에 다양한 변화를 줄 수 있게 됨으로써, 사진 이미지는 분열적이고 비결정적인 형태를 띨 수 있게 된다. 디지털 이미지는 재현된 대상과 일대일 관계를 가졌던 기존 사진이 실재 대상과 분리될 수 있고, 더 나아가 새롭게 가공될 수 있게 된다. 디지털 사진의 디지털성, 비물질성, 가역성, 변경 가능성, 가공성은 전통적 필름 사진이 가졌던 실재와의 관계에 도전하고 사진의 본질에 대해 질문을 던졌다. 사진의 디지털화는 실재에 대한 말 없는 목격자로 여겨졌던 사진의 신뢰성을 해체하며 객관적 진실을 전달하는 정보 전달자로서 누리던 특권적인 힘에 대해 의문을 제기했다(Mitchell, 1992).

전통적 필름 사진은 실재 세계를 피사체로 담으면서 실재와 사진 이미지 사이에 직접적이고 자연적인 연관 관계가 존재한다는 인식을 형성했다. 카메라 앞 피사체의 현존 이미지가 사진의 표면에 입혀지면서, 사진은 그것의 현존을 증명하는 지표성을 갖는다고 여겨졌다. 디지털 사진은 실재가 재현되는 과정의 물질적 조건을 바꿈으로써 사진과 실재의 관계를 재구성할 능력을 갖춘다. 이러한 능력은 전통적 사진의 재현 개념으로 이해될 수 있는 게 아니다. 배천(Batchen, 2000: 140)은 디지털 이미지가 실재의 기호보다는 "기호의 기호"라고 본다. 다시 말해, 그것은 재현이라고 인식된 것을 재현하는 것이다. 디지털 센서에 의해 이미지가 만들어지는 과정은 디지털 코드를 조합해 실재를 재현하는 이미지를 구축하는 과정이다. 디지털 이미지는 컴퓨팅 과정을 거쳐 손쉽게 변경될 수 있고, 변경된 이미지는 실재를 참조하지 않은 기호들로 구성된다. 디지털 사진이 실재에 대한 이미지를 보여 주었다면, 그것은 존재론적으로 실재와 연결된 실재를 재현하는 것이 아니라 디지털 코드를 통해 실재를 묘사하겠다는 목표를 수행한 것이다. 브라이언 헤이스Brian Hayes는 디지털카메라가 "기존 아날로그 사진과 최대한 비슷하게 보이게 하려는" 컴퓨팅 과정을 통해, "사진을 찍는 것이 아니라 만드는 것"이라고 말한다(Hayes, 2008: 94).

사실 아날로그 사진의 이미지조차 현실을 그대로 비추는 거울이라고 말하기 어렵다. 필름 카메라가 '빛으로 쓰는' 과정은 단순한 화학적 반응 과정이 아니라 수전 손택Susan Sontag이 말한 "실재에 대한 해석"을 포함한다(Sontag, 1977/2005: 154~155). 다시 말해, 사진과 찍는 대상

간의 관계에 사진을 찍는 주체의 시각이 개입하게 된다. 하지만 사진의 디지털화는 찍는 주체와 찍히는 대상의 관계에 영향을 미친다. 크래리(Crary, 1992)는 컴퓨터 그래픽 기술의 발전으로 관찰 주체와 재현 양식의 관계가 재구성되고 시각성의 본질이 변한다고 말한다. 이러한 변화는 르네상스의 원근법이 기존 시각 체제에 가져온 변화보다 더 심오한 것으로, 디지털 이미지는 아날로그 미디어의 도상적 능력이나 실재 세계의 찍는 주체와 상관없이 만들어질 수 있다. 동시에 이미지의 전유, 변경, 재처리, 재조합이 손쉽게 될 수 있다.

디지털 사진의 등장은 기존에 당연하게 받아들였던 사진의 본질이나 그와 관련된 시각을 의식하는 기회를 제공했다. 사진의 실제는 회화에서처럼 은유적으로 형상화된 것이라는 점, 혹은 사진을 중립적 기록이라고 보는 인식은 역사적으로 형성된 사실주의적, 자연주의적 시각을 반영한다는 점을 돌아보게 했다(Lister, 2004: 321). 아날로그 사진의 기계적 복제 능력이 예술의 아우라, 즉 작가주의와 독창성과 같은 개념에 대한 환상을 깨게 했다면, 디지털 이미지는 '화학적' 사진이 지닌 사실주의적 진실성에 대한 믿음의 아우라에 도전하였고, 더 나아가 이전부터 존재했던 기록이 아닌 사진의 가능성을 재조명하게 된다. 디지털 이미지가 정통 사진의 본질을 바꿔 놓았다기보다는, 사진 이미지는 예전에도 조작되기 쉬웠고 해석도 맥락에 따라 다양할 수 있었다는 점, 스트레이트 사진이 여러 사진 장르 중 하나였다는 점, 그리고 이미지의 조작, 변경, 합성, 가공 등을 통해 다양한 표현 실험이 가능하다는 점을 인식하는 계기를 마련했다.

디지털의 등장으로 사진 전체의 역사가 지표 기능을 중시했던 아날로그 사진 시대에서 '후기' 또는 '탈'사진의 시대로 완전히 바뀐 것은 아니다. 대신에 사진이 역사적 기록의 미디어이면서 표현의 미디어로서 가질 수 있는 존재론적 가능성이 가시화되고 확대된다. 우리가 디지털 사진을 보면서 여전히 필름 사진을 볼 때와 유사하게 지나간 일을 추억한다. 기록의 미디어로서의 인식의 관행이 여전히 유지되고 있다는 것이다. 하지만 실제 이러한 행위를 가능하게 하는 것은 디지털 센서에 기록된 데이터를 과거의 재현물로 인식할 수 있도록 설계해 줬기 때문이다. 디지털 이미지가 여전히 재현이라고 인식되지만, 그것이 기술적 구성은 기존 필름 사진의 시간성이나 도상적 지표성을 해체하며 이미지를 계산된 대상 혹은 정보로 객체화할 수 있다.

한편, 사진의 디지털화가 인터넷 기술의 발달과 결합하면서, 사진을 찍고 공유하는 맥락이 바뀌게 된다. 이미지를 계산 가능한 데이터 형식을 처리하는 사진의 디지털화는 사람들이 그것의 표상적 형식을 가지고 자신의 감각적 경험이나 정서를 표현할 수 있게 해 준다. 이용자는 손쉽게 사진 이미지를 수정하고 편집할 수 있고 이러한 이미지의 생산자이자 유통자가 될 수 있다. 전통적 사진을 찍기 위해서는 필름이나 인화 비용이 들었지만, 디지털 사진은 추가 비용 없이 사진을 찍으며 원하는 이미지를 추구할 수 있고 '사진 전문가처럼' 질적으로 담보된 사진을 찍을 수 있게 해 준다(Cobley & Haeffner, 2009). 디지털 사진의 비물질성과 가용성은 '사진을 찍을 수 있는 상황과 기회의 범위' 그리고 그것에 동반한 사회적 실천을 확장시켰다(Shove et al., 2007: 81).

개인의 사진 찍기 실천은 소셜 미디어의 활동과 연계되어 새로운 사회적, 공적 의미를 갖게 된다. 또한 과거에는 지인에 국한되었던 해석과 공유의 맥락을 전 지구적으로 확장할 수 있다. 인터넷에서의 대화와 소셜 네트워크 관계는 사람들이 사진을 찍을 대상을 찾고 경험하는 순간부터 사진을 찍고 공유하는 순간까지 영향을 미치게 된다(Cohen, 2005). 인터넷에서의 활동이 사진 촬영, 편집, 전시, 공유, 저장, 수집, 다시 보기 등에 직간접적으로 연계되고, 사진과 실재, 사진과 이용자, 사진과 다른 미디어 간 관계의 맥락이 달라진다. 특히 사진이 일상적으로 이용되는 모바일 미디어에 재매개되면서 그것의 문화적 의미가 재구성된다.

3. 사진과 모빌리티: 스냅 카메라에서 카메라 앱으로

최초의 사진술인 다게레오타입은 피사체를 장시간 노출해야 시각 이미지를 얻을 수 있어 피사체의 모습이 부자연스러웠고, 한 번의 촬영에 한 장의 사진만 제작할 수 있었다. 그리고 무엇보다 전문 기술자만이 사진을 찍을 수 있었다. 1883년 미국 코닥이 선보인 스냅숏 필름 카메라는 일반인이 사진관에 가지 않고도 적은 비용으로 사진을 찍을 수 있게 해 주었다. 그것은 들고 다닐 수 있는 휴대용 미디어로서, 개인이 사진을 찍으면 나머지 과정은 공장에서 알아서 인화해 주는 '간편' 사진기였다. 코닥 카메라의 1900년대 초 광고를 보면 카메라를 들고 있는 여성의 모습을 보여 준다(그림 11). 광고는 카메라가 여성이 들고 다닐 만큼 쉽게 다룰 수 있고 돌아다니면서 바깥 세계 경험의 순간을 포착해서 찍는 순발력과 재미를 갖는다는 점을 강조한다(West, 2000). 휴대성과 간편성을 강조한 스냅 카메라가 상용화되면서, 카메라는 현대 중산층 가정이 소유해야 할 물품 중 하나가 되었다.

일반인이 카메라를 이용할 수 있게 되면서 자리 잡은 주요 용도

1901

1907

그림 11. **초기 코닥 카메라 광고**

출처: https://www.saturdayeveningpost.com/2017/09/vintage-ads-kodak-cameras-1901-1965/

중 하나는 가족의 삶이나 기념일을 기록하고 그것의 이상적인 순간을 앨범에 축적하기 위한 것이었다. 가족의 생일, 졸업식, 결혼식, 기념일 등 가족의 특별한 경험이나 행사를 기록하며 행복하고 조화로운 가족의 삶을 재현하는 것이다. 가족 의례의 구성 요소가 되었던 사진 찍기의 실천이나 앨범 만들기는 '안정적이고 하나가 된' 가족의 가치를 강조하는 근대적 가족 이데올로기의 맥락에서 이루어졌다(Hirsch, 1997; Holland, 1997; Williamson, 1994). 이와 함께, 카메라의 또 다른 용도는 여행에 들고 다니며 자신들의 특별한 경험을 찍는 것이었다. 여행을 소비주의 관광으로 바꾸는 여가 산업이 발달하면서, 사진 찍기는 '여가 이벤트'를 구성하는 주요 요소 중 하나가 되었고 여행지에서의 핵심 경험이 되었다. 카메라가 '관광객 신분 배지'처럼 여행의 필수품으로 인식되었고, 사진 찍기는 여행의 목적이자 결과가 된 것이다(Sontag, 1977/2005).

카메라, 필름, 인화 기술이 발달하고 카메라 이용이 대중화되면서, 카메라는 모든 사람이 쉽게 자신이 보고 경험하는 실재를 영상 이미지로 포착하고 기록하는 욕구를 충족시켜 준다. 카메라를 가지고 있다면, 누구나 전문 사진사가 아니어도 사진을 제작할 수 있는 능력을 가질 수 있게 된다. 디지털카메라가 등장하고 상용화되면서 일반인은 좀 더 전문가적인 사진을 찍을 수 있을 뿐만 아니라, 사진을 수정·편집·전시하는 능동적인 사진 제작자이자 유통자가 될 수 있다. 디지털카메라는 필름을 구입하거나 현상하는 수고를 덜며 손쉽게 편집하고 공유할 수 있게 해 줌으로써, 전통적인 사진 찍기의 실천 방식에서 벗어날 수 있게 해 준다. 특히, 디지털카메라가 휴대 전화(이후 스마트폰)에 재매개되면서, 디지털 이미지를 생산, 재생산, 유포시킬 수 있는 능력이 확장된다. 모바일 기기에 재매개된 카메라(이후 모바일 카메라)는 초기 코닥 광고의 기술적 비전, 즉 누구나 가지고 돌아다니면서 자신이 경험을 사진으로 찍는 즐거움을 가질 수 있다는 '기술에 대한 사회적 상상'을 일상적으로 실현할 수 있게 해 준다.

모바일 카메라는 전통적 카메라보다 상대적으로 휴대성이 높고 특히 일상적으로 사용하는 모바일 미디어 기기의 기본 미디어 기능으로서, 일상의 순간을 포착할 수 있게 해 준다. 전통적인 카메라가 삶의 특별한 순간을 담았다면, 모바일 카메라는 삶의 미시적 순간을 이미지화하는 능력을 갖출 수 있게 해 준다. 따라서 사진을 찍는 순간의 범위가 중요한 순간을 기록하고 기념하는 관행을 넘어 확장될 수 있다(Gye, 2007). 모바일 카메라로 사진을 찍는 행위는 일상의 기록, 재미를 추구하는 '놀이,' 친교의 일부, 혹은 자기표현의 방식이 되었다. 먹기 직전의 음식이나 우연히 눈에 띄는 주변 풍경에서부터 일부러 연출한 상황에 이르기까지, 개인이 경험하는 미시적 사건이나 순간이 언제나 피사체가 될 수 있다.

또한 모바일 카메라를 통해 얻은 사진은 모바일 미디어가 매개하는 네트워크 연결성을 통해 자신을 표현하고 사회관계를 유지 혹은 확대하는 자원이 될 수 있다. 모바일 미디어가 제공하는 편집 도구를 이용해 자신이 원하는 이미지로 다듬은 후, 물리적으로 함께하는 사람들에게 보여 줄 수 있을 뿐만 아니라 인스턴트 메신저나 각종 소셜 미디어를 통해 함께하지 못했던 사람들과도 공유할 수 있게 해 준다. 사진은 거리에 상관없이 '친밀한 시각적 공존'을 느낄 수 있게 해 주는 감각의 매개체로(Ito, 2005), 혹은 소셜 미디어 관계를 지속 혹은 확장하기 위한 사회적 작용의 매개체로 역할을 하게 된다. 특히 모바일 네트워크 연결성에 내재한 현재 및 최신 중심의 시간 편향은 사진을 찍고 공유하는 시차를 줄이며 사진을 통해 지금–현재의 상황을 시각적으로 소통할 수 있게 해 준다. 개인이 찍은 사진은 소셜 미디어 공간에서 개인의 상태, 감정, 상황, 미학적 감성 등을 드러내고 소통하며 "내가 지금 여기 있다"는 존재감을 형성할 수 있게 해 준다(Lee, 2013). 스마트폰과 같은 모바일 기기의 이동성, 휴대성, 네트워크 연결성, 멀티미디어성은 사진을 일상적으로 찍고 편집하고 공유할 수 있는 능력을 확장했고, 이러한 능력의 수행이 소셜 미디어의 다중적 커뮤니케이션 양식과 사회적 맥락과 연계될 가능성을 높였다.

예를 들어, 인스타그램과 같은 사진을 공유할 수 있는 소셜 미디어 앱은 '세상의 순간들을 포착하고 공유한다'는 슬로건을 내건 스마트폰에 최적화된 소셜 미디어 플랫폼으로서, 시각적 텍스트에 이동성과 사회적 연결성을 결합시켰다. '인스턴트instant'와 '텔레그램telegram'이란 단어가 합성된 인스타그램instagram이란 이름이나 폴라로이드 카메라 이미지의 로고에서 보여 주듯이, 인스타그램은 즉시성, 광범위한 커뮤니케이션 능력, 시각성과 간편성을 강조한다. 인스타그램의 미디어 형식은 스마트폰에 최적화된 세로 이미지, 최신 사진을 게시하고 전달해 주는 타임라인, 그리고 좋아요, 댓글, 태깅, 빈도수 등의 사회적 상호 작용의 양식, 필터, 편집, 위치 정보 등의 부가 기능 요소로 구성되었다. 특히 해시태그(#)는 태그가 달린 본문에 자동적인 링크를 형성하며 같은 태그가 달린 글끼리 모아 주는 메타데이터 역할을 하면서, 이용자는 자신의 사진에 해시태그를 나열하며 이미지에 대한 서사적 맥락이나 의미를 부여한다. 동시에, 영상을 검색 가능한 대상으로 만들며 사회적 네트워킹의 연결 고리로 활용할 수 있다.

모바일 소셜 미디어와 긴밀하게 연계된 사진 찍기 실천은 주변 세계와 사물을 바라보고 경험하는 방식에 영향을 미칠 수 있다. 사진이 인스타그램이나 다른 소셜 미디어 플랫폼에 공유하며 사회적 상호 작용을 촉진하는 촉매제 역할을 하면서, 사회적 공유 목적에 맞는 사진을 찍어 올리는 의도적 시각 재현 전략을 추구하게 유도한다. 손택은 카메라를 든 사진가를 "도시를 관능적 극단의 풍경으로 발견하는 관음증적 산책자"(Sontag, 1977/2005: 55)로 묘사한 바 있다. 이 표현은 지금의 모바일 카메라 이용자에게 더 적절할 수 있다. 사진이 일상적 소셜 미디어 세계의 주요 콘텐츠가 되면서, 네트워크 친구들의 관심을 끌 만한 사진을 올리기 위해 일상에서의 삶의 경험을 관음증적 시각을 바라보는 경향이 강화되고, 관광지에서의 경험을 보여 주기 위한 "사진을 축적하는 전략"이 모든 장소에서의 경험으로 확장될 수 있다(Sontag, 1977/2005: 9).

사진을 찍어 소셜 미디어에 올리는 일련의 활동은 주변 환경을 경험하는 방식에서부터 장소에서의 행위나 장소 감각의 형성에 이르기까지 일상의 경험에 관여하게 된다. '맛집'에 들러 음식을 먹기 전에 사진을 찍는 의례, 물리적 현실의 위험을 무릅쓰고 아찔한 사진을 찍는 행위(Maddox, 2017), 장소를 브랜드화하며 특정한 방식으로 소비하게 하는 방식(Thelander & Cassinger 2017) 등의 사례는 카메라의 렌즈로 세계를 바라보는 '사진적 시선'과 소셜 미디어와 '연결된 현존'이 일상적 삶 속에 새로운 감각을 구성하고 있음을 징후적으로 보여 준다. 모바일 사진은 기억과 기념의 대상에서 벗어나 일상적 소셜 네트워킹을 위한 언어로 통용된다. 이와 함께, 현실의 단순 재현을 넘어 사람들의 시선을

표 5 미디어로서의 사진의 진화

초기 사진술 '다게레오타입'	필름 사진	디지털 모바일 사진
• '빛으로 그리기': 광학적, 화학적 복제 • 피사체의 장시간 노출: 피사체의 부자연스러움 • 사진가=전문적 기술자 • 한 번 촬영에 한 장의 사진: 복제 안 됨 • 단독 액자	• 필름 카메라의 상용화 • 휴대성: 기억/기념을 위한 순간 포착 • 일반인 사진 제작 가능 • 필름 롤: 일정 수 연속 – 촬영, 인화는 공장에서, 복제 가능 • 앨범: '사진 커뮤니케이션의 가정 양식'	• 모바일 미디어의 내부 미디어: 사진의 재매개 • 이동성/연결성: 사진적 시선의 일상화 • 일반인의 제작/편집/공유 • 디지털성: 복제, 변경 가능성, 가역성, 가공성 • 소셜 미디어의 언어, 정보 데이터 형식의 축적

매료하는 시각적 미학과 질, 사회적 호응을 끌어내는 시각적 커뮤니케이션 능력이 중요해진다. 사진 기술이 진화에 따라 사진을 찍고, 공유하고, 해석하는 과정에 일어난 변화를 정리하면 표 5와 같다.

4. 셀피: 사진적 시선의 체화

모바일 사진의 대중적 현상 중 하나는 '셀피selfie,' 즉 '자가 촬영 사진'을 찍어 소셜 미디어에 올리는 일이다. 카메라폰이 유행했을 때부터 '셀카'라는 용어로 유행하기 시작한 '셀피'는 카메라를 내부의 미디어로 재매개하며, 각종 소셜 미디어 앱과 함께 스마트폰이 대중화되면서 더욱 광범위하게 수행되는 문화적 실천이 되었다. 특히, 스마트폰이 전면과 후면 모두에 카메라 렌즈를 내장하고 화면을 손쉽게 전환할 수 있게 됨으로써, 이용자는 손쉽게 자신의 모습을 보면서 사진을 찍을 수 있게 되었다. 셀피는 단순히 자기 사진을 찍는 행위에 그치는 것이 아니라 소셜 미디어 공간에서 개인을 연출하고 사회적 상호 작용을 추구하는 자원으로 자기 이미지를 활용하는 행위를 포괄한다. 헤스는 셀피가 사진을 찍는 인간 행위자, 생산하고 소비된 이미지, 재현이 이루어지는 물리적 공간, 기기, 네트워크 등이 결합하여 구성된 '복합체assemblage'라고 말한다(Hess, 2015). 셀피를 통해, 카메라의 미디어 편향, 소셜 미디어의 연결성과 시각주의, 그리고 모바일 미디어 기기의 이동성 등이 어떻게 미디어 환경을 구성하며 인간 경험과 상호 관계하는지 살펴볼 수 있다.

셀피를 찍을 때, 사람들은 스마트폰 화면에 반영된 자신을 바라보며 스스로를 시각적으로 대상화한다. 카메라 렌즈 뒤에서 피사체를 찍던 사람이 스스로 사진 찍는 대상이 되어 프레임의 중심을 차지한다. 셀피를 찍는 사람은 사진가이자 피사체로서, 스크린에 비치는 모습을 보면서 원하는 자기 이미지를 얻기 위해 표정과 포즈를 취하고 수정하며 적절한 프레임을 잡는다. 카메라의 기술적 시선으로 자신을 바라보고 스크린에 최적화된 이미지를 구하기 위해 자신의 신체를 맞춰 간다. 이러한 자기 대상화는 카메라의 시선뿐만 아니라, 기기와 연결된 소셜 미디어 공간의 보이지 않은 시선과도 조응한다. 모바일 커뮤니케이션 환경에서 자신의 감각과 경험의 순간을 포착하는 셀피는 그것이 만들어졌던 장소를 넘어 소셜 미디어를 통해 전시·공유·추적(검색)될 수 있고, 따라서 물리적 세계에서의 셀피 찍기는 온라인 사회적 상호 작용을 염두에 두는 경우가 많다. 셀피는 자신의 물리적 신체 모습을 디지털 이미지로 전환시키는 "디지털 새김inscription/체현embodiment"이자 소셜 미디어 공간에서의 전시를 염두에 둔 "자아 연출," 그리고 네트워크상에 존재를 드러내는 "자아 재현"의 측면을 갖는다(Lasén, 2015).

셀피는 온라인에서 자기를 보여 주는 방식이면서, 동시에 남들로부터 주의를 끄는 수단이기에, 사람들은 자신을 흥미롭게 보여 주고 대화를 유도하는 셀피 스타일의 연출을 부추긴다. 셀피는 "디지털 거대 대중superpublic의 인프라"에 기반을 두고 연출, 유통, 해석되는 무한 버전의 자기 사진이라고 볼 수 있다(Senft & Baym, 2015: 1589). 소셜 미디어의 연결성이 지인에서부터 불특정 다수에 이르는 다양한 사람들을 하나의 사회적 맥락 안에 포함시키면서(Marwick & boyd, 2011), 전시한 셀피를 누가 수용할지 특정하기는 어렵다. 소셜 미디어 공간에서 자기 존재감을 형성하고 자기 정체성을 수행하며 사회관계의 유지나 확장을 위해 시각적 이미지가 중요한 '통화currency' 역할을 하고 있기에(van Dijck, 2008: 62), 소셜 미디어 이용자는 널리 통용될 수 있고 반응을 유도할 수 있는 자기 이미지가 필요하다. 타자의 관심을 추구하도록 구조화된 소셜 미디어 공간에서 개인은 자연스럽게 네트워크 타자의 시선을 내면화하게 되고, 셀피를 만들고 공유할 때 이러한 시선과 상호 작용하게 된다. 셀피의 수행을 통해 다른 사람들의 댓글, 평가, 선호도, 기대감 등을 고려하고 타협하면서, 자신을 어떻게 보여 줄지를 선택하는 '편집된 자아'가 연출된다. 오프라인과 온라인이 연결된 자기 연출의 수행 과정을 통해 소셜 미디어에 현존하는 자아와 물리적 공간의 자아 간 경계가 허물어지고 기술이 매개하는 시선이 개인의 자아를 지각하고 평가하는 잣대가 된다.

레빈슨은 매클루언의 '테트라드'를 통해 사진의 영향력과 진화 과정을 들여다본다. 그에 따르면(Levinson, 2016), 사진은 세상을 있는 그대로 포착하면서 시각적 기억을 향상시키고, 화가의 시각에 의존해 창작된 회화, 소묘, 스케치 혹은 사건을 기술하는 말이나 글을 퇴화시켰으며, 물 위에 있는 그대로의 모습으로 비치는 세상의 이미지를 복구하고, 동영상, 3차원 홀로그래피, 즉각적인 전송이 가능한 디지털 이미지 등으로 역전된다. 셀피는 사진이 역전한 하나의 사례가 될 수 있다. 그는 셀피에도 테트라드를 적용하면서, 셀피가 사진가와 피사체의 융합을 향상시키고, 광경으로서의 세상을 퇴화시키며, 물 위나 거울에 반사된 우리의 모습을 바라보는 것을 복원하고, 게시글을 수초 내에 사라지게 하는 '스냅챗'과 같은 소셜 미디어 앱으로 역전된다고 본다. 마지막의 역전은 시각적 이미지를 보전하는 미디어라는 사진의 특성에 관한 것으로, 스냅챗과 같이 일정 시간 후 메시지를 자동 삭제할 수 있는

'자기 파괴' 기능을 가진 소셜 미디어는 이러한 특성을 뒷전으로 밀어낸다.

레빈슨의 테트라드는 셀피라는 디지털 사진 자체에 초점을 두고 있어, 모바일 소셜 미디어 환경과 연계된 셀피를 고려해 본다면 좀 더 확장된 분석이 필요해 보인다. 셀피는 바깥세상을 향한 카메라의 시선을 찍는 사람에게 돌리고, 화면에 비친 자기 이미지를 편집 가능한 대상으로 바라보게 한다. 더 나아가, 소셜 미디어 공간에서 타자와의 상호 작용을 염두에 둔 통화로 간주될 수 있다. 다시 말해, 셀피는 자아를 대상화하며 기술적으로 매개하는 능력을 확장한다. 디지털 공간에서의 체현, 자기 연출, 혹은 자기 재현을 향상하며, 자아 이미지의 생산과 소비를 강화하고 끊임없이 이어지는 버전의 자기 이미지를 통해 자아 정체성을 만들어 갈 수 있게 한다. 이와 함께, 이미지 중심의 자기 연출과 재현의 강화는 개인의 마음씨나 내면세계를 청각적 말이나 문자 중심의 글을 통해 상징화하거나 지각하는 방식을 퇴화시킬 수 있다. 이와 함께 이미지로 포착되지 않은 사건이나 경험 혹은 몸의 기억이 상대적으로 덜 의미 있다고 인식될 수 있다.

한편, 셀피는 연못에 비친 자신의 모습을 사랑하게 된 나르키소스의 나르시시즘을 일정 부분 복원한다고 볼 수 있다. 잘 나온 자기 이미지를 구하기 위해 계속해서 화면 구도를 바꾸고 촬영·후보정·편집 과정을 반복하는 모습은 물에 비친 몸에 미혹된 나르키소스와 유사하다. 동시에 관객의 반응에 민감한 공연자의 모습이 겹쳐진다. 나르키소스는 자신이 반사된 모습임을 알아차린 후 슬픔에 빠지지만, 셀피 이용자들은 종종 소셜 미디어 공간에 정형화된 미적 기준을 충족하지 못할 때 혹은 남들처럼 사람들의 반응을 얻지 못할 때 부족과 열등감을 느낀다. 셀피의 나르시시즘은 기술적으로 유도된 '자기 이미지 도취증'이자 타인의 시선과 반응에 적응한 네트워크 자아의 생존 습관이라고 볼 수 있다. 마지막으로 셀피의 역전은 기록 미디어로서의 사진의 시간성보다는 사진 이미지와 시각 혹은 디지털성이 가지는 한계에서 나타날 수 있다. 우선 이차원적 시각 위주의 이미지는 좀 더 동적이고 통감각적이며 입체적인 이미지로 역전이 가능할 수 있다. 또한 끊임없이 자아를 디지털 이미지로 대상화하며 전시하고 소비하는 행위에 대한 피로도가 커지며 한계에 다다를 수 있다. 이와 함께 능동적인 자기 표현으로서의 셀피가 디지털 정보 데이터로 처리되고 축적되면서 개인을 식별하는 주요 코드로 작동하고 기업이나 정보가 자동으로 수집하고 감시하는 통제의 피동적 대상으로 역전될 수 있다(그림 12).

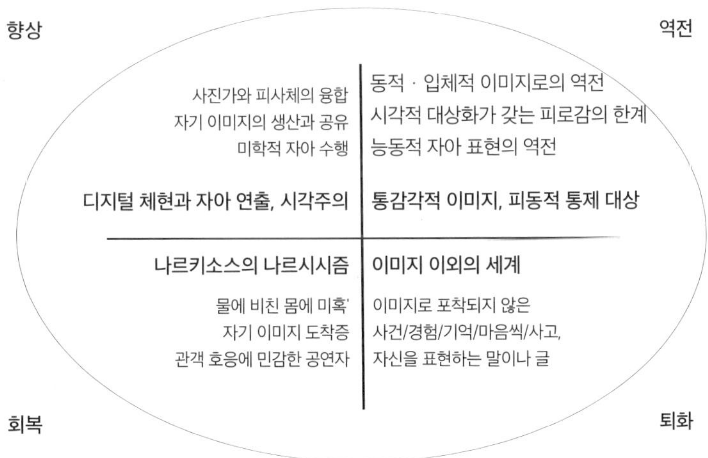

그림 12. **셀피의 테트라드**

테레사 M. 센프트Theresa M. Senft와 낸시 베임Nancy Baym은 셀피가 다양한 수준, 즉 스마트폰과 컴퓨터의 수준, 소셜 네트워크 수준, 소셜 미디어 플랫폼의 원 데이터 수준, 정부와 기업의 안면 인식용 기업 데이터 수준, 정부와 기업에 구축된 신분 확인용 프로파일 수준 등에서 운용된다고 말한다(Senft & Baym, 2015: 1598~1599). 셀피는 소셜 미디어 공간에서 가시적으로 공유되는 이미지이지만, 기업이나 정부 등 제삼자의 특정 목적에 따라 비가시적으로 활용될 수 있고 더 나아가 개인의 행동을 조정하고 통제할 수 있는 데이터가 될 수도 있다. 셀피의 기술적 기반인 디지털성과 네트워크 연결성은 이러한 용도를 가능하게 한다. 또한 셀피는 소셜 미디어 플랫폼의 시장주의와 결합해, 개인의 자기표현이나 일상적 삶을 상품화할 수 있다. 개인이 관심 가는 소비 정보를 손쉽게 얻고 특정 콘텐츠나 광고에 나타난 제품을 즉시 구매할 수 있게 해 주는 스마트폰 환경에서, 셀피로 자신의 라이프스타일을 미학적으로 전시하며 상품화하는 '쇼핑 가능한 삶'의 양식이 등장한다(Hund & McGuigan, 2019). 이상적인 라이프스타일을 진정성 있게 보여 주는 셀피를 올리면서 개성적인 자기표현을 추구하고 이를 통해 얻은 유명세를 상업적 목적으로 활용하는 마이크로 셀러브리티들이 늘고 있다(Marwick, 2015). 이들은 '주변적이고, 사소하며 비생산적'이라 여겨졌던 셀피를 통해 팔로워 수를 늘리고 사회관계를 확장하며 자신의 팔로워를 잠재적 소비자로 만든다(Abidin, 2016). 셀피는 마이크로 셀러브리티의 삶, 상품과 시장, 소비자와 소비행위를 연결하는 중개자 역할을 하고 있다.

사진과 관련 기술의 발달과 이러한 기술의 잠재력과 결합한 사회적 맥락이 기술을 이용하는 사람들의 지각 방식이나 삶의 경험에 영향을 미치고 있다. 주변 세계를 바라보고 상호 작용하는 과정에 사진적 시선, 네트워크 타자의 시선, 상업주의와 여타 통제 체제의 모니터링 등이 교차한다. 촬영 버튼을 누르는 사람은 사진이라는 커뮤니케이션 도구를 활용하는 행위성을 갖지만, 사회-기술적 시선을 체화하면서 여기에 작동하는 통제 체제에 취약하게 된다.

10

지도는 영토가 아니다,
영토를 만든다

1. 지도는 영토가 아니다

지도는 인류의 오래된 도구다. 사람들은 지구 표면의 일부나 전부의 상태를 기호나 문자로 축소해 담아낸 지도를 활용해 왔다. 지도는 기호를 통해 공간 현실을 인지하고 이해하려는 당대의 "퇴적되고 축적된 지식의 체계와 코드"로 구성된 것으로서, 현실의 지리적 공간을 있는 그대로 옮겨 놓은 것이 상징으로 재현한다(Pickles, 2004: 61). 소설가 호르헤 루이스 보르헤스Jorge Luis Borges의 〈과학에 대한 열정〉이란 짧은 산문에는 지도술이 완벽했던 왕국의 이야기가 나온다(Borges, 1997: 67~68). 이 왕국은 지리적 현실을 정확히 담아내기 위해 왕국과 크기가 일치하는 지도를 만들었지만, 왕국을 뒤덮는 널따란 지도는 쓸모가 없어 그대로 방치된다. 지도가 공간적 현실 세계를 정확하게 표기하려면 보르헤스의 말대로 일대일 축척으로 실재와 동일하게 그려야 하는데, 그러한 지도는 지도로서 가치가 없다. 보르헤스의 우화는 지도의 가치와 유용성이 현실을 재현하는 방식이나 원리에서 나온다는 점을 시사하고 있다.

알프레드 코지브스키Alfred Korzybski는 '지도는 영토가 아니다'라는 개념을 통해 언어 상징과 현실의 구조적 관계를 기술한다(Korzybski, 2000). 그에 따르면, 인간은 환경 내 유기체로서, 다음 세대에게 경험과 지식을 물려줄 수 있는 능력을 통해 진보해 온 시간 결속의time-binding 생물종이다. 언어와 상징 커뮤니케이션 능력은 이러한 시간 결속이 이루어지는 데 중심 역할을 한다. 코지브스키는 언어의 구조를 이해함으로써 인류의 발달을 이해할 수 있다고 보았고, 현실과 언어의 구조적 관계를 지도와 영토의 비유로 설명하고자 했다. 그는 "지도는 영토가 아니다the map is not the territory"라고 말하면서, "어떠한 지도도 그것이 추정하는 영토를 모두 재현하지는 못하고," "지도는 자기 반영적" 성격을 갖는다고 주장한다(Korzybski, 2000: 750~751). 다시 말해, 지도는 자신이 재현하고자 하는 영토를 모두 담아낼 수 없기에 그러한 부족함을 채우기 위해 '지도의 지도,' '지도의 지도의 지도'를 계속해서 만들어 갈 수밖에 없다. 우리의 인지 범위를 넘어서는 드넓은 미지의 현실 세계를 기지의 상징 세계(지도)로 변환시키는 것은 늘 제한적이고 간접적일 수밖에 없음을 시사한다.

지도의 상징 세계가 유용하기 위해서는 외부의 현실 세계와 구조적으로 유사하게 만들어질 필요가 있다. 지도가 실제 영토가 아니기에, 영토의 현실 세계와 지도의 상징 세계를 연결하는 것은 서로 상응하는 구조가 있어야 한다. 지도의 유용성은 이것이 영토와 비슷한 구조적 유사성을 얼마나 가졌는지에 달려 있게 된다. 코지브스키(Korzybski, 2000)는 "추상화abstracting" 과정이라는 용어를 통해 미지의 세계를 기지의 세계로 만들고 혼돈에서 질서를 구축하는 지각과 상징 커뮤니케이션 과정을 주목하고자 했다. 인간은 외부 환경에 대한 정보를 가져오면서, 언어 상징을 통해 이름을 붙이고, 더 높은 수준의 범주로 조직하며 분류해 간다. 이와 함께, 외부 환경과의 관계는 내적 환경, 지각 환경, 개념 환경 등으로 매개된다(Strate, 2011: 35). 정보를 조직하고 분류해 나가는 추상화 과정은 모순을 지양하고 모호함을 없애려 하지만, 물리적 현실은 '이것 아니면 저거다' 식의 범주화 논리로 깔끔하게 정리되기 어렵다. 따라서 그러한 과정은 늘 불완전하고 선택적일 수밖에 없고 현실 세계에 대한 우리의 지각과 표현은 늘 간접적일 수밖에 없다. 코지브스키의 '지도는 영토가 아니다' 개념은 지도가 묘사하는 영토 자체보다는 지도에서 다루는 재현, 특히 추상화 과정을 주목하게 한다. 또한 이러한 상징의 구조가 현실 세계의 실제 모습을 왜곡할 수 있고 우리가 세계를 지각하는 감각 구조를 구성할 수 있다는 점을 암시한다.

포스트먼은 코지브스키가 자연환경과 언어 상징이 구조적으로 관계 맺는 방식을 주목했다는 점에서 '언어 생태학'의 창시자라고 말한다(Postman, 1976: 75~76). 하지만 코지브스키의 언어 생태학은 환경으로서의 미디어 역할을 제대로 인식하지는 못했다는 점에서 한계를 갖는다. 지도의 추상화 과정은 지도의 상징적 형식이 현실 세계를 기호화, 의미화하는 과정으로 이해할 수 있지만, 이러한 과정은 지도가 존재할 수 있는 물리적 형식에 기반을 두고 있다. 따라서 이것의 매개화 과정 또한 이해할 필요가 있다. 포스트먼은 미디어 생태학이 '커뮤니케이션의 기술과 테크닉이 정보의 형식, 양, 속도, 분포 및 방향을 어떻게 제어하는지' 그리고 '이러한 정보 구성이나 편향이 사람들의 인식, 가치 및 태도에 어떻게 영향을 미치는지'를 이해하고자 하는 학문이라고 말하면서, 이러한 미디어 환경 연구에 의미 환경, 상징 환경, 기술 환경 등을 포괄시켜 연구할 것을 제안했다(Postman, 1976: 75~76). 미디어 생태학은 언어를 미디어에 포함하면서, 미디어가 추상화 과정에 어떻게 작동하는지, 어떠한 정보를 제공하는지, 우리가 세상과 교류하고 관계 맺는 방식을 어떻게 구조화하는지에 질문을 던진다. 미디어 생태학적 시각에 따라 지도와 영토의 관계를 고려할 때, 언어 상징과 상징 형식으로서의 지도의 추상화 과정은 영토와의 관계를 구조화하는 보다 포괄적인 지도 미디어의 매개화 과정에 포함시킬 필요가 있다. 특히 지도가 모바일 디지털 미디어와 결합하면서 추상화 과정이 모바일 미디어 환경의 기술적 맥락 안에서 전개되고 있어 지도를 둘러싼 보다 복합적인 매개화 과정에 대한 이해가 필요해 보인다.

2. 지도의 진화: 아날로그 지도에서 모바일 지도 앱으로

멀티미디어 기능을 갖춘 스마트폰이 일상생활에 깊숙이 들어오면서 위치에서 자유로운 인터넷 접속뿐만 아니라 이동 중 소셜 및 정보 공간에 손쉽게 연결될 수 있게 된다. 스마트폰은 비물질적 정보 흐름의 원거리 '생산, 전송, 처리'가 이루어지는 인터넷의 '흐름의 공간'(Castells, 2000: xxxii)에 손쉽게 접근할 수 있게 해 준다. 이동 중 자신의 위치 정보를 실시간 경험에 접목시킬 수 있게 해 주면서, 위치 기반 공간과 정보 흐름의 공간 간의 경계를 허물고 있다. 모바일 디지털 지도는 스마트폰이 애플리케이션(앱) 형태로 재매개한 주요 미디어 형식 중의 하나로서, 이동 중 위치 정보를 실시간으로 검색하며 길 찾기를 도와준다. 스마트폰과 같은 모바일 기기와 결합한 디지털 모바일 지도는 전자화된 종이 지도의 수준을 넘어 다양한 기능을 수행하게 된다. 각종 지도뿐만 아니라 버스 노선도나 지하철 노선도, 내비게이션 기기, 지역 정보, 전화번호부에 이르기까지 다양한 공간 관련 정보를 제공하면서, 이용자는 초행길에도 헤매지 않고 길을 찾아갈 수 있고 대중교통 정보부터 주변의 지역 정보까지 손쉽게 검색할 수 있게 된다. 디지털 모바일 지도는 모바일 기기를 통해 지리적 공간 정보와 위치 정보를 함께 이용할 수 있게 해 주는 "공간 미디어spatial media" 형식이다(Leszczynski, 2015). 그런데 이러한 모바일 디지털 지도는 전혀 새로운 미디어라기보다는 오래되었으면서도 새로운 미디어 현상이다. 다시 말해, 기존 아날로그 지도의 물질적 기반이나 전달 기기가 디지털화, 네트워크화되면서 등장한 현상이라고 볼 수 있다.

전통적인 지도는 종이와 플라스틱 같은 물리적 재료에 고정되어야 했기 때문에 지도에 표기할 수 있는 정보가 제한될 수밖에 없었고 사용자 편의성을 위해 적정 수준의 크기로 만들어져야 했다. 근대적 아날로그 지도는 측량을 통해 계측되고 수량화된 토지나 공간을 표준화된 지표로 대상화하여 표시했다. 중심, 주변, 경계, 관심 지역 정보 등이 미리 정해진 시각적 기호나 아이콘으로 표기되고 배치도 이미 정해져 있다. 지도를 만드는 사람은 담을 수 있는 정보가 물리적으로 제한된 지도에 무엇을 담아낼 것인가를 선택하고 결정해야 했다. 따라서 지도는 지도를 만들고 제공하는 집단의 지배적 시각이나 이데올로기를 반영하는 경향이 있다. 또한 이용자는 미리 정해진 공간 관계의 재현 방식을 받아들일 수밖에 없다. 아날로그 지도의 물질성은 고정적이고 비상호 작용인 지도, 제한적인 정보만을 담아내는 지도, 정량적인 공간 정보가 미리 정해진 시각적 코드와 배열에 따라 표기되는 지도가 만들어지는 맥락이 된다. 이러한 아날로그 지도의 물질적 기반이 디지털화, 네트워크화의 비물질적 기반으로 바뀌면서 지도는 변화를 맞이하게 된다.

디지털 기반의 지도는 비물질적 성격 때문에 이용자의 필요에 따라 맞춤 설정하여 이용할 수 있다. 고정적이고 제한적인 공간 재현에 다차원적이고 가변적이며 상세한 지리 정보를 제공할 수 있고, 이용자 또한 클릭만으로 지도를 확대·축소·회전하거나 검색할 수 있다(Crampton, 2009). 이용자는 지도를 통해 자신이 알아보고자 하는 장소를 위에서 조망할 수 있지만, 실제 위치에서 그 거리를 둘러보며 장소감을 구성할 수 있는 "아래로부터 보는 효과underview effect"를 가질 수 있다(Speed, 2010). 특히 구글어스와 같은 디지털 지도는 기존의 지도 보기뿐만 아니라 위성에서 보기, 목적지까지 입체적으로 비행해 보기 등을 허용하며 지리 공간에 관한 다양한 재현을 선보인다. 손쉽게 지도를 확대하거나 축소하고 장소를 검색해 보며 개인의 필요에 따라 개인화된 지도를 만들 수 있고 여행 경로를 계획할 수 있다. 이러한 디지털 지도는 여러 차원에서 새로운 경험을 제공하고 있다. 지도 제작 차원에서 개인적이고 입체적인 지도를 제공하고, 정보 차원에서 공간 검색 엔진 역할을 하며, 정서적 차원에서 신체적 통제감이나 지구에 대한 인식 혹은 거기 간 것 같은 느낌 등을 가질 수 있고, 사회적 차원에서 자신의 장소 경험 정보를 올리며 공유할 수 있다(Jensen, 2010).

웹 지도가 모바일 기기에 재매개되고 위치 기반 기술과 결합한 모바일 인터넷과 연결되면서 지도를 가지고 이동하는 것이 새로운 의미를 얻게 된다. 모바일 연결성은 가상 활동 및 정보 흐름을 실제 공간으로 초대하며 실제 경험을 가상의 사회관계 및 비물질적 데이터와 연결해 주고, 또한 개인의 위치 및 신체적 이동성은 인터넷 사용을 위한 맥락을 구성할 수 있게 해 준다. 이동 미디어 기기를 통해 모바일 인터넷을 이용할 수 있게 되면서 물리적 공간에서 디지털 공간으로의 접근이 쉬워지고 가상적 맥락과 물리적 공간의 경계가 허물어진 혼종적 공간이 만들어질 수 있다(de Souza e Silva, 2006). 또한 물리적 공간이 정보의 흐름으로 증강될 수 있게 된다(Manovich, 2006). 이와 함께 물리적 정경과 디지털 인터페이스를 매끈하게 연결하는 구글어스와 같은 지도가 모바일 기기의 앱으로 제공되면서 이동 중인 사람들이 혼합적 현실을 경험할 수 있게 해 준다(Farman, 2013). 스마트폰이 단순히 종이 지도가 아닌 온라인에 축적된 장소 정보와 긴밀하게 연결된 웹 지도를 재매개하면서, 미디어로서의 지도의 특성과 편향은 스마트폰 체계라는 새로운 맥락 속에 새롭게 재편되고 있다.

3. 모바일 디지털 지도의 형식

모바일 디지털 지도의 상징적, 물리적 형식은 혼종성, 중첩성, 촉각성, 위치 미디어, 초연결성 등의 다섯 가지 특징으로 살펴볼 수 있다. 첫째, 모바일 지도의 화면을 구성하고 있는 언어적 형식은 현실의 지리 공간을 유추적으로 재현한 점과 선, 지명이나 정보를 전하는 문자 텍스트, 항공 지도/거리 뷰/CCTV/주변 정보를 보여 주는 사진과 영상 이미지, 각종 기능과 정보에 연결해 주는 아이콘, 소리 등 다양한 표상 형식이 결합한 혼종적 성격을 띤다. 지도 앱은 이러한 표상 형식을 통해 상세한 정보들을 간소한 방식으로 표상하기도 하고, 장소에 관한 정보나 신체적 경험을 추상화시키거나 범주화시킨다. 또 이름이나 꼬리표를 표기하기도 하고, 단순화된 아이콘이 아닌 실사 이미지나 영상을 통해 공간 모습이나 실시간 현황의 상세 정보를 직접적으로 보여 주기도 한다. 이러한 혼종화된 표상 형식은 현실 세계의 물리적 공간을 일대일 척도에 가까운 방식으로 상세하게 재현하기도 하지만, 범주화와 추상화를 통해 개괄적이면서 추상화된, 다시 말해 위치와 장소에 관한 진술 혹은 진술의 진술(예를 들어, 리뷰, 별점, 평가 등)을 표현하기도 한다. 이러한 표상 형식의 다중성과 혼성성은 공간 및 위치에 관한 다양한 정보를 효율적으로 전달하며 그것에 대한 인지적 접근을 수월하게 만들 수 있다.

둘째, 모바일 지도는 척도를 늘이고 줄이면서 현재 공간에 대해 줌 인과 줌 아웃의 이미지를 제공할 수 있다. 이러한 척도의 유동성은 현실 세계에 대한 보다 광범위한 영역을 조망하며 세밀한 공간 정보를 사라지게 할 수 있고 1:1에 가까운 지리적 현실의 이미지를 얻을 수 있다. 개인은 손가락을 움직여 척도를 조정할 수 있고 상황에 따라 조감도나 상세도를 선택해서 이용할 수 있다. 이에 따라 얻을 수 있는 지리적 정보의 범위와 수준 혹은 밀도를 필요에 따라 다르게 할 수 있다. 그뿐만 아니라, 모바일 지도는 지도의 배열에 아이콘이나 사진 그리고 다양한 지도 유형과 정보를 덧씌울 수 있는 '중첩성'을 가질 수 있다. 다양한 표상 양식의 정보 층위가 포개지면서 이용자는 기존의 일반 지도와 다른 성격의 '추상화' 수준을 경험하게 된다. 다양한 용도의 이질적 정보 이미지가 지도에 중첩되고 시각화되면서 모바일 지도가 재현하는 지리적 세계는 이용자의 사용 맥락이나 필요에 따라 다른 형식으로 가시화될 수 있다. 이용자는 중층적 지도의 이미지와 상호 작용하면서, 서로 다른 지도 층위(자전거길이나 자동차길)를 선택할 수 있고 자신이 즐겨 찾는 경로나 관심 지역을 추가하며 지도에 중첩시킬 수 있다(그림 13 참조).

그림 13. **지도 앱의 화면과 다양한 지도 층위: 네이버지도 앱**

셋째, 스마트폰으로 매개된 모바일 지도는 스마트폰의 스크린이라는 모바일 인터페이스, GPS라는 위치 인식 기술, 모바일 네트워크 연결성 등의 기술적 특성에 따라 웹 지도와는 다른 '상호작용성'을 갖게 된다. 그것의 모바일 인터페이스는 지리 정보를 들여다보는 '투명한' 창이 아니라 현실 세계의 공간을 모바일 스크린에 최적화된 방식으로 보게 하고 관여하게 하는 일종의 '번역자'가 되고 있다.[10] 우선 스마트

10 매클루언은 미디어를 통해 "자연과 우리 인간 본성이 증폭되고 특수화된 형태로 번역"될 수 있다고 말한다(McLuhan, 1964/2011: 125). 전자 미디어는 우리를 신체 밖에 확장된 신경 체계 속에 가져다 놓으면서 모든 것을 정보 체계로 번역할 수 있게 한다. 모바일 지도의 인터페이스는 모든 지도 관련 기술이나 경험이 정보 체계 안에 들어올 수 있게 해 준다.

폰 화면을 통해 사람들은 지도 정보에 접근하고 상호 작용한다. 이러한 모바일 스크린에는 일반 지도를 검색, 길 찾기, 버스, 지하철, 즐겨찾기, 테마 지도 등 지도 주요 기능과 함께 병치하면서 손가락 터치나 음성을 통해 장소를 검색하거나 길 찾기를 하게 해 준다. 촉각적인 상호 작용이나 즉각적인 반응을 유도하는 검색 행위는 지도 앱에 대한 통제감을 느끼게 해 준다. 그동안 지도 앱을 제공하는 플랫폼은 지도 화면에서 특정 장소와 관련된 부가 정보나 기능을 한눈에 혹은 한 번에 볼 수 있도록 편의성을 강화한 인터페이스를 개발해 왔다. 예를 들어, 지도 앱 첫 화면에 있는 메뉴 탭을 통해 주변 정보와 대중교통, 내비게이션 등을 터치 한 번으로 간편하게 이용할 수 있고, 검색창을 통해 장소, 버스, 지하철, 주소 등의 모든 정보를 검색할 수 있다. 이러한 기능은 제한된 모바일 인터페이스에서 이전보다 많은 미디어 기능을 접할 수 있게 해 주는 '과매개'를 추구한다. 모바일 인터페이스의 직관적인 촉각적 터치 방식과 접근성은 이용자와의 상호 작용을 유도하고, 이동하면서 자연스럽게 이용하게 만든다.

넷째, 스마트폰에 위치를 인식하는 GPS가 장착되면서 지도 앱을 이용하는 이용자들의 실시간 위치가 지도 위에 표기될 수 있고, 이들의 이동 경로와 함께 지도가 움직이는 '동적인 지도'가 만들어질 수 있다. 지도와 GPS 기능과의 결합은 물리적 공간에서의 이용자의 위치를 지도상에 재현하면서 자기 위치를 중심으로 장소 검색이나 길 찾기를 할 수 있게 해 준다. 또한 낯선 곳에서도 주변 세계를 파악하고 방향 감각을 가질 수 있게 한다. 이용자는 물리적 현실 공간과 지도의 상징적 공간 모두에 존재하면서, 이 둘 간의 경험이 매끄럽게 연계되고 겹쳐지는 역동성이 만들어진다. 지도 앱이 물리적 공간의 위치를 기반으로 주변 환경에 대한 정보를 제공하는 “위치 미디어locative media”(Frith, 2018: 2)로서의 성격을 가지면서, 이용자의 위치 정보는 그의 네트워크 활동이나 정체성을 표현하는 기본 정보 중 하나가 되고 있다. 특히 스마트폰이 특정 장소나 시간에 얽매이지 않고 언제 어디서나 이용하는 일상적 실천이 되면서 개인의 위치 정보는 그를 설명하는 중요한 데이터로 의미화되고 있다.

마지막으로 모바일 지도는 모바일 네트워크 연결성에 기반을 둔 물리적 형식을 갖는다. 이용자는 스마트폰을 통해 언제 어디서나 소셜 네트워크나 인터넷 정보 공간에 접속할 수 있고 자신의 주변 정보를 실시간으로 찾아보고 공유할 수 있다. 지도 앱을 통한 길 찾기나 정보 검색 또한 원할 때 즉각적으로 이루어질 수 있다. 이러한 연결성을 통해 정보나 사진에 위치 정보를 태깅한 소셜 미디어 콘텐츠가 지도 속 장소에 관한 메타데이터로 연결될 수 있다. 플랫폼이 보유한 지역 정보와 이용자들이 작성한 소셜 미디어 리뷰가 상호 링크되고 지속적으로 축적되면서 장소에 관한 데이터베이스가 구축될 수 있다. 위치에 콘텐츠를 첨부하고 콘텐츠에 위치를 첨부할 수 있게 되면서 특정 위치와 연결된 사진들이 그것이 서로 다른 맥락이나 시간대에 찍혔다 하더라도 해당 장소를 중심으로 수렴되고 병합되어 일종의 콜라주를 구성할 수 있다. 전통적으로 사건의 시간적 순간을 표상했던 사진이 지리적 위치를 증거로 하고 재현하는 지표로서 전환되고 “지리적 위치가 장소, 이용자, 이미지 간의 관계를 지속해서 이어 주는 초점”이 될 수 있다(Lapenta, 2011: 18). GPS 기능과 모바일 네트워크 연결성에 기반을 둔 모바일 지도는 이용자들의 장소와 위치에 대한 경험과 지식을 매개할 뿐만 아니라 그것과 관련한 이용자들의 데이터와 콘텐츠들이 연결되고 집적되는 플랫폼이 될 수 있다. 이와 함께 모바일 지도가 매개하는 위치 관련 정보 밀도가 계속해서 높아지고 있다.

4. 모바일 디지털 지도의 편향과 매개화 과정

지금–여기의 자기중심성

지도 앱을 매개하는 스마트폰은 24시간 곁에 두고 이용하는 일상의 친밀한 미디어다. 이러한 근접성으로 이용자는 언제 어디서나 모바일 네트워크에 접속할 수 있고 '바로바로' 검색하며 상황에 따른 임기응변적 대응을 할 수 있다. 이렇게 스마트폰을 통해 실시간 상황에 대한 유연하게 대처하는 현상은 휴대 전화가 처음 등장했을 때부터 찾아볼 수 있다. 리처드 링Richard Ling과 브리지트 이트리Birgitte Yttri는 사람들이 휴대 전화로 만남을 계획할 때보다 유연하게 "미시 조정"할 수 있다고 말한다(Ling & Yttri, 1999). 전통적으로 아날로그 지도는 시간과 분리된 공간을 재현해 왔다. 따라서 아날로그 지도를 가지고 여행을 가려면 미리 지형을 파악하고 최종 목적지의 위치나 경로를 살펴볼 필요가 있다. 온라인 지도는 목적지까지의 경로를 알려주며 상세한 주변 정보를 제공해 줄 수 있지만, PC 기반이기 때문에 물리적 이동이 스마트폰보다 자유롭지 못하고 돌아다니면서 생길 수 있는 돌발 상황에 유연하게 대처하기가 어렵다. 반면 모바일 디지털 지도는 휴대 전화가 가진 미시 조정과 결합되면서 훨씬 더 유연한 조정 능력을 준다.

모바일 인터넷에 연결된 검색 기능과 다양한 부가 정보를 기반으로 이동과 장소에 관한 계획을 미시적으로 정교하게 조정할 수 있게 해 준다. 모바일 지도의 '현재 중심적 편향'은 이용자가 지금-여기의 물리적 상황의 구속을 넘어 위치 정보에 실시간 접근하고 자신의 이동 행위를 미시적으로 조정하거나 변경할 수 있게 해 준다. 모바일 네트워크를 통한 실시간 정보 흐름은 시시각각 변화하는 교통 정보를 바탕으로 이동 경험을 즉각적으로 조정할 수 있게 해 준다. 이뿐만 아니라, 지도 관련 장소 정보가 고정되지 않고 끊임없이 업데이트되면서, 이용자는 새로운 길이나 건물이 들어서고 상호가 바뀌더라고 기존 지도보다 늘 최신 정보를 받아 볼 수 있게 된다. 현재 편향적 모바일 지도는 늘 위치에 관한 실시간 정보, 최신 정보를 제공하면서 이용자의 이동 행위를 지원한다.

또한 스마트폰에 내장된 위치 인식 기술과 연동된 모바일 지도는 '자기중심적 편향'을 갖는다. 현재 내 위치이건 내가 임의로 설정된 '여기'이건 간에 자기 필요에 따라 위치를 잡고 지도에 접근할 수 있게 해 준다. 개인은 개인화된 지도를 경험할 수 있고 자신이 원하는 장소 정보를 선별해서 읽을 수 있다. 아날로그 지도는 '전지적' 시점에서 장소에 대한 인식과 방향 찾기가 이뤄졌다면, 모바일 지도는 '내 시점'으로 지리 공간을 바라볼 수 있게 해 주며 자기 위치 중심의 주변 세계 경험을 강화한다. 또 어디를 가더라도 길을 잃을 염려가 줄어든다. 이용자는 지도 앱을 통해 개인 지도를 만들고, 자기 관심사에 따라 지도의 위치, 범위, 유형 등을 바꿀 수 있으며, 지금-여기의 상황이나 신체 활동에 따라 융통성 있게 장소를 검색해 나갈 수 있다.

이러한 모바일 지도의 자기중심적 편향은 사람들이 처음 가는 장소에도 능숙하게 장소를 찾아갈 수 있는 능력을 확장한다. 동시에, 주변 정경을 특정한 방식으로 매개하면서 해당 물리적 장소에서의 시공간 경험을 구조화한다. 예를 들어, 지도 앱의 내비게이션은 고도의 이동 능력을 제공하며 돌아다니는 이용자의 신체(혹은 자동차)를 지도 앱의 중심점으로 재현한다. 이용자의 움직임이 도착지까지의 선형적 궤적으로 재현되고 수치로 설명된다. 이에 따라 이용자는 지도 위에 자신의 움직임을 재현한 점과 선으로 자신의 위치 감각을 느끼고 이동 속도와 지속 시간을 수치로 경험한다. 모바일 지도는 이용자 자신을 표기하는 점과 선 이외에 자세한 주변 정경에 관한 정보는 과감히 생략하면서 이동 경험의 효율성을 높인다. 이러한 자기중심적이고 추상적인 재현 방식은 주변 정경을 바라보고 반응하는 방식을 효과적으로 통제하고,

그림 14. 지도 앱 내비게이션의 자기중심적 공간 편향

이동 행위 과정을 원하는 목적지 도달이라는 성과를 기준으로 측정되고 계산될 수 있는 것으로 만든다. 최단·최적·목적지(타깃) 지향의 효율성이라는 이데올로기적 코드와 결합한 '자기중심적 공간 편향'은 지도를 보고 주변을 지각하는 과정 혹은 이동하는 행위를 특정한 양식으로 이루어지도록 유도한다(그림 14 참조).

추상화 과정과 인지 편향

모바일 지도가 다양한 장소 관련 텍스트를 수집하고 저장하는 플랫폼 역할을 하면서, 이용자들은 이를 통해 장소 관련 콘텐츠를 접할 수 있고 자신의 장소 경험을 텍스트, 비디오, 텍스트 등의 형식으로 연결시킬 수 있다. 파블로 아벤트Pablo Abend와 프랜시스 하비Francis Harvey는 기존의 아날로그 지도가 지리 정보를 추상적인 기호와 상징으로 재현하고 고정시켰다면, 현재의 모바일 지도는 이용자를 다양한 방식으로 참여하게 하는 개방적 공간을 허용한다고 말한다(Abend & Harvey, 2017). 이용자들이 올린 최신 지리 정보에서부터 장소에 관한 정보에 이르기까지 다양한 정보들이 지도 앱에 집적되고 축적된다. 장소 정보가 이용자의 참여나 자동으로 수집된 다양한 장소 관련 데이터를 통해 계속해서 변경, 확장되고 있다.

지도 앱은 단순한 지도나 길 찾기 기능 외에 맛집, 은행, 인기 여행 장소 등 검색해 연계하는 서비스를 이용자에게 제공한다. 이러한 서비스를 통해 지역 내 존재물에 관한 정보가 플랫폼이 규정한 범주, 예를 들어 음식점, 카페, 편의점/마트, 은행, 병원/약국, 생활, 엔터테인먼트, 디저트 등으로 분류되어 축적된다. 이러한 범주는 플랫폼에서 이용자들의 일상적 관심사를 반영하여 만든 것인데, 주로 주변 장소의 상업적 정보에 치중되어 있다. 이러한 범주화는 공간을 '소비'의 경험을 기준으로 구조화하는 경향이 있다. 모바일 지도는 '경계 없는 공간'을 보여 준다. 이용자는 자신이 선택한 시점을 중심으로 자유롭게 옮겨 다니며 지도의 범위를 설정하고 척도를 조정할 수 있다. 그런데 이러한 경계 없는 공간을 설명하고 해석하는 정보는 주로 상업적 이해관계와 연관된 범주 안에서 이루어진다. 개인이 올린 장소에 대한 정보, 리뷰/별점, 추천 등이 축적되어 만들어진 이미지는 장소에 관한 간접 경험을 제공하며 새로운 관심을 불러일으킬 수 있다.

모바일 지도는 지리 정보와 이와 관련된 경험과 활동 범위를 예시하는 정보를 연결해 주면서 가보지도 않은 장소에 대한 선입관을 갖게 할 수 있다. 장소 정보 제작에 수많은 이용자가 집단적으로 참여하면서, 사람들은 이러한 정보가 장소에서의 실제 경험을 보여 준다는 생각을 하게 되고, 이를 근거로 그곳에서 어떤 행동 양식이 가능한지를 상상해 본다. 그러나 이러한 장소 재현은 불균등하게 이루어진다. 장소 정보가 상업적 논리가 지배하는 장소 경험 위주로 가시화되면서, 그렇지 못한 장소 경험을 비가시화시키는 경향이 있다. 이러한 비가시성은 단순히 안 보이는 것이 아니라 그곳에서의 과거 경험이나 미래 경험을 침묵하게 만들 수 있다. 특히 장소 검색을 통한 장소 정보의 인지와 관련 행위가 매끄럽게 이어질 수 있는 미디어 조건에서 재현되지 않은 비가시적 정보를 인식하기 어렵고 그러한 비가시적 장소를 찾아가 경험하기도 쉽지 않다.

최근에는 모바일 지도가 수천만 명의 이동 경로, 위치 정보 등의 데이터를 자동으로 축적해 장소 정보 형태로 제공하거나 개인에게 맞춤화된 데이터를 찾아볼 수 있게 해 주면서, 이용자는 축적된 정보를 기반으로 자신의 장소 경험을 예측하고 이동성을 조절하는 능력을 갖추게 된다. 모바일 지도로 수렴된 공간 정보는 가보지 못한 장소의 낯선 현실을 익숙한 현실로 경험할 수 있는 인식의 틀을 제공하고, 실제 물리적 장소에서의 경험 과정에 침투하며 영향을 미치게 된다. 이용자는 모바일 지도가 추상화한 장소의 현실 정보를 효율적으로 활용하며 스스로 이러한 추상화 구조에 내포된 소비주의적 세계관을 매개하고 확대 재생산하는 행위자가 될 수 있다.

또한 모바일 지도에 연계·축적된 이용자들의 장소 정보는 시공간을 넘어 누군가의 지금-여기에서 재소비될 수 있다. 경험했을 당시의 시간적 의미와 장소의 기억이 모바일 지도에서는 소비될 수 있는 정보 조각으로 번역되고, 이렇게 번역된 정보는 단순히 참고하는 자료를 넘어 우리들의 움직임과 경험을 구조화할 수 있다. 우리는 장소를 오감으로 파악하고 탐색하는 체험자가 되기보다는 구조화된 장소 정보를 처리하는 수신자가 될 수 있다. 우리가 장소에 대한 우리 경험을 디지털 흔적으로 남기며 장소에 관한 정보 생산과 설명에 참여할 수 있지만, 이러한 참여의 성격은 제한적이다. 이푸 투안Yi-Fu Tuan(1977/2007)은 공간과 장소를 구분하면서 공간은 물리적으로 움직일 수 있는 곳이고 장소는 움직이다 멈춤으로써 만들어진다고 말한다. 다시 말해, 공간에 살아가면서 경험이 축적되고 가치가 부여될 때 공간이 장소가 된다. 모바일 지도의 미디어 형식과 추상화 과정은 시간적 의미와 기억에서 탈맥락화된 정보를 특정한 방식으로 범주화하면서 장소에 대한 인지적 편향을 만든다. 그리고 이러한 인식의 틀로 물리적 공간에서의 경험을 매개하고 있다.

여러 미디어학자들이 휴대 전화 등과 같은 모바일 기술이 일상적으로 사용되면서 의미 있는 '위치'로서의 장소가 물리적 주변 환경으로 물러나고 따라서 물리적 장소가 의미 없게 될 수 있다는 점을 염려했다.[11] 그런데 스마트폰의 지도 앱은 이용자의 위치 경험에 참고할 만한 각종 장소 정보를 매개하면서, 장소에 대한 인지도를 높이고, 장소 경험의 불확실성을 줄여 준다. 해당 위치에서의 물리적 현존에 도움을 주는 주변 장소 정보를 제공하며 새로운 장소 감각을 만들 수 있게 한다. 모바일 지도를 통해 매개된 장소 정보가 이용자의 위치에 따라 달라지고 그곳에서의 행위에 영향을 미치면서, 이동에 따라 장소 감각이 끊김 없이 재설정되고 재편될 수 있다. 이용자가 모바일 지도의 정보 세계에 의존할수록 그것의 추상화 방식을 체화하게 되고, 기술로 매개된 장소에 대한 간접적 인지 경험이 이들의 직접적 신체 경험을 선도하게 된다. 모바일 지도가 제공하는 정보 체계와 범주가 장소의 현실을 지각하는 과정에 자연스럽게 녹아들면서, 이용자들이 물리적 장소에서 실제 보고 느끼고 경험하는 과정은 모바일 지도의 추상화된 정보 세계와 상호 반응하는 과정이 된다.

모바일 디지털 지도의 매개화 과정을 미디어 형식과 편향을 중심으로 살펴보면서 우리는 새로운 정보 기술이 인간의 장소 경험과 실제 세계의 상호 작용을 어떻게 매개하고 관계를 구성하는지를 탐색해 볼 수 있다. 모바일 지도는 디지털 정보 세계와 현실 세계를 더욱 밀접하게 연결시키며 그 경계를 허물고 있다. 니콜라스 카Nicholas Carr(2011/2015: 92, 190~197)는 길 찾기를 도와주는 내비게이션이 낯선 환경에서 자기

11 예를 들어, 케네스 거겐Kenneth Gergen은 부재하는 현존 개념을 통해 이러한 우려를 표명한다(Gergen, 2002).

위치를 파악하고 방향 감각을 가질 수 있는 능력을 제공하지만, 우리가 현실 세계를 직접 돌아다니며 주변 환경을 경험하고 개입하는 것을 제한하고 자연 지형을 인식하고 해석할 능력을 축소하고 있다고 주장한다. 그의 말대로 우리는 모바일 지도로 길을 찾고 맛집을 탐방하면서 장소를 직접 대면하고 체험하기보다는 모바일 인터페이스에 눈과 귀를 집중시키는 경향이 있다. 물론 우리의 기술 의존성 혹은 종속성을 상실과 쇠퇴의 부정적인 시각으로만 진단할 수는 없을 것이다. 다만 모바일 지도의 유용성이나 편이성에 가려진 미디어 구속력의 복합적 성격을 이해하지 못한다면, 우리의 지각이나 경험 방식의 한계를 돌아보기 어렵다. 우리는 모바일 디지털 지도의 미디어 형식과 편향을 이해해 봄으로써, 그것이 허용하는 이동 경험과 장소 감각의 양가적 측면을 탐색할 수 있었다. 이러한 탐색은 대안을 상상하고 시도하는 출발점이 될 수 있다.

11

미디어 생태학적 탐구를 위하여

1. 미디어 생태학적 탐구의 장애물

미디어 생태학은 인간의 조건으로서 미디어 혹은 환경에 관심을 둔다. 이것은 사물 혹은 기술로서의 미디어의 실체 자체가 관심을 두는 것이라기보다는, 이것이 갖는 관계, 혹은 동적인 연결 양식을 주목한다. 예를 들어, 미디어 생태학자들은 스마트폰이 어떤 데이터 용량이나 속도 혹은 성능을 갖추고 어떠한 서비스를 제공하는지보다는, 그것의 미디어 형식이 우리 삶의 모든 측면과 어떻게 연결되고 이러한 연결 속에 어떠한 변화가 일어나는지를 궁금해할 것이다. 이들은 자아 인식이나 사회관계 맺기에서부터 소비나 노동에 이르기까지 스마트폰이 이러한 경험들을 어떻게 매개하고 재편하는가를 질문하면서, 이러한 매개 과정의 복합적 성격과 함의를 논의할 것이다. 미디어 생태학적 시각은 미디어를 인간 주체와 분리된 대상으로 객체화시키기보다는, 그것과 인간이 맺는 상호 관계에 주목한다. 오늘날 기술이 우리의 삶이 영위되는 핵심 조건이 되면서, 기술은 우리의 외부 세계부터 감정이나 관계와 같은 내면세계에 이르기까지 거의 모든 영역에 깊숙이 침투하고 있다. 미디어 생태학은 이렇게 기술적 조건이 갖는 매개 과정에 관심을 두지만, 이를 탐구하기 위해 적어도 다음과 같은 장애물을 넘어서야 한다.

우선 현재 우리의 기술 인식이나 담론에 팽배해 있는 도구주의적 시각이나 기술결정론적 시각을 넘어서야 한다. 4차 산업 혁명에서부터 '디지털 뉴딜' 정책에 이르기까지 우리 사회에 폭넓게 논의되는 다양한 기술 관련 담론에서 기술은 늘 특정 목표를 수행하며 더 나은 미래를 약속하는 독립적 객체로 가정되고 있다. 이러한 시각은 주로 기술 혁신의 문제 해결 능력이나 혜택에 초점을 맞추며 기술의 효과를 그것의 본질에 기초한 단선적 인과론으로 파악한다. 그럼으로써, 새로운 기술이 가져올 사회적 변화를 예단하고 이를 효율적으로 다룰 계획을 수립한다. 하지만 이러한 시각은 모든 기술이 갖는 미디어 환경으로서의 특성과 이것의 양가적 영향력을 간과하고, 기술과 인간이 존재론적으로 얽혀 있다는 점을 소홀히 한다. 기술을 중립적 도구나 우리와 분리된 독립적 행위 주체로 바라볼 때, 우리는 그것의 효과에 관해 부분적으로만 이해할 뿐, 인간과 기술 혹은 기술과 세계의 상호 연결된 연속체가 만드는 변화의 다면적인 양상을 보지 못한다. 우리는 역사 속에서 기술의 효과가 발명가의 의도나 기술의 기능에 따라 나타나지 않고 오히려 의도하지 않은 결과를 가져온다는 것을 종종 목격한다. 미디어로서의 기술이 인간의 조건이 되고 인간은 기술과의 관계 속에서 주체성을 형성해 간다는 점에서, 인간이 활용하고 통제하는 대상으로서의 기술, 인간에게 도움을 주는 기술, 혹은 정반대로 인간을 위협하는 기술 등으로 기술을 인식하는 것은 기술과 인간과의 관계에 눈을 감는 것이다.

또한, 오늘날 우리가 더 많은 기술에 의존해 살고 있지만, 정작 이러한 기술 자체의 편향이나 작동 과정은 잘 보지 못한다. 우리는 스마트폰으로 소셜 미디어에 올라온 글을 읽고, 동영상 스트리밍 사이트가 추천해 준 영상을 시청하면서, 이렇게 읽고 시청하는 행위가 나의 취향에 따라 주체적인 선택한 행위라고 느낀다. 그러나 이러한 행위 뒤에는 늘 손에서 떠나질 않는 스마트폰과 그것의 직관적인 인터페이스, 이러한 콘텐츠를 유통하는 네트워크, 각종 데이터를 자동적으로 수집하는 센서들과 인터넷 사이트와 앱들, 그리고 이러한 데이터를 처리하는 알고리즘 등이 비가시적으로 작동하고 있다. 인간-기술의 상호 관계를 의식하고 이해하는 작업이 쉽지 않은 이유는 기술적 매개 과정이 '블랙박스'처럼 가려져 있어 의식하기 어렵기 때문이기도 하지만, 무엇보다 기술이 우리 몸에 체화되어 기술 자체가 우리 활동이나 의식의 배경으로 물러나 눈에 잘 띄지 않기 때문이기도 하다. 기술이 체화된 인간은 기술을 의도적으로 이용하지 않을 때도 계속해서 기술적 조건에 영향을 받는다. 예를 들어, 우리가 스마트폰에 내장된 카메라를 이용해 쉽게 일상을 기록하는 사진을 찍고 사람들과 공유하지만 우리는 사진을 찍지 않을 때도 사진의 이미지 중심의 사고방식으로 주변을 바라보게 된다. 우리는 사진에 잘 나오는 외모를 갖고 싶어 자신의 얼굴과 몸을 가꾸는 노력을 끊임없이 하고, 이미지로 접했던 장소에 이끌려 실제 그 장소를 방문하는가 하면, 식당에서 음식을 먹기 전에 사진 찍을 생각부터 한다. 자신의 개인 정보가 어떻게 수집되고 활용되는지에 관한 통제력을 잃었고, 현실 인식은 진위에 상관없이 빠르게 유통되는 정보나 선전에 직접적인 영향을 받는다. 기술이 체화되면서 기술적 조건에 따라 지각과 경험이 누적되고, 이러한 기술과의 매개적 관계 때문에 기술과 결합한 시선을 갖게 된다. 우리 스스로 기술과의 관계를 의식하기 어려운 이유는 우리의 주체성이 기술과의 내적 결합에 의해 구성되고 있어서다.

그렇다면 미디어 생태학적 탐구를 방해하는 도구주의적, 기술결정론적 시각을 넘어 비가시적 미디어와의 관계를 의식하는 것은 어떻게 가능할까. 매클루언은 미디어–인간의 관계를 가시화시키기 위해 '이론적 가설–검증'이나 '설명'이 아닌 '관찰'과 '탐구'를 시도한다(Stearn, 1967: xiii). 그는 이론에서 출발할 경우, 이론이 현상을 바라보는 방식을 규정하고 조사 내용이 이론을 찬성하거나 반대하는 데 초점을 맞추기 때문에, 이론 대신, 실제를 관찰하는 데서 출발할 필요가 있다고 말한다. 그는 미디어–인간의 관계와 비가시적 미디어 환경을 살펴보기 위해, "그냥 사람들이 하는 일, 당신이 하는 일을 지켜볼 것"을 제안한다(McLuhan, 2008: 27). 미디어 생태학적 탐구의 현장은 멀리 있는 것이 아니라, 바로 우리의 삶이 이루어지고 있는 지금–여기에서 출발할 수 있다. 우리가 깨어나서 잠들 때까지 하루를 보내는 방식에서부터 침실, 지하철, 카페, 거리, 교실, 회의실, 일터, 여행지 등의 현실 공간과 각종 소셜 미디어와 인터넷 사이트의 디지털 공간에서 일어나는 활동에 이르기까지, 우리가 경험하는 모든 현상이나 습관이 미디어 생태학적 탐구의 대상이 될 수 있다. 우리는 이러한 현상에 잠시 거리를 두고, 이러한 현상을 구성하는 미디어–인간 간 관계 혹은 미디어–미디어 간 관계의 패턴에 관해 주의를 기울여 본다면, 미디어와 얽혀 있는 우리 삶의 조건을 성찰해 볼 수 있다. 이러한 관계는 확정적이지 않고 늘 유동적인 변화의 과정이기 때문에, 고정적인 이론 개념이나 설명을 대입하기보다는 실제 '무슨 일이 벌어지고 있는지' 혹은 '드러난 현상의 감춰진 배경은 무엇인지'를 '지켜보는' 데서 출발할 필요가 있다. 이와 함께, '어떠한 비가시적 배경이 이러한 가시적 현상(형상)에 작동하고 있는지'를 살펴보면서 우리가 미디어의 조건과 맺는 관계를 전면에 가시화시키고 이것의 함의를 이해하기 위해 노력해 본다. 이러한 지켜보기와 가시화 노력은 미디어 생태학적 탐구의 출발이 될 수 있다.

2. 미디어 생태계의 균형

미디어 생태학 전통은 미디어의 편향에 관심을 두는 만큼, 그것과 짝을 이루는 균형 개념에도 관심을 가져왔다. 루이스 멈포드는 고대 그리스어 '테크네'가 생산 활동과 예술의 의미를 모두 포함하고 있다는 점을 들어, 과거에는 유기적인 것, 미적인 것, 기술적인 것 사이에 균형이 존재했다고 설명한다. 그는 기술이 유기체의 일부라고 생각하면서, 인위적 기술과 유기적인 것의 균형이 기계화, 산업화가 진행되면서 깨졌다고 본다. 이니스는 미디어가 가진 물리적 형식에 따라 시간과 공간 편향을 가지며 이러한 편향이 문화적 불균형을 초래한다고 본다. 예를 들어, 20세기에 공간 편향적인 진지 미디어가 등장하면서 아카이브, 대학 및 서적과 같이 지속적인 가치를 중시하는 시간 편향적 전통이 약화되는 불균형을 초래했고, 이는 유럽의 제국주의, 미국의 팽창주의, 상업과 정치의 권력 집중화 등을 돕게 된다. 매클루언 또한 미디어 형식에 따라 특정 감각을 확장하면서 '고양된 합리성'과 '의식적 성찰'을 돕거나, '상호 관계'와 '집단적 인간성'의 감각을 촉진하는 편향성을 갖는다고 본다. 그는 이러한 편향성이 감각적 균형equilibrium을 깨기 때문에 이를 의식하고 이해할 필요가 있다고 말한다.

포스트먼은 미디어 생태학이 단순히 미디어에만 관심이 있는 것이 아니라, 미디어와 인간의 상호 작용이 문화의 성격을 구성해 나가는 방식에 주목하고 문화의 상징적 균형을 유지하도록 돕는다는 점에서 '생태학적'이라고 말한다(Postman, 2006b). 앞서 살펴보았듯이, 그는 테크노폴리의 시대에 기술이 문화를 압도하며 인류가 축적해 온 문화적 전통이나 상징의 세계가 훼손되고 있는 것을 우려했다. 그는 문화적 전통이나 초월적 서사가 가치를 유지하면서 새롭게 재발견해 가는 '보존' 활동과 시대에 필요한 변화를 이끄는 문화적 기반을 만들어 가는 '혁신' 활동이 적절한 균형을 맞추며 긍정적인 관계를 갖기를 바랐다. 포스트먼은 미디어 환경의 불균형이 우리 생존에 영향을 미친다고 보면서, 균형의 회복을 미디어 생태학의 중요한 과제로 논의하고 있다. 포스트먼을 비롯한 미디어 생태학자들은 기술과 인간의 상호 관계를 이해하기 위해 미디어 편향을 주목하였고, 자연스럽게 이러한 편향이 갖는 불균형의 상태나 양가적 결과에 관심을 가졌다.

인간 감각이나 미디어 환경의 균형 혹은 불균형에 관한 미디어 생태학적 시각은 기술의 부정적인 효과를 염려하며 기술 이용을 억제하고 균형을 회복하려는 '미디어 이용의 균형주의' 시각과 다른 결을 갖는다. 미디어 이용의 균형주의는 새로운 미디어가 등장하면서 일어나는 변화의 폐해를 염려하며 이러한 폐해를 줄이기 위해 균형 잡힌 미디어 이용이 필요하다고 주장한다. 예를 들어, '디지털 해독digital detox' 담론은 현재의 디지털 미디어 환경이 갖는 문제, 즉, 연중무휴 연결성의 피로감, 프라이버시 침범, 물리적 접촉의 상실, 진정성 없는 상호 작용, 산만함 등의 문제에 대처하고 몸과 마음의 균형 잡힌 삶을 살기 위해 디지털 기기의 이용을 제한할 필요가 있다고 제안한다. 이러한 담론은 물리적 세계를 직접적으로 접촉하며 덜 복잡한 시간을 살았던 과거에 향수를 가지고, 진실된 자아 혹은 진정성 있는 삶을 회복하기 위해 디지털 미디어를 멀리할 필요가 있다고 본다(Syvertsen & Enli, 2020). 여기서 진정성은 삶의 균형을 점검하는 기준이 되고, 물리적, 자연적, 전근대적 과거가 가상적, 인위적, 현대적 현재보다 진실되고 실존적으로 의미가 있다고 간주된다. 따라서 디지털 미디어를 멀리하거나 이용을 줄이는 직접적 저항 행위가 삶의 균형을 위한 해법이 된다.

반면, 미디어 생태학의 균형에 관한 관심은 미디어 환경의 특성을 살펴보고 성찰하는 과정에 보다 집중된다. '미디어 이용의 균형주의'가 현대 미디어의 부정적 효과에 초점을 맞추며 미디어 이용을 최소화하며 균형 감각을 회복하려 했다면, 미디어 생태학자들은 기본적으로 새롭게 등장한 기술의 매개 과정을 통해 기존의 감각이나 정보 환경의 균형이 어떻게 깨지는가, 더 나아가 이러한 불균형이 갖는 문화적 함의는 무엇인지에 관심을 보인다. 미디어 생태학자들은 미디어 환경 변화의 패턴을 관찰하기 위해 미디어 형식의 편향을 대조하고, 신구 미디어 간의 동적인 연관 관계를 살펴보며, 미디어의 양가적 효과와 통제의 문제를 주지한다. 그리고 이러한 작업을 통해 미디어 환경 변화가 갖는 함의를 생각하고 어떠한 인간적 통제력을 가져갈 것인가에 관해 고민해 본다. 학자에 따라 구어 문화의 물리적 현존과 대화, 혹은 문자 문화의 이성적이고 깊은 사고 등에 가치를 부여하지만, 이것은 과거의 미디어 문화에 대한 단순한 향수라기보다는 미디어의 편향성에 관한 전체론적인 이해 과정에서 나온 성찰이다. 매클루언은 기술을 부정하고 과거를 이상화하며 향수를 느끼는 저항적 태도는 '차들이 달리는 고속도로에서 후진하는 차량'처럼 상황만 악화시키는 것이라고 말한다

(McLuhan, 1964/2011: 352). 포스트먼도 기술부정론과 기술회의론을 구분할 필요가 있다면서, 현재의 미디어 기술을 부정하지 않으나 그것이 가져오는 '파우스트적 거래,' 즉 그것의 득과 실을 저울질한다.

포스트먼은 미디어 환경 변화의 소용돌이 속에 변화의 패턴을 이해하고 균형의 문제를 생각해 보는 것이 우리의 생존 문제와 직결되어 있다고 본다. 그는 우리가 인간으로 살아남기 위해 기술의 파괴적 효과를 줄이고 문화의 상징적 균형을 유지할 필요가 있고, 이를 위해 일정한 온도를 유지하는 '온도 조절기'의 관점이 요구된다고 말한다. 온도 조절기의 메커니즘은 너무 따뜻한 것은 더 차갑게, 너무 차가운 것은 더 따뜻하게 만들면서, 환경의 균형 상태를 유지하는 것이다. 포스트먼은 이러한 온도 조절기의 관점에서 미디어 환경의 지배적 편향을 가시화하고 이러한 환경의 평형 상태를 유지하기 위해 어떠한 제어력을 가질 것인지를 논의할 필요가 있다고 주장한다. 그가 《18세기에 다리 놓기*Building a bridge to the 18th century*》(1999)에서 21세기 삶의 이정표를 18세기 문화적 유산에서 찾는 이유는 계몽주의 자체에 절대적 가치를 부여하기 위해서가 아니라, 언어, 상징, 서사, 문화적 의미 등이 탈가치화되고 기술의 효율성에 우선적인 가치를 부여하는 현재의 미디어 환경을 돌아보기 위해서다. 생존을 위해 기술 지배의 상황을 이해하고 이를 헤쳐나갈 하나의 자원으로 기존 유산을 활용하는 것이다. 그는 특히 학교 교육이 기술 변화의 의미를 검토하고 전통과 인간적 가치를 보존하며 미디어 환경에 대한 통제력을 갖게 하는 '온도 조절 장치' 역할을 하길 희망했다(Postman, 1979). 매클루언도 생존과 통제를 위해 감각적 경험에 기반을 둔 인식론 및 교육이 필요하다고 본다. 이러한 교육은 '정답 찾기'을 위한 교육이 아니라, "적절한 방법과 장소에서 조사하고 질문하는 능력"을 키우면서 현재의 환경에 대한 감각적 균형을 갖게 하는 것이다. 예를 들어, 끊임없이 유동적인 정보와 '수백만 개의 답'을 제공하는 전자 미디어 환경에서 길을 찾기 위해, 오히려 "책을 읽고 미지의 환경을 탐색하는 고대 기술이 필요"하고, 이를 통해 우리는 "바람과 조수에 (우리가) 가졌던 것과 같은 통제력을 기술과 환경에 가질 수" 있게 된다(McLuhan, 1988: 239).

미디어 생태학자들은 기술 혁신과 발전이 사회적 진보를 가져온다는 가정에 의문을 제기하면서, 기술의 능력이나 미래 비전이 정작 오래된 인간의 문제(예를 들어, 불평등, 차별, 폭력, 착취 등)를 해결하고 중요한 사회적, 인간적 가치를 고양하는 데 한계를 갖는다고 본다. 이들은 미디어 기술의 활용 문제만큼이나 미디어 환경의 상징적, 기술적 균형 상태와 통제 문제가 중요하다고 본다. 그리고 이러한 문제를 풀기 위해 제안된 '온도 조절기'의 관점은 과거의 미디어 환경을 퇴행적으로 그리워하는 게 아니라, 현재의 미디어 환경과의 변증법적 상호 관계에서 감각적 균형과 그것에 대한 통제력을 추구한다. 우리 사회가 새로운 미디어 기술 수용에 적극적일수록, 이러한 열기에 중심을 잡아 주는 미디어 생태학적 균형의 시각이 그 어느 때보다 필요하다.

3. 미디어 생태 윤리: 미디어 생태계는 윤리적인가

대표적인 미디어 생태학자인 매클루언과 포스트먼은 미디어 환경의 도덕적 또는 윤리적 문제에 관해 서로 다른 태도를 보여 준다. 매클루언은 미디어 환경의 변화에 대해 도덕적 중립성을 유지하는 반면, 포스트먼은 그것의 득과 실에 관해 도덕적 측면에 대해 질문을 던진다. 포스트먼은 “도덕적 또는 윤리적 맥락 안에서 연구하지 않는 미디어 연구가 무슨 의미가 있는지 모르겠다”면서, 루이스 멈포드나 자크 엘륄과 같은 미디어 생태학자도 이러한 관심을 가졌다고 말한다(Postman, 2006b). 매클루언은 우리에게 익숙해져 눈에 보이지 않게 된 미디어 환경을 관찰하고 그것의 상호 관계를 가시화하며 이해하는 것이 중요하다고 보았다면, 포스트먼은 미디어의 유익하거나 해로운 특성을 평가하고 우리에게 어떤 도덕적 영향력을 미치고 있는지를 짚어 보는 것이 미디어 생태학 연구의 목적이라고 말한다.

스트레이트는 매클루언이 ‘도덕적 중립성’을 표방하는 것은 도덕적 문제에 무관심해서가 아니라고 지적한다(Strate, 2020). 당시 학계가 대중문화를 저질 문화로 바라보며 도덕적으로 폄훼하는 분위기 속에서, 매클루언은 매스 미디어에 관한 도덕적 판단을 유보해야지 그것의 영향력을 제대로 볼 수 있다는 견해를 보였다. 하지만 미디어 환경의 특성 혹은 인간과 기술의 관계를 어느 정도 이해하고 그것이 인류사에 갖는 함의를 성찰하다 보면, 도덕적, 윤리적 문제와 마주할 수밖에 없다. 미디어 생태학이 미디어나 기술의 메시지인 ‘인간의 삶에 가져다 줄 규모나 속도 혹은 패턴의 변화’를 탐구하다 보니, 인간주의적 혹은 반인간주의적 결과와 그러한 환경의 통제 문제에 주목하게 되고, 학자마다 차이는 있지만 도덕적, 윤리적 질문이나 비판에 자연스럽게 관심을 갖게 된다. 예를 들어, 포스트먼은 미디어 생태학의 목적이 기술이 가져온 변화의 결과가 우리가 잘살아가는 데 얼마나 기여하는가, 혹은 우리의 인간성에 얼마나 의미 있는가를 검토하는 것이라고 말한다.

> 사회 연구의 목적은 사회생활의 진리를 재발견하고, 사람들이 도덕적 행위에 대해 평가하거나 비판하고, 마지막으로 사람들이 일정한 이해와 존엄성을 가지고 살아가는 데 도움이 될 만한 메타포와 이미지와 생각을 제공하는 것이다. 특히 미디어 생태학의 목적은 기술의 결과에 대해 이야기하는 것이다. 미디어 환경이 우리가 우리의 사회생활에 대해 사고하는 방식이나 조직하는 방식을 어떻게 바꿀 수 있는지, 어떻게 우리를 더 좋거나 나쁘게, 똑똑하거나 멍청하게 만드는지, 우리를 더 자유롭게 하는지 속박하는지에 대한 이야기 말이다. (Postman, 1988/2016: 32)

미디어 생태학자들은 포스트먼과 같이 미디어 환경을 탐구하는 목적의 중심에 도덕적, 윤리적 문제의식을 적극적으로 부각하지 않더라도, 인간-기술의 상호 관계에 관한 논의 일부로 다뤄 왔다. 특히 미디어 환경이 인간의 조건으로서 도덕적, 윤리적 인식과 경험이 구성되는 과정에 어떻게 관여하는지를 주목해 왔다. 조지 허버트 미드(Mead, 1934)는 우리가 상호 작용을 하며 타인의 감정을 느끼고 타인의 관점에서 우리의 행동을 돌아보는 공감 능력을 갖추며 자아 감각을 얻게 된다고 말한다. 이러한 공감 능력은 타인과의 '상호 주관적inter-subjective' 관계 속에서 자신을 사회적 객체로 의식하고 타인에 대한 배려심을 가질 수 있게 해 주고, 따라서 도덕성과 윤리의 기반을 형성할 수 있다. 미디어는 사회 구성원들이 갖는 다양한 차원의 커뮤니케이션 교류와 공감 능력이 형성되는 과정, 더 나아가 집단의 도덕적 규범이 정의되고 유포되는 방식을 매개하면서, 도덕성과 윤리가 형성되는 방식에 영향을 미칠 수 있다. 구술 커뮤니케이션에서 쓰기와 인쇄, 텔레비전, 디지털 미디어에 이르기까지 미디어 환경의 변화에 따라, 타자에 대한 인식과 이해, 공감 능력, 도덕성에 관한 서사 등이 전개되는 커뮤니케이션 및 사회화 과정의 형식이 달라져 왔다(McMullen, 2012; Bogaczyk, 2017). 미디어 생태학에서는 커뮤니케이션 및 사회화 과정의 기술적 매개, 사람들 간의 상호주관성과 공감 과정, 그리고 도덕성과 윤리 사이의 관계를 탐구의 대상에 포함시킨다.

예를 들어, 전자 미디어 환경은 개인화된 읽기 대신 구술 문화의 집단적 교류 감각을 되살리고 즉각적이고 정서적이며 구체적인 표현을 선호하면서, 인쇄 미디어 환경과 다른 도덕적, 윤리적 경험의 조건을 제공한다. 이미지 기반의 텔레비전은 논리적인 일관성과 깊이를 가진 담론보다는 빠르게 이어지는 이미지로 대중의 시선을 사로잡는 오락 지향적 담론에 편향되어 있고, 이러한 미디어 편향은 구체적인 사건의 이미지를 중심으로 도덕적, 윤리적 담론을 경험하게 해 준다(Postman, 1985/2009). 시청자들은 사회에서 공유하는 도덕적, 윤리적 정서에 벗어난 사건이나 내용에 대해 감정적으로 반응하면서, 화면에 비친 가해자나 악인에게 분노하고, 피해자나 의인한테 응원을 보낸다. 이때 스크린으로 매개된 타자는 원거리에서 일방적으로 바라보는 시선의 대상으로서, 질타와 응원의 대상이지만, 윤리적 책임이 따르는 사회관계를 형성하지는 않는다.

한편 소셜 미디어와 같은 디지털 미디어의 네트워크 연결성은 이러한 시각적 거리를 유지하면서도 타자와 상호 작용할 수 있는 커뮤니케이션 조건을 제공하기에, 기존과 다른 도덕적, 윤리적 인식의 조건을 만들어 낸다. 이용자들은 물리적으로 함께하지 않은 타자와 손쉽게 마주할 수 있고, 타자와의 대인 간 거리를 유지하면서도 자신의 편의에 따라 상호 작용할 수 있게 되면서, 물리적 만남이나 대화보다는 기술로 매개된 상호 작용을 더 편하게 생각하기도 한다(Turkle, 2011/2012). 디지털 미디어 환경은 기술을 매개로 타자를 대상화하고 내면의 상호 주관적 경험을 생략한 사회적 상호 작용을 허용하면서, 사람들은 물리적으로 함께 있을 때와는 다른 도덕적, 윤리적 의식과 감정을 가질 수 있다. 특히 디지털 네트워크의 연결성을 통해 다양한 사회적 맥락이 가시화되면서, 보편적이라고 여겨졌던 도덕적, 윤리적 원칙과 개념에 도전하는 혐오와 편견 혹은 폭력적 태도가 노골화되기도 한다.

미디어 생태학은 인간의 조건으로서의 미디어와 도덕적, 윤리적 경험이 불가분의 관계를 갖는다는 점, 그리고 지배적인 미디어가 특정한 도덕성이나 윤리 의식을 촉진하고 있다는 점을 주목한다. 스트레이트(Strate, 2020: 16)는 활용한 수단이 목적의 본질을 구성해 나가기에 '목적이 수단을 정당화할 수 없다'는 올더스 헉슬리Aldous Huxley(1937)의 주장을 인용하면서, 미디어는 도덕적, 윤리적 목적을 수행하는 수단이자 이것의 원칙을 내포하고 있다고 말한다. 그는 도덕과 윤리를 이야기하기 위해 그것의 수단과 방법, 즉 미디어 자체에 주의를 기울일 필요가 있다고 강조하고, 미디어 윤리가 아닌, 미디어 생태 윤리를 제안한다. 미디어 생태 윤리는 미디어가 허용하는 도덕적, 윤리적 조건을 깊이 있게 들여다본다. 즉 우리가 사용하는 미디어의 편향성이 우리가 무엇을 하게 되고 궁극적으로 어떤 사람이 되는가에 영향을 미치기 때문에, 그것이 가능하게 하는 결과의 의미와 목적을 살펴본다. 이미 포스트먼은 "미디어가 이성적 사고의 사용과 발전에 어느 정도 기여하는가," "미디어가 민주적 과정의 발전에 어느 정도 기여하는가," "뉴 미디어가 의미 있는 정보에 얼마나 더 접근할 수 있게 해 주는가" "뉴 미디어는 우리의 도덕이나 선을 위한 능력을 어느 정도 향상시킬 것인가"

등 미디어 생태 윤리 차원의 질문을 제안한 바 있다(Postman, 2006b/2008: 126~131). 도덕과 윤리를 매개하는 미디어를 성찰하는 과정은 인간 의식의 고양, 공동체의 가치, 사회의 지속 가능한 발전과 복지 등을 숙고하는 과정이라고 볼 수 있다. 미디어 생태 윤리의 시각에서 미디어 환경을 이해해 보는 것은 우리 삶의 존재론적 기반이나 삶의 질을 어떻게 가져갈 것인가, 어떠한 도덕적, 윤리적 시각을 가질 것인가, 어떤 미디어 생태계가 좀 더 도덕적, 윤리적일 수 있을까에 관한 사유와 함께 한다. 이러한 사유를 통해 우리는 왜 미디어 생태학적 탐구를 해야 하는지에 대해 스스로 답변할 수 있을 것이다.

4. 반환경이 주는 통찰력

우리의 삶에 들어온 기술은 잘 보이지 않는다. 일상적으로 이용하게 되면서 그 자체를 의식하는 경우는 드물다. 바다를 의식하기 어려운 물고기처럼, 우리는 매일같이 습관적으로 스마트폰을 들여다보고 앱들을 클릭하며 '좋아요' 버튼을 누르지만, 이렇게 몸에 밴 경험과 행위를 가능하게 하는 미디어 환경 자체에 대해 생각해 보지 않는다. 미디어 생태학은 이러한 비가시적인 미디어 환경을 인식해 보는 실천적 방법 중의 하나로 '반환경anti-environment' 또는 '대항 환경counter-environment'을 탐색해 보라고 한다. 반환경은 미디어 환경에 대한 변증법적 대응으로서, 우리가 경험하고 사고하는 과정의 '배경'인 미디어 환경을 '형상'으로 불러와 지각할 수 있게 도와준다. 매클루언에 따르면, 반환경은 우리에게 체화되어 눈에 보이지 않은 미디어 환경의 "근본 원리, 스며든 구조, 혹은 전반적 패턴"을 지각하도록 돕는 수단과 그러한 경험을 가질 수 있게 해 주는 '전형'을 의미한다(McLuhan & Gordon, 2005: 4). 그는 대표적인 반환경으로 예술을 든다. 그는 미디어 환경의 배경 규칙이 우리의 지각과 삶에 드리우는 힘이 너무 강력해 우리가 감지하기 어렵지만, 예술은 변화하는 미디어 환경을 인식하는 '대화나 인터페이스'를 가질 수 있게 해 준다고 본다.

매클루언은 '반환경'을 제시하는 예술가가 미디어 환경 변화에 민감하게 반응하는 감각을 가진다고 말한다. 일반 사람들이 최신 기술 환경에 "움츠러들고 이전 환경을 반복하는 백미러[12]에 의존해 방향 감각을 상실"하는 데 반해, 예술가는 "최신 기술이 만들어 낸 환경을 식별할 힘"을 가진다고 보았다(McLuhan & Parker, 1968: xxiii). 그는 일반 사람들의 지각이 새로운 미디어에 영향을 받아 마비되기 쉽지만, 예술가는 새로운 환경의 도전과 위험을 알면서 "본능적으로" 새로움을 즐기고 새로운 환경의 감각적 혼란을 교정할 "예술적 해독제"를 만들 수 있다고 본다(McLuhan & Parker, 1968: 237~238). 예술가는 작품을 통해 변화하는 환경에 관한 통상적이지 않은 시선과 감각을 보여 주며 우리의 지각을 예민하게 해 줄 통찰력을 제공할 수 있다. 매클루언은 예술가들의 역할이 "임박한 변화의 물결에 대비할 수 있는 모델들, 즉 '노아의

12 자동차를 운전할 때 우리는 주변 교통 상황을 파악하기 위해 백미러를 보게 된다. 매클루언은 우리가 새로운 미디어를 인지하는 방식이 마치 백미러로 상황을 읽는 것과 유사하다고 보았다. 그는 기존 미디어 경험에 의존해 새로운 미디어를 인지하는 데에는 한계가 있음을 지적하기 위해 백미러라는 은유를 사용했다.

방주' 같은 것을 만들어" 내고(McLuhan, 1964/2011: 141), "인간의 모든 감각을 뒤흔들어 놓음으로써 새로운 환경에 적응하고 관계를 맺는 데 필요한 새로운 직감력과 능력들을 가져다주는 것"이라고 말한다(McLuhan & Staines, 2003: 223).

매클루언은 예술가가 환경에 압도되지 않고 잘 보이지 않은 '임박한 변화의 물결'을 볼 수 있는 능력이 있는 이유는 바로 이들이 "반사회적anti-social"이기 때문이라고 말한다(McLuhan & Fiore, 1967: 88). 이들은 안데르센의 동화 《벌거벗은 임금님》에서 '임금님은 옷을 입지 않았다'라고 외치는 꼬마처럼, 지배적인 분위기에 순응하지 않고 자신이 보고 느끼는 것을 솔직하게 말한다. 여기서 '반사회적'이라는 것은 삶의 배경이 된 미디어 환경에 적응하지 않고, 그 '바깥'에서 환경의 '원리, 구조, 패턴'을 읽으며, 실제로 무슨 일이 일어나고 있는지를 민감하게 느끼는 것을 의미한다. 이러한 반사회적 감각은 미디어 생태학이 추구하는 바이기도 하다. 미디어 생태학은 환경으로서의 미디어를 인식하려고 노력하고, 변화하는 환경의 충격을 짚어 내고 대비하는 반환경을 생각해 본다.

매클루언이 반환경으로 예술을 이야기했다면, 포스트먼은 교육을 논의한다. 포스트먼은 학교가 단순히 취업을 위한 학습을 시키고 새로운 기술 환경에 적응하도록 가르치는 기관이 아니라, 학생에게 기술 환경과 그것의 문명사적 의미에 대해 생각하고 질문하며 비판적으로 상호 작용하는 것을 배우는 장소가 되어야 한다고 생각했다. 그는 우리의 정보 환경을 구성하며 영향을 미치는 "미디어를 탈신화화demythification해야만, 텔레비전이나 컴퓨터, 혹은 다른 어느 미디어에 대해서건 어느 정도의 통제력을 갖게 될 희망"을 가질 수 있다면서, 학교가 신화적 미디어에 대해 분별력을 가질 수 있게 해 주는 대항 환경이 될 필요가 있다고 강조한다(Postman, 1985/2009: 161). 그리고 학교가 대항 환경이 되기 위해선 최신 기술에 관한 활용법을 가르치기보다는 기술을 통시적으로 바라보고 성찰할 수 있는 교육을 먼저 제공해야 한다.

매클루언과 포스트먼이 제안하는 반환경에 대한 접근 방법이 서로 조금씩 달랐지만, 둘 다 환경을 의식하게 해 주는 인지적, 문화적 대응 방식이 필요하다고 보았다. 반환경을 통해 우리는 지배적인 환경의 기술의 본질이나 편견 혹은 그것과의 상호 관계에 관해 의식하고 탐구하면서 현재의 미디어 환경의 영향을 균형 있게 조정하고 대처해 가는 방안을 모색할 수 있다. 반환경에 관한 탐구는 미디어 생태학적 시각을 교육과 예술에 접목한 실천들을 통해 구체화하기도 한다. 예를 들어, 로버트 올브레트Robert Albrecht와 카민 터본Carmine Tabone(2020)은 디지털 미디어 환경에서 성장하는 아이들이 인간성을 함양하는 균형 잡힌 교육과 사회화 경험을 가질 수 있도록 '교육적 예술'이란 학습 방법을 제안한다. 교육적 예술은 학생들에게 대항 환경을 경험하고 상상할 수 있게 해 줌으로써, 이들이 지배적 미디어 습관을 되돌아보고 조절해 가는 힘을 키울 수 있게 도와준다. 학생들이 마우스나 키보드 혹은 스크린 대신 펜, 종이, 붓, 크레용 등을 이용하는 '비전자적' 대항 환경에서 물리적 촉각이나 대인 간 상호 작용 및 연극과 같은 예술적 표현을 체험해 본다. 이를 통해, 이들은 디지털 미디어 환경의 편향적 성격을 인식해 보고, 어떻게 사고하고 행동하며 소비할 것인가를 스스로 결정해 본다. 미디어 생태학자들은 기존의 감각 패턴에서 한 걸음 비켜선 미학적 작품이나 기존의 구술 언어나 인쇄 문화의 유산이 현재 미디어 환경의 충격을 자각시켜 주고 급속히 변하는 기술 환경의 도전과 위험을 인식하도록 도와줄 뿐만 아니라 우리의 감각을 조절하고 단련할 수 있는 반환경의 역할을 할 수 있다고 본다.

반환경의 모색은 현재의 미디어 환경이 제공하는 편리성, 효율성, 재미, 장밋빛 미래 비전 등에 취해 있는 우리에게 매우 어려운 작업일 수 있지만, 미디어 환경에 조화롭게 적응하며 생존해 나갈 능력을 기르는 가장 직접적인 실천 방안일 수 있다. 반환경은 우리의 익숙한 '감각을 뒤흔들어' 놓으며 현 미디어 환경의 일상적 감각 패턴에서 벗어나는 '반사회적' 경험을 제공한다. 반환경을 통해, 우리는 현재 삶의 방식을 지배하는 미디어 환경이 과거와 미래의 환경과 맞닿아 있고, 유일한 환경이 아니라 여러 환경 중에 하나라는 점을 생각해 볼 수 있다. 또한 빠르게 변하는 기술 환경에서 생존하기 위한 인식 능력을 훈련하고, 우리 자신의 감각을 조율해 나가는 방법을 찾아보며, 기술에 대한 비전을 조정해 갈 수 있다. 우리는 반환경을 탐색해 보면서 미디어 환경에 대한 의식적 인식의 수준으로 높이고 기술과의 상호 관계나 감각을 조절하고 개입할 실천적인 방법을 찾아볼 수 있다.

5. 미디어 생태학의 확장

이 책에서는 주로 매클루언, 포스트먼, 옹 등 주요 미디어 생태학자만 언급했지만, 미디어 생태학은 이들의 학문에 멈춰 있는 것이 아니라 기술과 인간과 사회문화의 관계를 탐구하는 모든 학제적 관심을 포괄하면서 학제적 지식 네트워크를 확장해 왔다(Islas & Bernal, 2016: 193). 미디어 생태학은 기술 역사나 미디어 문화연구, 기술 철학적 비판 연구, 미디어 이론 연구 등 다양한 형태로 연구되었고, 일관적이고 통일된 개념을 공유하는 학문 분야로서의 체계를 갖추기 위한 노력 또한 이뤄져 왔다(Cali, 2017). 그 가운데 1998년 설립된 미디어생태학회Media Ecology Association는 분산되어 있는 미디어 생태학적 연구 활동을 연결하고 모으는 구심적 역할을 하면서, 미디어 생태학이 제도권의 특정 학과 범주를 넘어 메타학문으로 지속할 수 있게 돕고 있다. 특히, 미디어생태학회의 학회지 〈미디어 생태학 탐구*Explorations in Media Ecology*〉는 구술 전통에서 알고리즘까지 다양한 미디어 환경에 관한 미시적, 거시적 연구뿐만 아니라 구체적 사회 이슈(예를 들어, 가짜 뉴스와 선거, 젠더 이슈 등)나 실천의 문제(예를 들어, 교수법)를 다루면서, 미디어 생태학적 탐구의 구체적 연구 사례들을 제시해 왔다. 또한 학문 분야의 배경에 머물며 눈에 띄지 않았던 미디어 생태학적 시각을 부각시키는 작업이 시도되기도 했다.

2013년 〈미디어 생태학 탐구〉는 '미디어 생태학의 경계 탐색'이라는 주제로 지그문트 프로이트Sigmund Freud, 게오르크 짐멜Georg Simmel, 제임스 깁슨, 그레고리 베이트슨, 폴 바츨라빅, 클로드 레비스트로스Claude Lévi-strauss, 미셸 푸코Michel Foucault, 마르틴 하이데거Martin Heidegger, 실빈 톰킨스Silvan Tomkins, 폴 비릴리오Paul Virilio, 브뤼노 라투르Bruno Latour, 스튜어트 카우프만Stuart Kauffman, 테렌스 디컨Terrence Deacon 등 정신분석학에서 생물학에 이르는 다양한 분야 학자들의 미디어 생태학적 사유를 '발견'하고 재조명하는 작업을 했다. 이를 통해 메타 학문으로서의 미디어 생태학의 광범위한 범위와 공유된 문제의식을 짚어 볼 수 있는 기회를 가졌다. 미디어 생태학은 지속적으로 미디어 환경의 변화와 함께 관심사를 확대해 왔고, 이를 이해하기 위한 다양한 이론적 자원들과 현장 연구들을 흡수하며 지적 네트워크를 확장해 가고 있다.

한편 이 책에서 다룬 미디어 생태학자들을 참고하지 않으면서 미디어 생태학이라는 용어를 사용하는 연구, 혹은 미디어 생태학이라는 용어를 직접 사용하지 않더라도 미디어 생태학적 시각을 잘 보여 주는 연구가 분산적으로 나타나고 있다. 예를 들어, 매슈 풀러Matthew Fuller(2005)는 《미디어 생태학: 예술과 테크노문화의 물질주의적 에너지 *Media ecologies: Materialist energies in art and technoculture*》에서 미디어 생태학이라는 용어를 사용하며, 미디어 체계의 물질성을 사회적, 정치적 맥락과 결부시켜 살펴보는 물질주의적 접근을 제시했다. 그는 책의 앞부분에 매클루언, 멈포드, 이니스, 옹, 엘륄 등으로 대표되는 '미디어 생태학'이라는 지적 흐름을 잠깐 언급하고는 있으나, 이를 기술을 두려워하는 안전지향적 '환경론'이라고 단정하며 더는 논의의 대상으로 삼지 않는다. 대신 그는 피에르펠릭스 가타리Pierre-Félix Guattari, 질 들뢰즈Gilles Deleuze, 도나 해러웨이Donna Haraway, 프리드리히 키틀러Friedrich Kittler 등을 중심으로 미디어 생태학을 재정의한다. 그의 미디어 생태학 개념은 복잡한 사물로서의 미디어 시스템이 갖는 다중적 물질성이 어떻게 감지되고 활용되며 구체화되는지에 좀 더 집중한다는 점에서 다른 결을 가질 수 있지만, 기본적으로 그동안 미디어 생태학이 추구해 왔던 미디어로서의 미디어 혹은 기술과의 관계에 관한 관심이라는 큰 흐름에서 크게 벗어나지 않아 보인다.

미디어 고고학, 행위자 연결망 이론(actor-network theory: ANT), 후기 현상학post-phenomenology의 기술철학 등은 미디어 생태학이라는 용어를 직접적으로 쓰지 않지만, 인간과 기술의 상호 관계에 관해 미디어 생태학과 유사한 시각을 보여 준다. 미디어 고고학은 푸코의 지식 고고학, 벤야민의 대중문화 연구, C. W. 세람C. W. Ceram의 영화 고고학 등에서 가져온 개념을 발전시켜 미디어 특이성에 관한 역사적 층위를 분석하는 이론으로, 인간과 비인간 그리고 기술적 실체의 물질적 생태계에 관심을 갖는다(Parikka, 2013). 미디어 고고학은 사물, 과정, 현상으로서의 미디어의 물질적 '존재 조건'을 역사적으로 살펴보는데, 기계와 이용자의 인터페이스 혹은 기술과 기술의 상호 연결 방식을 주목한다는 점에서 미디어 생태학과 유사한 관심사를 갖는다고 볼 수 있다.

또 행위자 연결망 이론은 세계 내 모든 존재 간의 변화하는 상호관계에 관심을 가지면서, 사회적 현상이 인간뿐만 아니라 사물, 아이디어, 프로세스 및 기타 관련 비인간적 요인들이 상호 작용하며 형성된다는 구성주의적 접근을 취한다. 행위 연결망 이론의 대표적인 학자인 브뤼노 라투르는 기술적, 도덕적, 정치적 선택의 배경을 감춘 채 최종적 형태로만 가시화되는 '블랙박스'로서의 기술 개념에 도전하면서, 인간과 비인간의 관계망에 행위소antant 역할을 하는 기술이나 이러한 관계망을 통해 구성되는 인간-비인간의 '배치assembalge'에 관심을 보여준다(Latour, 2005). 이러한 라투르의 개념은 매클루언의 '비가시적 미디어 환경,' 인간과 기술이 '상호 관계,' 인간 감각의 '번역'과 '확장' 등의 개념과 닮아 있다(Van Den Eede, 2013).

이 밖에 후기 현상학적 기술철학도 기술이 인간과 세계의 관계를 형성하는 데 도움을 주는 방식을 주의 깊게 살피면서 철학적 분석과 경험 연구를 접목한다(Verbeek, 2015). 후기 현상학적 기술철학은 기술을 단순히 기능적이고 도구적인 대상이 아닌 인간의 경험과 실천의 매개자이자 인간 주체의 구성자로 접근하고 실제 기술 현상을 중심으로 탐구를 시작한다. 이러한 탐구 방식은 미디어를 환경으로 접근하고 그것의 '이해'부터 추구하는 미디어 생태학적 시각과 공통점을 갖는다고 볼 수 있다.

미디어 생태학은 '미디어'와 '생태학'에 관한 관심이 커졌던 1960년대라는 시대적 맥락에서 태동했고, 미디어의 물질적, 환경적 요소를 주목하는 다양한 학문 분야의 연구들을 연결하고 포용하는 방식으로 진화해 왔다. 폴 그로스와일러Paul Grosswiler(2014)는 미디어 생태학이 특정 시대적 맥락에서 형성된 느슨한 지적 네트워크인 만큼, 다양한 사상과 학파들의 시각을 혼융하는 '혼합주의syncretism'는 자연스러운 현상이라고 보았다. 미디어 생태학은 학문 분야에 상관없이 환경으로서의 미디어를 주목하고 그것의 변화와 상호 관계를 전체론적으로 이해하려는 모든 연구에 개방적인 입장을 가져왔다. 미디어 생태학은 암시적이고 비가시적인 미디어 환경을 찾아내고 발견하는 '과정'에서 통찰력과 힘을 갖게 되는 '휴리스틱heuristics'의 학문 분야이기에, 학제의 경계를 넘어 질문하고 탐구하는 것을 주저하지 않는다(Plugh, 2018).

미디어 생태학적 시각이 혼합적 성격을 가지고 진화하면서, 기존 1세대 미디어 생태학자들의 미디어 생태학 시각도 새롭게 재해석되고 수정될 필요가 생겼다. 1세대 미디어 생태학자들이 주목했던 전자 미디어 환경이 새로운 기술들의 빠른 유입과 함께 생태학적으로 변화하고 있고, 이러한 변화를 이해하고 해석할 미디어 생태학적 시각의 재고가 필요하다. 예를 들어, 니얼 스티븐스Niall Stephens(2018)는 매클루언이 미디어 형식과 내용, 인간과 기술, 문화와 자연 등을 분리하지 않고 상호 관계를 갖는 연속체로 이해하고 있지만, 자연을 문화가 확장되는 공간으로 바라보는 근대적 시각을 유지하고 있다고 지적한다. 그는 매클루언식 미디어의 이해가 '인간 자율성의 증가'에 방점을 두고 있어,

기술과 인간 이외의 자연과의 관계를 간과하고 있다고 지적한다.

포스트먼의 미디어 생태학 개념에 대해서도 비슷한 지적을 한다. 스티븐스(Stephens, 2014)는 포스트먼이 형이상학적인 언어의 세계(상징, 의미, 정보, 미디어 환경 등)와 물질적 비언어의 세계(영토, 현실, 자연 등)를 이분법적으로 바라보면서 생태학을 개념적인 차원의 메타포로만 접근하고 있다고 비판한다. 그가 보기에, 포스트먼의 미디어 생태학은 실제 물리적 환경에 미치는 기술의 실질적 영향력을 보지 못하는 한계를 갖는다. 스티븐스는 보다 '실질적인' 미디어 생태학적 시각을 가지기 위해, 문화와 자연, 기술과 생명, 인간과 비인간, 물질과 비물질 등이 분리해서 존재하는 것이 아니라 상호 영향을 미치며 확장해 나가는 것으로 볼 필요가 있다고 주장한다.

실제 포스트먼의 미디어 생태학은 언어 상징, 교육, 문화 등에 관심을 기울이면서, 스티븐스가 지적한 기술의 비언어적, 물질적 세계의 문제를 중요하게 다루지 않았고, 매클루언 또한 인간 감각의 확장을 넘어서는 비인간적 자연 세계의 상호 관계 문제를 강조하지 않았다. 매클루언과 포스트먼 모두 미디어 환경에 관한 전체론적 시각을 가지고자 했으나, 비언어/비인간의 물질세계와의 관계를 인간주의적 입장에서 다루고 있다. 따라서 미디어 생태학은 생태학적 시각에서 인간주의를 성찰해 보는 작업과 물질 혹은 자연 세계와의 관계에 관한 보다 실질적인 의미의 탐구가 필요해 보인다. 특히 디지털 자동화와 인공 지능의 발달에 따라 물질과 비물질 간의 구분은 허물어지고 사물 및 기계 간 커뮤니케이션 세계가 확장되는 현재 미디어 환경에서 인간과 기술뿐만 아니라 인간 이외 세계의 상호 관계 또한 적극적으로 살펴볼 필요가 있다. 예를 들어, 로봇 등 자동화 기술이나 가상 미디어와 인간 경험의 관계뿐만 아니라, 사물의 생태계와 매개화 과정, 미디어 기기의 소비와 환경 오염, 기술 인프라와 도시 환경 등 기술과 비인간 세계의 관계가 앞으로 미디어 생태학이 확장해 가야 할 탐구 영역이다.

6. 기술과 함께 사는 기술

미디어 생태학적 시각에서 미디어는 인간이 살아가는 존재의 조건이자 환경이고, 상징적, 기술적, 생물–물리적 환경이 미디어로서 역할을 한다(Strate, 2017; Peters, 2015/2018). 생태학의 관계주의적 시각에서 볼 때, 인간과 비인간 세계의 모든 것은 필연적으로 상호연관성을 가지고 있고, 미디어 생태학은 이러한 상호연관성에 대해 전방위적으로 탐구해 간다. 그리고 이러한 탐구는 지역의 맥락에 대한 고려가 필요하다. 왜냐하면, 변화가 전개되는 조건이 지역의 사회적 맥락과 결합하여 결이 다른 인간의 조건을 만들 수 있기 때문이다. 예를 들어, 유튜브와 같은 미디어가 지역의 미디어 환경적 조건 및 정보 수용 태도 그리고 정치경제학적 맥락과 결합하여 현실 세계에 대한 인식을 다르게 구성할 수 있고 그것의 사회문화적 효과 또한 결을 달리할 수 있다. 같은 미디어 형식이라 할지라도 지역의 기존 미디어 환경이나 사회적 맥락에 따라 생태학적 변화가 일어나는 속도, 수준, 범위가 다를 수 있고 변화의 특성 또한 달라질 수 있다. 미디어 생태학이 통시적이고 전체론적 시각에서 미디어 환경을 탐구하면서도, 구체적인 미디어 현상에 관해 관찰하고 이해하는 것이 중요하다고 여기는 만큼, 지역의 미디어 환경에 대한 이해 또한 미디어 생태학적 탐구 과제가 된다.

한편, 현대 사회에서 새로운 기기가 발명되고 도입되는 속도가 우리가 그것을 이해하는 속도를 앞지르면서, 우리는 기술의 신기함novelty에 압도되어 기능을 파악하는 데 급급한 태도를 보였고, 그것이 우리의 현재와 미래를 위한 불가피한 선택이라고 받아들이는 경향이 있다. 코로나19 팬데믹이라는 위기 상황에서 우리 사회는 교육 지원을 위한 해법을 원격 교육 기술에서 찾았고, 비대면 상태로 업무 및 여가 생활을 가능하게 해 주는 '메타버스'라는 가상 세계에서 미래의 비전을 발견한다. 가상 현실과 컴퓨터 그래픽 기술, 5G 네트워크 기술 등 각종 기술 자체의 도구적 기능이 사회에 긍정적 효과를 가져올 것으로 예상하고, 기술을 발 빠르게 활용하고 발전시켜 가는 것이 사회의 생존과 번영을 위해 필수적이라고 본다. 미디어 생태학은 기술의 효용성에 대해 생각하고 기술의 미래 비전을 상상하는 것을 부정적으로 바라보기보다는, 오히려 이러한 사유와 논의를 제대로 해 보라고 제안한다.

미디어 생태학의 생태학적 접근은 기술과의 관계에 관해 전체론적인 접근을 하면서 도구적 목적을 넘어선 기술의 존재를 주목한다. 이러한 접근은 기술의 효율성을 부정하거나 긍정하는 이분법, 즉 해법으로서의 기술과 재앙으로서의 기술이라는 양극적 시각에서 벗어나 기술과의 관계를 이해하려고 하고, 이와 함께 그 맥락과 목적에 대해 생태학적 문제의식을 느껴 보려 한다. 우리는 언제나 기술과 함께 생존해 왔고 앞으로도 기술과 함께 살아가기 때문에, 기술의 이용 자체를 부정할 수 없다. 하지만 기술을 '세상과 자연을 효율적으로 통제하기 위한' 도구로만 의미를 한정시킨다면, 인간 존재의 조건으로서 기술과 그것의 영향력에 대해 제대로 보지 못하게 된다. 미디어 생태학은 환경으로서의 미디어 기술을 이해하고, 더 나아가 그것의 존재론적 목적에 관한 질문을 던지고자 한다. 즉 기술은 무엇을 위한 것이고, 어떤 문제에 대한 해답이며, 기술이 가져오는 변화는 인간에게 어떠한 의미가 있는가라는 기술의 존재론적 목적을 살펴보고 그것과 연관된 기술–이데올로기 체계의 특성을 성찰해 본다.

기술의 존재론적 목적을 질문해 보기 위해, 우리는 기술을 도구로 바라보는 편협한 인식론에서 벗어나 인간 존재의 조건으로서 그것이 가질 수 있는 다양한 수준의 목적에 대해 생각해 볼 필요가 있다. 요니 반 덴 이데Yoni Van Den Eede(2019)는 베이트슨의 관계주의적 생태학 이론을 토대로 기술과 서로 얽혀 있는 크고 작은 목적과 맥락을 체계적으로 검토하며 기술을 전유하는 방식을 찾아가는 '기술과 함께 사는 기술art'을 추구할 필요가 주장한다. '기술과 함께 사는 기술'은 미디어 기술의 존재론적인 목적과 그것이 우리의 삶 속에서 갖는 역할에 주의를 기울이면서, 기술의 목적과 활용에 관한 비판적 이해와 실천을 검토해 나가는 것이다. 미디어 생태학은 미디어 기술이 개인 및 문화에 미치는 방식을 탐구할 뿐만 아니라 인간과 기술 간 상호 관계와 결합한 복수의 목적들을 성찰하며 기술과 함께 살아가는 능동적 실천들(예를 들어, 교육 과정의 개발이나 예술적 실천 행위 등)에 관해 논의를 해 왔다. 이러한 논의는 '실천성'을 지향하며 이러한 실천의 현장은 학계뿐만 아니라 모든 일상적 현장을 포함한다. 구체적인 미디어 기술 현상에 관한 관찰과 이해, 이를 위한 새로운 방법론이나 발견법의 고안, 기술의 목적에 관한 성찰, 기술과의 상호 작용에 가질 수 있는 인간 행위성에 대한 탐색, '기술과 함께 사는 기술'의 추구 등은 앞으로도 미디어 생태학의 과제가 될 것이다.

미디어 환경이 빠르게 변화할수록, 변화의 양상이 복잡할수록, 이러한 생태학적 변화를 이해하고 우리와 미디어 환경이 공진화해 나가는 과정에 우리가 어떠한 인식론적, 실천적 개입을 할 것인지를 사유하는 우리의 미디어 생태학적 탐구가 더욱 절실해지고 있다. 이러한 탐구는 우리가 모두 함께 짊어져야 할 몫이다.

참고 문헌

김상호 (2004). "엔텔레키를 중심으로 해석한 맥루한의 미디어 개념," 〈언론과 사회〉, 12(4), 79~116.

보르헤스, 호르헤 루이스 (1997). 《보르헤스 전집 4》. 황병하 옮김. 민음사.

이동후 (2006). "인터넷의 공간과 시간: 미디어 생태학적 접근을 중심으로," 〈커뮤니케이션 이론〉, 2(1), pp. 1~34.

이동후 (2013). 《미디어 생태이론》. 커뮤니케이션북스.

이동후 (2017). "'리터러시'에 관한 매체 생태학적 고찰," 〈한글〉, 317, pp.41~81.

이동후 (2019). "모바일 디지털 지도에 관한 미디어 생태학적 고찰," 〈인간·환경·미래〉. 22, pp.155~184.

이동후 (2020). "디지털 미디어 시대의 '유년기 소멸' 개념의 재고," 〈인간·환경·미래〉, 24, pp.133~164.

이동후 (2021). "코로나 19 시대의 디지털 교실에 관한 미디어 생태학적 탐구: '줌'이 매개한 비대면 교실 환경을 중심으로," 〈한국방송학보〉, 35(2), pp98~130.

한병철 (2013). 《시간의 향기: 머무름의 기술》. 김태환 옮김. 문학과지성사.

Abeele, M., De Wolf, R., & Ling, R. (2018). "Mobile media and social space: How anytime, anyplace connectivity structures everyday life," *Media and Communication*, 6(2), pp.5~14.

Abend, P. & Harvey, F. (2017). "Maps as geomedial action spaces: Considering the shift from logocentric to egocentric engagements," *GeoJournal* 82(1), pp.171~183.

Abidin, C. (2016). "Aren't these just young, rich women doing vain things online?: Influencer selfies as subversive frivolity," *Social Media + Society*, April-June 2016, pp.1~17.

Adams, C. (2016). "Programming the gesture of writing: On the algorithmic paratexts of the digital," *Educational Theory* 66(4), pp.479~497.

Adams, C., & Thompson, T. L. (2016). *Researching a posthuman world: Interviews with digital objects*. Palgrave Macmillan.

Adam, I. (2016). "What would McLuhan say about the smartphone? Applying McLuhan's tetrad to the smartphone." *Glocality*, 2(1), 3, pp.1~7.

Agamben, G. (2014). *Dal libro allo schermo. Il prima e il dopo dell' opera*. [윤병언 옮김. 《불과 글: 우리의 글쓰기가 가야 할 길》. 책세상. 2016].

Aguila, A. (2011). "Time and space on Skype: Families experience togetherness while apart," *Explorations in Media Ecology*, 10, pp.303~312.

Albrecht, R. & Tabone, C. (2017), "The media ecology of play: A preliminary probe of childhood play in the digital age," *Explorations in Media Ecology*, 16(1), pp.21~38.

Albrecht, R. & Tabone, C. (2020) *The Arts and Play as Educational Media in the Digital Age*. Peter Lang.

Anderson, B. (1983). *Imagined Communities*. Verso

Andersen, N. (2017). "Henry Jenkins interviewed by Neil Andersen," *The Journal of Media Literacy* 64(1/2). pp.4~11.

Anton, C. (2014). "Diachronic phenomenology: a methodological thread within media ecology," *Explorations in Media Ecology*, 13(1), pp.9~36.

Ariès, P. (1962). *Centuries of Childhood*. [문지영 옮김. 《아동의 탄생》. 새물결. 2003].

Baker, D. A. (2020). "Four ironies of self-quantification: Wearable technologies and the quantified self," *Science and Engineering Ethics*, 26, pp.1477~1498.

Barnes, S. (2001). *Online connection: Internet interpersonal relationships*. [이동후 · 김은미 옮김. 《온라인 커넥션》. 한나래. 2003].

Baron, N. (2013). "Redefining reading: The impact of digital communication media," *PMLA* 128(1), pp.193~200.

Barthes, R. (1977). *Image-music-text*, (trans.) S. Heath. Fontana.

Barthes, R. (1981). *Camera lucida: Reflections on photography*. Macmillan.

Bazin, A., & Gray, H. (1960). "The ontology of the photographic image," *Film Quarterly*, 13(4), pp.4~9.

Batchen, G. (1999). *Burning with desire: The conception of photography*. [김인 옮김. 《사진의 고고학》. 이매진. 2006].

Batchen, G. (2000). *Each wild idea: Writing photography history*. MIT Press.

Belshaw, D. (2012). *What is' digital literacy? A pragmatic investigation*. Doctoral dissertation, Durham University.

Beetham, H., McGill, L., & Littlejohn, A. (2009). *Thriving in the 21st century: Learning literacies for the digital age*. Glasgow Caledonian University.

Benjamin, W. (1969). "The work of art in the age of mechanical reproduction." In H. Arendt (Ed.), *Illuminations*, Schocken. pp.217~52.

Berger, J. & Mohr, J. (1982). *Another way of telling*. [이희재 옮김. 《말하기의 다른 방법》. 눈빛. 2007].

Bolter, J. D. (1991). *Writing Space*. [김익현 옮김. 《글쓰기 공간》. 커뮤니케이션북스. 2010].

Bolter, J. & Grusin, R. (1999). *Remediation: Understanding new media*. [이재현 옮김. 《재매개: 뉴미디어의 계보학》. 커뮤니케이션북스. 2006].

Bogaczyk, J. (2017). "Intersubjective intentionality, moral consciousness, and media ecology," *Review of Communication*, 17(4), pp.342~356.

boyd, D. (2008), "Why youth (heart) social network sites: The role of networked publics in teenage social life." In D. Buckingham (Ed.), *Youth, identity, and digital media*, MIT Press. pp.119~142,

Bradshaw, T. K. (2008). "The post-place community: Contributions to the debate about the definition of community," *Community Development*, 39(1), pp.5~16.

Brandt, A. M. (1988). "AIDS and metaphor: Toward the social meaning of epidemic disease," *Social Research* 55(3), pp.413~432

Buckingham, D. (2013). *After the death of childhood*. John Wiley & Sons.

Buckingham, D & Jensen, H. (2012). "Beyond "media panics."" *Journal of Children and Media*, 6(4), pp.413~429

Burchell, K. (2015). "Tasking the everyday: Where mobile and online communication take time," *Mobile Media & Communication*, 3(1), pp.36~52.

Burgin, V. (ed.). (1982). *Thinking photography*. Macmillan International Higher Education.

Cali, D. D. (2012). "On disciplining media ecology," *Explorations in Media Ecology*, 10(3-4), pp.335~346.

Cali, D. D. (2017). *Mapping media ecology: Itroduction to the field*. Peter Lang.

Carr, N. (2011). *The shallows: What the Internet is doing to our brains*. [최지향 옮김. 《생각하지

않는 사람들》. 청림출판. 2015].

Cassidy, M. (2004). *Bookends: The changing media environment of American classrooms*. Hampton Press.

Castells, M. (2000). *The rise of the network society* (2nd ed.). Blackwell Publishers.

Chambers, D. (2016). *Changing media, homes and households: Cultures, technologies and meanings*, Routledge.

Chalfen, R. (1987). *Snapshot Versions of Life*. Bowling Green State University Popular Press.

Chandler, D. (1995). *Technological or media determinism*. http://visual-memory.co.uk/daniel/Documents/tecdet/tdet03.html

Chisnall, M. (2020). "Digital slavery, time for abolition?" *Policy Studies*, 41(5), pp.488~506.

Christ, W. & Potter, W. (1998). "Media literacy, media education, and the academy," *Journal of communication* 48(1). pp.5~15.

Clarke, J. (2004), "Children and childhood-interdisciplinary perspective: Histories of childhood," In D. Wyse (Ed.), *Childhood studies: An introduction*, pp.3~12, Wiley-Blackwell.

Cobley, P. , & Haeffner, N. (2009). "Digital cameras and domestic photography: communication, agency and structure," *Visual Communication*, 8(2), pp.123~146.

Cohen, K. R. (2005). "What does the photoblog want?" *Media, Culture & Society*, 27(6), pp.883~901.

Couldry, N., & Mejias, U. (2019). *The Costs of Connection: How Data Is Colonizing Human Life and Appropriating it for Capitalism*. Stanford University Press.

Craft, A. (2012). "Childhood in a digital age: creative challenges for educational futures," London review of education, 10(2), pp.173~190.

Crary, J. (1992). *Techniques of the Observer: On Vision and Modernity in the Nineteenth Century*. MIT Press.

Crary, J (2013) *24/7: Late Capitalism and the Ends of Sleep*.Verso,

Critcher, C. (2008). "Making waves: Historical aspects of public debates about children and mass media." In K. Drotner & S. Livingstone, *The international handbook of children, media and culture*, pp.91~104. Sage.

Culkin, J. (1967). "Each culture develops its own sense ratio to meet the demands of its environment." In G. Stearn (Ed.), *McLuhan: Hot and cool*, pp.49~57. New American Library.

de Souza e Silva, A. (2006). "From cyber to hybrid: Mobile technologies as interfaces of hybrid spaces," *Space and Culture*, 3, pp.261~278.

Dholakia, N., & Zweck, D. (2003). "Mobile technologies and boundaryless spaces: Slavish lifestyles, seductive meanderings, or creative empowerment?" H.O.I.T. 2003: The Networked Home and the Home of the Future, University of California, Irvine, April 6~8.

Drotner, K. (2013). "The co-construction of media and childhood." In D. Lemish (Ed.) *The Routledge international handbook of children, adolescents and media*. Routledge. pp.41~48.

Druick, Z. (2016). "The myth of media literacy," *International Journal of Communication* 10. 20. pp.1125~1144.

Dudeney, G., Hockly, N., & Pegrum, M. (2013). *Digital literacies*. Harlow: Pearson

Eisenstein, E. (1980). *The printing press as an agent of change*. Cambridge University Press.

Ellul, J. (1964). *The technological society* (J. Wilkinson, trans.). Vintage Books. (Original work published 1954). [박광덕 옮김. 《기술의 역사》. 한울. 1996].

Farman, J. (2013). *Mobile interface theory: Embodied space and locative media*. Routledge.

Fass, P. S. (ed.) (2013). *The Routledge history of childhood in the western world*. Routledge.

Fisher, A. N. (2019). Women on YouTube: Exploring identity performances of female creators using intersectionality and media ecology (Doctoral dissertation, Bowling Green State University).

Frith, Jordan (2018). *Smartphones as Locative Media*. John Wiley & Sons.

Fuller, M.(2005). *Media ecologies: Materialist energies in art and technoculture*. MIT Press.

Galassi, P. (1981). *Before photography: painting and the invention of photography*. The Museum of Modern Art.

Galloway, A. (2004). *Protocol: How control exists after decentralization*. MIT Press.

Gergen, K. J. (2002). "The challenge of absent presence," In J. Katz & M. Aakhus, (Eds.), *Perpetual contact: Mobile communication, private talk, public performance*. Cambridge University Press.

Gibson, J. J. (1977). "The theory of affordances." In R. Shaw & J. Bransford (Eds.), *Perceiving, acting, and knowing: Toward an ecological psychology*. pp.67~82. Erlbaum.

Gilmore, J. N. (2016). "Everywear: The quantified self and wearable fitness technologies," *New Media & Society*, 18(11), pp.2524~2539.

Graff, H. (1979). *The literacy myth: Literacy and social structure in the nineteenth-century city*. Academic Press

Gronbeck, B. (2006). "The orality-literacy theorems and media ecology." In Lum, C. (Ed.). *Perspectives on culture, technology and communication*. pp.335～359. Hampton Press. [이동후옮김. 《미디어 생태학 사상》. 한나래. 2008].

Gross, J. (2020). "Interviewing Roomba: A posthuman study of humans and robot vacuum cleaners," *Explorations in Media Ecology*, 19(3), pp.285～297

Grosswiler, P. (2014). "Editorial." *Explorations in Media Ecology*, 13, pp.97～101.

Gunkel, D. (2012). "Communication and artificial intelligence: Opportunities and challenges for the 21st century," *Communication+1*, 1(1), 1～25.

Gye, L. (2007). "Picture this: The impact of mobile camera phones on personal photographic practices," *Continuum*, 21(2), pp.279～288.

Hansen, M. (2006). *Bodies in code: Interfaces with digital media*. Routledge.

Hassan, R. (2007). *24/7: Time and temporality in the network society*. Stanford University Press.

Havelock, E. (1963). *Preface to Plato*. [이명훈 옮김. 《플라톤 서설》. 글항아리. 2011].

Havelock, E. (1976). Origins of western literacy: four lectures delivered at the Ontario Institute for Studies in Education. Ontario institute for studies in education.

Hayes, B. (2008). "Computing science: Computational photography," *American Scientist*, 96(2), pp.94～98.

Haythornthwaite, C. (2013). "Emergent practices for literacy, e-learners, and the digital university." In Goodfellow, R., & Lea, M. (Eds.), *Literacy in the digital university: Critical perspectives on learning, scholarship and technology*, pp.56～66, Routledge.

Hess, A. (2015). "Selfies| the selfie assemblage," *International journal of communication*, 9, pp.1629～1646

Hirsch, M. (1997). *Family frames: Photography, narrative, and postmemory*. Harvard University Press.

Hjorth, L. & Lim, S. (2012). "Mobile intimacy in an age of affective mobile media," *Feminist Media Studies*, 12(4), pp.477～484.

Hobbs, R., & Jensen, A. (2009). "The past, present, and future of media literacy education," *Journal of media literacy education* 1(1). pp.1～11.

Holland, P. (1997). "Sweet it is to scan: personal photographs and popular photography." In L. Wells (Eds.), *Photography: A critical introduction*. pp.117～164. Routledge.

Horton, D., & Wohl, R. (1956). "Mass communication and para-social interaction: Observations on intimacy at a distance," *Psychiatry* 19(3), pp.215～229.

Humphreys, L. (2018). *The qualified self: Social media and the accounting of everyday life*. MIT Press.

Hund, E., & McGuigan, L. (2019). "A shoppable life: Performance, selfhood, and influence in the social media storefront," *Communication Culture & Critique*, 12(1), pp.18~35.

Huxley, A. ([1937] 2012). *Ends and means: An inquiry into the nature of ideas*, Transaction.

Illich, I. (1996). *In the vineyard of the text: A commentary to Hugh's Didascalicon*. [정영목 옮김. 《텍스트의 포도밭: 읽기에 관한 대담하고 근원적인 통찰》. 현암사. 2016].

Innis, H. A. (1950) *Empire and communication*. [김문정 옮김. 《제국과 커뮤니케이션》 커뮤니케이션북스. 2008].

Innis, H. A. (1951). *The bias of communication*. [이호규 옮김. 《커뮤니케이션 편향》. 커뮤니케이션북스. 2018].

Islas, O., & Bernal, J. D. (2016). "Media ecology: A complex and systemic metadiscipline," *Philosophies*, 1(3), pp.190~198.

Ito, M. (2005, September). Intimate visual co-presence. In 2005 Ubiquitous Computing Conference. http://www.itofisher.com/mito/archives/ito.ubicomp05.pdf.

Ito, M., Baumer, S., Bittanti, M., Cody, R., Stephenson, B. H., Horst, H. A. & Perkel, D. (2009). *Hanging out, messing around, and geeking out: Kids living and learning with new media*. MIT press.

Jenkins, H. (2006). *Convergence culture: Where old and new media collide*. NYU Press.

Jenkins, H., Purushotma, R., Weigel, M., Clinton, K., & Robison, A. J. (2009). *Confronting the challenges of participatory culture: Media education for the 21st century*. MIT Press.

Jenkins, H., Shresthova, S., Gamber-Thompson, L., & Zimmerman, A. (2016). *By any media necessary: The new youth activism*. NYU Press.

Jensen, J. L. (2010). "Agmentation of Space: Four Dimensions of Spatial Experiences of Google Earth," *Space and Culture*, 13(1), pp.121~133.

Jolls, T., & Wilson, C. (2014). "The core concepts: Fundamental to media literacy yesterday, today and tomorrow," *Journal of Media Literacy Education* 6(2), pp.68~78.

Jones, S. E. (2013). *Against technology: From the Luddites to neo-Luddism*. Routledge.

Kaiser, B. (2019). *Targeted: The Cambridge Analytica whistleblower's inside story of how big data, Trump, and Facebook broke democracy and how it can happen again*. HarperCollins.

Kellner, D., & Share, J. (2005), "Toward critical media literacy: Core concepts, debates, organizations, and policy," *Discourse: Studies in the Cultural Politics of Education*,

26(3), pp. 369~386.

Kellner, D., & Share, J. (2007), "Critical media literacy, democracy, and the reconstruction of education," *Media Literacy: A Reader*, 3~23.

Kelly, K. (2016). *The inevitable: understanding the 12 technological forces that will shape our future*. [이한음 옮김. 《인에비터블》. 청림출판. 2017].

Khamis, S., Ang, L., & Welling, R. (2017). "Self-branding,'micro-celebrity'and the rise of Social Media Influencers," *Celebrity studies*, 8(2), pp.191~208.

Kittler, F. (1999). *Gramophone, Film, Typewriter*. [유현주 · 김남시 옮김. 《축음기, 영화, 타자기》. 문학과지성사. 2019].

Knobel, M., & Lankshear, C. (2015). "Digital media and literacy development." In Georgakopoulou, A., & Spilioti, T.(Eds.), *The Routledge handbook of language and digital communication*, pp.151~165.

Kokolakis, S. (2017). "Privacy attitudes and privacy behaviour: a review of current research on the privacy paradox phenomenon," *Computers & Security*, 64, pp.122~134.

Korzybski, A. (1933/2000). *Science and Sanity: An Introduction to Non-Aristotelian Systems and General Semantics* (5th ed.). Institute of General Semantics.

Krasmann, S. (2020). "The logic of the surface: on the epistemology of algorithms in times of big data," *Information, Communication & Society*, pp.1~14.

Laguerre, M. (2004). "Virtual time: The processuality of the cyberweek," *Information, Communication & Society* 7(2), pp.223~247.

Langer, S. (1942). *Philosophy in a New Key*. Harvard University Press.

Lapenta, F. (2011). "Geomedia: On location-based media, the changing status of collective image production and the emergence of social navigation systems," *Visual Studies* 26(1), pp.14~24.

Lasén, A. (2015). "Digital self-portraits, exposure and the modulation of intimacy." In J. R. Carvalheiro & A. S. Tellería (Eds.), *Mobile and digital communication: Approaches to public and private*. Livros LabCom.

Latour, B. (2005). *Reassembling the social: An introduction to actor-network-theory*. Oxford University Press.

Lee, D. H. (2012). "In bed with the iPhone: The iPhone and hypersociality in Korea." In L. Hjorth, J. Burgess, & I. Richardson (Eds.), *Studying mobile media: Cultural technologies, mobile communication and the iPhone*, pp.63~84. Routledge.

Lee, D. H. (2013). "Mobile snapshots: Pictorial communication in the age of tertiary orality,"

In J. Wise, *New visualities, new technologies: the new ecstasy of communication*, pp.186～204. Routledge.

Lewis, R. (2020). "Technological Gaze." In Daly, A., Cummins, F., Jardine, J., & Moran, D. (Eds.). *Perception and the Inhuman Gaze*, pp.114～125. Routledge.

Leszczynski, A. (2015). "Spatial Media/tion," *Progress in Human Geography* 39(6), pp.729～751.

Levinson, P. (1988). *Mind at large: Knowing in the technological age.* JAI Press

Levinson, P. (1998). *Soft edge: A natural history and future of the information revolution.* Routledge.

Levinson, P. (1999). *Digital McLuhan: A guide to the information millennium.* Routledge.

Levinson, P. (2004) *Cellphone.* Palgrave McMillan.

Levinson, P. (2016). *McLuhan in an age of social media.* Connected Editions.

Ling, R. & Yttri, B. (1999). Nobody sits at home and waits for the telephone to ring: Micro and hyper-coordination through the use of the mobile telephone. Report 30/99. Telenor Research and Development.

Ling, R., & Lai, C. H. (2016). "Microcoordination 2.0: Social coordination in the age of smartphones and messaging apps," *Journal of Communication*, 66(5), pp.834～856.

Lister, M. (1995). "Introductory essay." In M. Lister (Ed.), *The Photographic Image in Digital Culture.* pp.1～28. Routledge.

Lister, M. (2004). "Photography in the age of electronic imaging." In L. Wells (Ed.), *Photography: A critical introduction.* pp.295～336. New York: Routledge.

Livingstone, S. (2002). *Young people and new media: Childhood and the changing media environment.* Sage.

Livingstone, S. (2004), "Media literacy and the challenge of new information and communication technologies," *The Communication Review*, 7(1), pp.3～14.

Livingstone, S. (2009). *Children and the Internet.* Polity.

Lord, A. (1960). The singer of tales, Harvard University Press.

Lum, C. (Ed.) (2006). *Perspectives on culture, technology and communication: The media ecology tradition.* [이동후 옮김. 《미디어 생태학 사상》. 한나래. 2008].

Lum, C. M (2014). "Media ecology contexts, concepts, and currents." In R. Fortner & M. Fackler (Eds.), *The handbook of media and mass communication theory.* pp.137～152. Wiley.

Lupton, D. (2016). *The quantified self.* John Wiley & Sons.

Lupton, D. (2020). "Data mattering and self-tracking: what can personal data do?" *Continuum*, 34(1), pp.1~13.

Lury, C., & Day, S. (2019). "Algorithmic personalization as a mode of individuation," *Theory, Culture & Society*, 36(2), pp.17~37.

MacDougall, R. C. (2013). "The ecological approach of JJ Gibson," *Explorations in Media Ecology*, 12(3-4), pp.181~198.

Maddox, J. (2017). "Guns don't kill people··· selfies do: Rethinking narcissism as exhibitionism in selfie-related deaths," *Critical Studies in Media Communication*, 34(3), pp.193~205.

Manovich, L. (2006). "The poetics of augmented space," *Visual communication* 5(2). pp.219~240.

Marwick, A. E., & Boyd, D. (2011). "I tweet honestly, I tweet passionately: Twitter users context collapse, and the imagined audience," *New media & society*, 13(1), pp.114~133.

Mason, L. (2016). "McLuhan's challenge to critical media literacy: The City as classroom textbook," *Curriculum Inquiry* 46(1). pp.79~97.

McLean, C. A. (2020). "The shallows? The nature and properties of digital/screen reading," *The Reading Teacher*, 73(4), pp.535~542.

McLuhan, E. (2008). "Marshall McLuhan's theory of communication: The Yegg," *Global Media Journal*: Canadian edition, 1(1), pp.25~43.

McLuhan, E. & Gordon, W. T. (Eds.) (2005). *Marshall McLuhan Unbound*. Gingko Press.

McLuhan, M. (1962). *The Gutenberg Galaxy*. [임상원 옮김. 《구텐베르크 은하계》. 커뮤니케이션북스. 2001].

McLuhan, M. (1964). *Understanding media: The extensions of man*. [김상호 옮김. 《미디어의 이해》. 커뮤니케이션북스. 2011].

McLuhan, M. (1969, March). Playboy Magazine interview. Playboy Magazine.

McLuhan, M. (1979). "Man and media." In S. McLuhan & D. Staines (Eds.) (2003), *Understanding me: Lectures and interviews*, pp.277~298. McClelland & Stewart.

McLuhan, M., & Fiore, Q. (1968). *War and peace in the global village*. New York: Bantam.

McLuhan, M., & McLuhan, E. (1988). *Laws of media: The new science*. University of Toronto Press.

McLuhan, M. & Nevitt, B. (1972). *Take today: The executive as dropout*. Harcourt Brace Jovanovich.

McLuhan, M. & Parker, H. (1968). *Through the vanishing point.* Harper and Row.

McLuhan, S., & Staines, D. (2003). *Understanding me: Lectures and interviews.* McClelland and Stewart.

McLuhan, M. & Stern, G. (1967). *McLuhan: Hot and cool.* The Dial Press.

McLuhan, M. & Watson, W. (1970) *From cliché to archetype.* Viking.

McMullen, J. (2012). "Metaphors and morality: Are digital media epistemologically compatible with moral socialization?" *Explorations in Media Ecology* 11, pp.325~343.

McMullan, J. (2020). "A new understanding of 'New Media': Online platforms as digital mediums," *Convergence*, 26(2), pp.287~301.

Mead, G. H. (1934). *Mind, self, and society from the standpoint of a social behaviorist*(C. W. Morris, Ed.). University of Chicago Press.

Mellen, R. (2012). "Modern Arab uprisings and social media: An historical perspective on media and revolution," *Explorations in Media Ecology* 11, pp.115~130.

Meynert, M. J. (2015). *Conceptualizations of childhood, pedagogy and educational research in the postmodern: A critical interpretation.* Cambridge Scholars Publishing.

Meyrowitz, J. (1986). *No sense of place: The impact of electronic media on social behavior.* [김병선 옮김. 《장소감의 상실》 I & II. 커뮤니케이션북스. 2018].

Meyrowitz, J. (1998). "Multiple media literacies," *Journal of communication* 48(1), pp.96~108.

Meyrowitz, J. (2008). "Global nomads in the digital veldt." *Revista FAMECOS*, 11(24), 23-30.

Meyrowitz, J. (2009). "We liked to watch: Television as progenitor of the surveillance society," *The Annals of the American Academy of Political and Social Science*, 625(1), pp.32~48.

Mihailidis, P., & Thevenin, B. (2013). "Media literacy as a core competency for engaged citizenship in participatory democracy," *American Behavioral Scientist* 57(11), pp.1611~1622.

Miller, V. (2008). "New media, networking and phatic culture," *Convergence* 14(4). pp.387~400.

Miroshnichenko, A. (2016). "Extrapolating on McLuhan: How media environments of the given, the represented, and the induced shape and reshape our sensorium," *Philosophies* 1(3). pp.170~189.

Mitchell, W. J. (1992). *The reconfigured eye: Visual truth in the post-photographic era*. MIT Press.

Morozov, E. (2013). *To save everything, click here: The folly of technological solutionism*. Public Affairs.

Mumford, L. (1934). *Technics and civilization*. Chicago. [문종만 옮김. 《기술과 문명》. 책세상. 2013].

Nystrom, C. (1973). Toward a science of media ecology: The formulation of integrated conceptual paradigms for the study of human communication system. Doctoral dissertation, New York University.

Ong, W. J. (1962). *The barbarian within: And other fugitive essays*. The Macmillan Company.

Ong, W. J. (1967). *The presence of the word: Some prolegomena for cultural and religious history*. Yale University Press.

Ong, W. J. (1977). *Interfaces of the word: Studies in the evolution of consciousness and culture*. Cornell University Press.

Ong, W. (1982). *Orality and literacy: The technologizing of the word*. London: Methuen. [이기우 · 임명진 옮김. 《구술문화와 문자문화》. 문예출판사. 1996].

Ong, W. J. (1986). "Writing is a technology that restructures thought." In Baumann, G. (Ed.), *The written word: Literacy in transition*, pp.23～50. Oxford University Press.

Ong, W. (2002a). "Ecology and some of its future." *Explorations in Media Ecology* 1, pp.5～11.

Ong, W. (2002b). "Oral residue in Tudor prose style." In T. Farrell & P. Soukup (Eds.), *An Ong reader: Challenges for further inquiry*. pp.313～329. Hampton Press.

Papacharissi, Z. (Ed.) (2010). *A Networked Self: Identity, Community, and Culture on Social Network Sites*. Routledge.

Parikka, J. (2013). *What is media archaeology?*. John Wiley & Sons.

Parry, A. (Ed.) (1971). *The making of Homeric verse: The collected papers of Milman Parry*. Clarendon Press.

Peters, J. D. (2015). *The marvelous clouds: Toward a philosophy of elemental media*. [이희은 옮김. 《자연과 미디어》. 컬처룩. 2018].

Pettitt, T. (2012). "Bracketing the Gutenberg Parenthesis," *Explorations in Media Ecology* 11. pp.95～114.

Pickles, J. (2004) *A history of spaces: Cartographic reason, mapping and the geo-coded world*. Routledge.

Plugh M (2018). "What is media ecology?," *Explorations in Media Ecology* 17(2), pp.181~186.

Postman, N. & Weingartner, C. (1969). *Teaching as a subversive activity.* Delta.

Postman. N. (1970). "The reformed English curriculum." In A Eurich (Ed.), *High school 1980: The shape of the future in American secondary education.* Pitman. pp.160~168.

Postman, N. (1976). "Media ecology: General semantics in the third millenium," *General Sematics Bulletin*, pp.41~43, 74~78.

Postman, N. (1979). *Teaching as a conserving activity.* Dell Publishing.

Postman, N. (1982). *The disappearance of childhood.* Vintage.

Postman, N. (1985). *Amusing ourselves to death: Public discourse in the age of television* [홍윤선 옮김. 《죽도록 즐기기》. 굿인포메이션. 2009].

Postman, N. (1988). *Conscientious objections.* [손화철 옮김. 《불평할 의무》. 씨아이알. 2016].

Postman, N. (1992). *Technopoly: The surrender of culture to technology.* [김균 옮김. 《테크노폴리》. 궁리. 2005].

Postman, N. (1995). *The End of education: Redefining the value of school.* [차동춘 옮김. 《교육의 종말》. 문예출판사. 1999].

Postman, N. (1999). *Building a bridge to the eighteenth century.* Vintage.

Postman, N. (2006a). "Media ecology education," *Explorations in Media Ecology*, 5(11), pp.5~14.

Postman, N. (2006b). "The humanism of media ecology," In C. Lum (Ed.), *Perspectives on culture, technology and communication.* pp.61~70. Hampton Press.

Rainie, L., & Wellman, B. (2012). *Networked: The new social operating system.* The MIT Press.

Rheingold, H. (1993). *Virtual Community.* Addison-Wesley.

Ritchin, F. (1990). *In our own image: The coming revolution in photography.* Aperture.

Ritzer, G. J., & Jurgenson, N. (2010). "Production, consumption, prosumption: The nature of capitalism in the age of the digital prosumer," *Journal of Consumer Culture* 10, pp.13~36.

Robins, K., & Webster, F. (1999). *Times of the technoculture: From the information society to the virtual life.* Routledge.

Rose, E. (2013). *On reflection: An essay on technology, education, and the status of thought in the Twenty-first Century.* Canadian Scholars Press.

Sawatzky, H. (2013). "Reconfigurations: Unfolding the spaces of mobile listening," *Explorations in Media Ecology* 12, pp.45~57.

Schmandt-Besserat, D. (2014). "Evolution of writing." https://sites.utexas.edu/dsb/tokens/theevolution-of-writing/

Scribner, S. & Cole, M. (1981). *The psychology of literacy.* Harvard University Press.

Senft, T. M., & Baym, N. K. (2015). "What does the selfie say? Investigating a global phenomenon," *International journal of communication*, 9, pp.1588~1606.

Scheible, J. (2015). *Data Shift: The cultural logic of punctuation.* University of Minnesota Press.

Scolari, C. (2012). "Media Ecology: Exploring the metaphor to expand the theory," *Communication Theory* 22, pp.204~225.

Scolari, C. A., Masanet, M. J., Guerrero-Pico, M., & Establés, M. J. (2018). "Transmedia literacy in the new media ecology," *El profesional de la información* (EPI), 27(4), pp.801~812.

Selfe, C. & Hawisher, G. (2004). *Literate lives in the information age.* Routledge.

Shannon, C. & Weaver, W. (1949). *The mathematical theory of communication.* University of Illinois Press.

Shapiro, J. (2018). *The new childhood: Raising kids to thrive in a connected world.* Hachette Book.

Shome, R. (2006). "Thinking through the diaspora: Call cetners, India and a new politics of hybridity," *International journal of cultural studies*, 9(1), pp.105~124.

Shove, E. Watson, M., Hand, M., & Ingram, J. (2007). "Reproducing digital photography," In E. Shove, et. al. (Eds.), *The design of everyday life.* pp.69~92. Berg.

Smith, T. & Smith, R. (2015). *Elements of Ecology*, 9th Edition. [강혜순 외 옮김. 《생태학》. 라이프사이언스. 2016].

Sontag, S. (1978). *Illness as Metaphor.* [이재원 옮김. 《은유로서의 질병》. 이후, 2002].

Speed, C. (2010). "Developing a sense of place with locative Media: An underview effect," *Leonardo* 43(2), pp.169~174.

Spence, L. (1950). Can radio listening be taught? The Wisconsin Association for Better Radio and Television.

Starker, S. (2017). *Evil influences: Crusades against the mass media.* Routledge.

Stearn, G. E. (ed.) (1967). *McLuhan: Hot and Cool: a primer for the understanding of and a critical symposium with responses by McLuhan.* Dial.

Stephens, N. (2014). "Toward a more substantive media ecology: Postman's metaphor versus posthuman futures," *International Journal of Communication* 8, pp.2027~2045

Stephens, N. (2018). "Bringing the mountain to the prophet: Marshall McLuhan's mythology in the anthropocene," *International Journal of Communication*, 12, pp.3409~3426

Strate, L. (1999). "The varieties of cyberspace: Problems in definition and delimitation," *Western Journal of Communication*, 63(3), pp.382～412.

Strate, L. (2004). "A media ecology review," *Communication Reserach Trends*, 23(2), pp.3～48.

Strate, L. (2005). "Taking Issue: Review of Media ecologies: Materialist energies in art and technoculture," *After-Image*, 33(3), pp.55～56.

Strate, L. (2008). "Studying media as media: McLuhan and the media ecology approach," *Media Tropes eJournal*, 1, pp.127～142.

Strate, L. (2011). On the binding biases of time and other essays on general semantics and media ecology. Institute of General Semantics.

Strate, L. (2014). *Amusing ourselves to death: Neil Postman's Brave New World revisited*. Peter Lang.

Strate, L (2017). *Media ecology: An approach to understanding the human condition*. Peter Lang.

Strate, L. (2020). "Ethics and the study of media as environments," *Explorations in Media Ecology*, 19(1), pp.5～22.

Syvertsen, T., & Enli, G. (2020). "Digital detox: Media resistance and the promise of authenticity," *Convergence*, 26(5–6), pp.1269～1283.

Tapscott, D. (2008). *Grown up digital*. McGraw-Hill Education.

Thelander, Å., & Cassinger, C. (2017). "Brand new images? Implications of Instagram photography for place branding," *Media and Communication*, 5(4), pp.6～14.

Tomlinson, J. (2007). *The culture of speed: The coming of immediacy*. Sage.

Tönnies, F. (1957). *Community & society (gemeinschaft und gesellschaft)*. Harper & Row.

Tuan, Y. (1977). *Space and place*. [심승희 · 구동회 옮김. 《공간과 장소》. 대윤. 2007].

Turkle, S. (1995). *Life on the screen: Identity in the age of the Internet*. [최유식 옮김. 《스크린 위의 삶》. 민음사. 2003].

Turkle, S. (2011). *Alone together: Why we expect more from technology and less from each other*. [이은주 옮김. 《외로워지는 사람들》. 청림출판. 2012].

Turville, J. (2017). "If e-mail could speak, what would it say? Interviewing objects in a digital world," *Explorations in Media Ecology*, 16(2–3), pp.157～173.

Urry, J. (2007). *Mobilities*. [김현수 · 이희상 옮김. 《모빌리티》. 아카넷. 2014].

Valkenburg, P. (2004). *Children's responses to the screen: A media psychological approach*. Lawrence Erlbaum.

Vandendorpe, C. (2009). *From papyrus to hypertext: Toward the universal digital library*.

University of Illinois Press.

Van Den Eede, Y. (2013). "Opening the media-ecological black box of Latour," *Explorations in Media Ecology*, 12(3-4), pp.259~266.

Van Den Eede, Y. (2019). *The beauty of detours: A Batesonian philosophy of technology*. SUNY Press.

van Dijck, J. (2008). "Digital photography: Communication, identity, memory," *Visual Communication*, 7(1), pp.57~76.

Verbeek, P. (2015). "A field guide to postphenomenology." In R. Rosenberger & P. Verbeek (Eds.), *Postphenomenological investigations: Essays on human-technology relations*. Lexington Books. pp.9~41.

Vlieghe, J. (2016). "Schooling bodies to read and write: A technosomatic perspective," *Educational Theory* 66(4). pp.441~455.

Wei, R. (2013) "Mobile media: Coming of age with a big splash," *Mobile Media & Communication* 1(1) pp.50~56.

Werner, A. (1989). "Television and age-related differences: A contribution to the debate on the disappearance of childhood," *European Journal of Communication*, 4(1), pp.33~50.

Wesch, M. (2009). "YouTube and you: Experiences of self-awareness in the context collapse of the recording webcam," *Explorations of Media Ecology*, 8(2), pp.19~34.

West, N. (2000). *Kodak and the lens of nostalgia*. University of Virginia Press.

Williamson, J. (1994). "Family, education, and photography." In N. Dirks, et al. (Eds.), *Culture/Power/History: A Reader in Contemporary Social Theory*, pp.236~244. Princeton University Press.

Wolf, G. (2011). "What is the quantified self?." https://quantifiedself.com/blog/what-is-the-quantified-self/

Zuboff, S. (2019). *The Age of Surveillance Capitalism: The Fight for a Human Future at the New Frontier of Power*. Public Affairs.

찾아보기